Mass Media and Promotion of Self-owned Brand Image

大众传媒与自主品牌形象提升

张 燚 刘进平◎著

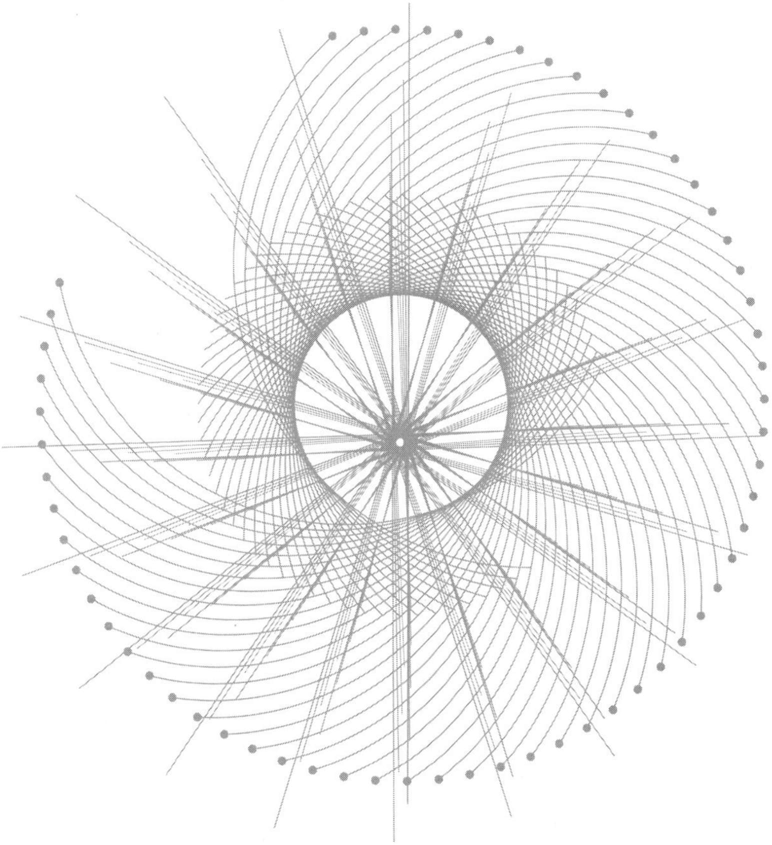

中国经济出版社
CHINA ECONOMIC PUBLISHING HOUSE
北 京

图书在版编目（CIP）数据

大众传媒与自主品牌形象提升 / 张燚，刘进平著. --北京：中国经济出版社，2022.3
ISBN 978-7-5136-6842-2

Ⅰ. ①大… Ⅱ. ①张… ②刘… Ⅲ. ①品牌-传播-研究-中国 Ⅳ. ①F279.23

中国版本图书馆 CIP 数据核字（2022）第 041499 号

组稿编辑 葛 晶
责任编辑 郭书芳
责任印制 马小宾
封面设计 久品轩

出版发行 中国经济出版社
印 刷 者 北京富泰印刷有限责任公司
经 销 者 各地新华书店
开 本 710mm×1000mm 1/16
印 张 17
字 数 259 千字
版 次 2022 年 3 月第 1 版
印 次 2022 年 3 月第 1 次
定 价 78.00 元
广告经营许可证 京西工商广字第 8179 号

中国经济出版社 **网址** www.economyph.com **社址** 北京市东城区安定门外大街 58 号 **邮编** 100011
本版图书如存在印装质量问题，请与本社销售中心联系调换（联系电话：010-57512564）

前言

自主品牌形象是指中国企业拥有商标专用权的品牌在中国消费者心目中的总体认知和印象。由于多方面的原因，自主品牌偏见或刻板印象（一些文献也称“品牌来源国刻板印象”或“本土品牌刻板印象”，其内涵是一致的，故本书将这些提法通用，尤其在文献引用时遵循原有提法，不做区别，特此说明）已经成为中国社会情境下的一种典型社会认知偏差（认为本土品牌的质量、技术、象征性较差，外国品牌更好），人们的购买意愿和消费行为已受此束缚。这极大削弱了自主品牌的社会使用和消费动力，造成购买力的海外流失，对本土企业发展、民族产业振兴以及国家经济安全产生了不利影响。因此，如何提升自主品牌形象，已成为当前改善自主品牌消费环境、扩大自主品牌消费市场所面临的重大现实命题。

为此，本书以自主品牌形象为研究对象，重点探讨自主品牌负面刻板印象的生成根源、影响因素及存在问题，系统提出改进和优化自主品牌形象的整合传播策略。全书由四部分构成，其中第一部分是绪论，包括研究背景与研究意义、研究内容与研究方法；第二部分是根源探索，包括自主品牌负面刻板印象生成的动机根源、心理认知根源、影响因素研究；第三部分是传播效果分析，包括自主品牌形象提升的媒介宣传现状与问题分析、自主品牌形象宣传的传播过程建模与传播效果分析、高端制造形象宣传效果及其对提升自主品牌形象的溢出效应、自主品牌形象提升的实践效果；第四部分是对策研究，包括自主品牌形象提升的关键驱动因素及其影响效应、自主品牌形象提升的战略路径及矫形—塑形传播策略，以及本书的研究结论与不足之处。

本书是课题组成员集体研究成果的结晶，得到了诸多老师、同事和学生的参与、支持和帮助。首先，感谢江苏科技大学蒋慧副教授、江苏师范大学侯立松教授、中国矿业大学高伟副教授、重庆文理学院韩永青教授，以及卢方杰、周月娇、秦衣阳、袁萍萍、龚政、李冰鑫等硕士研究生的积极参与，完成了相关章节的内容。同时，特别感谢西南政法大学彭选华副教授将“新媒体时代提升自主品牌形象的传播效果”作为2018年西南政法大学全国大学生数学模拟竞赛的选题，并指导经济学院本科生黄佳怡、李娇、朱迎雪三位同学完成了“自主品牌形象宣传的传播过程建模与传播效果分析”。其次，感谢西南政法大学新闻传播学院、科研处对本书出版的资助。最后，感谢中国经济出版社各位编辑老师的付出。

在当前大力实施制造强国战略、全面推动供需结构升级、坚定不移贯彻新发展理念、着力推动高质量发展背景下，加快提升自主品牌形象是改善自主品牌消费环境、扩大自主品牌消费市场，形成以国内大循环为主体、国内国际双循环相互促进的新发展格局的战略需要。本书的出版，希望能为相关理论研究和实践操作有所助益。

由于我们自身的视野和学识水平有限，有关理论研究尚不深入，书中可能存在疏漏之处，敬请专家、同行批评指正。

目 录

第一部分　绪论

第二部分　根源探索

第三部分 传播效果分析

第四部分 对策研究

第一部分

绪　论

1 研究背景与研究意义

1.1 研究背景与问题提出

近年来，随着中国制造业的崛起，自主品牌质量已经大幅提升，中国城乡居民（尤其是中产阶层）的消费层次和品牌意识也显著提高，但对“洋品牌”的偏爱和对自主品牌的偏见依然根深蒂固（郭斌等，2015），频频爆出的海外“抢购”“血拼”“爆买”现象更是引发全球关注。有关调查显示，2014 年中国国内零售额增幅创下新低，而同期中国居民境外消费却突破 1 万亿人民币。可以说，“自主品牌偏见（负面形象）”极大削弱了自主品牌的社会使用和消费动力，造成购买力的海外流失，对本土企业发展、民族产业振兴以及国家经济安全产生了不利的影响（刘进平等，2016）。因此，如何提升自主品牌形象，已成为当前改善自主品牌消费环境、扩大自主品牌消费市场所面临的重大现实命题。

为此，2015 年 3 月，中央宣传部下发《关于加强中国品牌对内对外宣传工作方案的通知》，要求“中央媒体统筹策划、精心组织，突出宣传好中国品牌的科技含量、质量水平、创新创业故事、文化内涵、责任担当和成功经验等”。2015 年 5 月，国务院在发布的《中国制造 2025》中明确提出，“充分发挥各类媒体作用，加大中国品牌宣传推广力度，树立中国制造品牌良好形象”。2016 年 4 月，国务院办公厅在发布的《贯彻实施质量发展纲要 2016 年行动计划》中，也明确提出“发挥新闻媒体的宣传监督作用；宣传一批重视质量、产品可靠的典型企业和优秀品牌，增进公众对中国质量的信心”。2016 年 6 月，国务院办公厅在发布的《关于发挥品牌引领作用 推动供需结构升级的意见》中，进一步提出“加强自主品牌宣传和展示；坚持正确舆论导向，关注自主品牌成长，讲好中国品牌故事”。

可见，“提升自主品牌形象”已经上升为国家战略，而大众传媒被赋予了重要使命。因此，如何发挥大众传媒的作用已成为当前传播学亟须研究的重要课题。

目前，各类媒体明显增强了自主品牌宣传的意识和行动。比如，自2015年5月以来，中央电视台连续策划、播出了多期《超级工程》《大国工匠》以及大批优秀中国企业的创新创业故事宣传片。2016年11月，央视启动了“国家品牌计划”，为入选的20余家品牌企业定制宣传片和企业品牌故事，在央视各频道高频次播出。同时，主流网络媒体也明显加大了以“高端制造崛起、技术突破、创新创业”等为框架的自主品牌宣传和跟帖。但有关行动尚缺乏整合统一的行动框架或准则，甚至在缺乏研究的基础上，部分行为还存在战略偏差。比如，当前中国媒体究竟采取了哪些宣传策略，效果怎样？导致自主品牌负面刻板印象生成的根源是什么，受到哪些因素的影响？如何根据自主品牌形象的构成体系、现有宣传的战略偏差以及负面形象的生成根源，建构整合传播的政策、机制和策略？如何发挥好传统媒体和新媒体的协同作用？这些都是当前研究中的主要缺憾。

1.2 国内外研究现状及评述

自主品牌负面形象（或本土品牌负面刻板印象）是指消费者对本土品牌在特征、属性和行为等方面比较固定的观念、态度或认知表征，是消费者长期社会化经验的稳定评价（张燚等，2014）。根据 Wilson 等（2000）的双重态度理论可知，刻板印象包括外显和内隐两种类型。其中，外显刻板印象是指能被意识到并承认的外显态度；内隐刻板印象是指不被个体察觉的、能主动激活的内隐态度。因此，本土品牌负面刻板印象包括外显和内隐两个层面。

1.2.1 自主品牌负面刻板印象的存在性

（1）外显刻板印象的存在性

外显刻板印象主要采用问卷调查等自陈式报告进行测量。代表性观点和结论如下：中国消费者越是误以为某一品牌来自国外，就会越偏爱该品牌；反之，如果误以为某一品牌来自本土，就会在心理上排斥该品牌，因此也不愿意购买该品牌的产品（庄贵军等，2007）。即便中外品牌在价格、质量和用户体验等方面接近，消费者还是会优先选择国外品牌（易牧农等，2009）。中国消费者普遍对本土品牌持有偏见，认为外国品牌的产品质量要优于本土品牌（宋永高等，2004；刘进平等，2014）。有研究通过测量中国消费者对不同来源国品牌的评价，发现消费者对本土品牌的总体评价为负，并且与美、日等外国品牌还存在一定的差距（王海忠等，2004；郭锦华，2007）。可见，中国消费者普遍存在本土品牌负面刻板印象。

有研究表明，中国消费者往往认为外国品牌代表着高品质、设计新颖以及具有象征意义（Hu 等，1997）；本土品牌在质量和传播方面的表现都逊色于外国品牌（付春江等，2013）。对很多中国人来说，外国品牌的衣服通常代表好的材质，外国品牌的护肤产品代表效果和健康，外国品牌的家电则代表耐用和安全（安敏德等，2008）。通过对汽车行业（易牧农等，2009）、服装行业（严超等，2010；Hu 等，1997）、乳品行业（郭斌等，2015）、服务业（张辉等，2011）、奢侈品行业（高晓倩，2014）的研究表明，消费者普遍认为这些行业的本土品牌的质量、技术和象征性均不如外国品牌。有关研究运用自由联想法、K-B 法和 Gardner 法对中国消费者来源国刻板印象的内容和典型特质的三阶段调查分析，得到最能概括本土品牌特点的词语（相符程度大于 70%的词语）有 12 个，分别是实惠、质量差、便宜、山寨、科技水平低、同质化、档次低、传统守旧、产品粗糙、缺乏特色、品牌知名度低和品牌意识薄弱。除“实惠”一词是正面词语以外，其他词语全是负面的。与此同时，在外国品牌中，这些词语的相符程度均小于 10%，而最符合外国品牌的词语有 16 个，分别是高档、技术含量高、有面子、奢侈、价格高、品位高、前卫、时尚、新颖、质量好、专业、形象好、信誉高、有个性、竞争力强和外观精美，均为正面词语。而这些词语与本土品牌的相符程度普遍低于 25%（刘进平等，2014）。

（2）内隐刻板印象的存在性

内隐层面的刻板印象主要利用内隐联想测验（IAT）等方法进行测量。有研究以中、日品牌作为比较对象，发现中国消费者对日本品牌具有更积极的态度，而对中国品牌的内隐态度普遍较差，并且消费者对中国品牌的外显态度和内隐态度正相关，即外显态度越积极的消费者，越偏爱本土品牌（杨扬子等，2008）。在奶粉行业，中国消费者对本土品牌的内隐刻板印象较差，不及外国品牌（乐为等，2014）。在电视机行业，内隐刻板印象在中年群体中得到验证，即认为本土品牌的质量比不上国外品牌；而在青年群体中则不存在这种现象，即在青年群体的心目中，中外品牌电视机的质量不存在显著差异（金鑫，2008）。同时，还有部分学者在验证内隐品牌刻板印象时，得出了不同结论。如付春江等（2013）和张超（2015）的研究表明，实验对象对外国品牌—负面印象、本土品牌—正面印象的反应时长都很短，而对本土品牌—负面印象、外国品牌—正面印象的反应时长则较长，两者存在显著差异，说明本土品牌与正面印象、外国品牌与负面印象在消费者心目中更加匹配，即相对于外国品牌，中国消费者在内隐层面更加偏爱本土品牌。

综上所述，来源国刻板印象（认为本土品牌的质量、技术、象征性较差，外国品牌更好）已成为中国社会情境下的一种典型社会认知偏差。刻板印象的过分概括化作用所导致的结果是国产品牌做得好与不好，在消费者那里都是不好的。可以说，消费者偏见极大削弱了自主品牌的社会使用和消费动力，造成购买力的海外流失，对本土企业发展、民族产业振兴以及国家经济安全产生了不利影响。因此，如何转变来源国刻板印象是当前大力实施制造强国战略、全面推动供需结构升级、更好地适应新消费趋势的重大现实命题。

1.2.2 自主品牌负面刻板印象的影响因素研究

（1）产品因素

①品牌。有关研究表明，品牌名称会影响来源国效应，而且会和代言人的名人效应一起影响消费者的品牌态度、感知质量和购买意愿（周延风等，2007）。具体来讲，本土品牌知名度会在一定程度上削弱来源国刻板印象的影响，即品牌知名度越高，品牌来源国信息对消费者的影响就越小（庄贵军等，2007；吴佳等，2012）。还有研究发现，当消费者使用分离模式评价产品时，如果能够提供更多的有关品牌属性的可评价性信息，就会使消费者在产品评价中对品牌属性赋予更高的权重，从而在一定程度上削

弱来源国效应的影响（张琴等，2013）。

②价格。有关研究发现，当面临不同的偏好诱导方式（联合—分离模式）和属性特征（质与量）时，产品价格对来源国效应的影响存在差异。具体而言，当处于分离模式时，消费者会更多地依赖来源国属性信息，此时如果采取低价策略并不能有效规避来源国刻板印象；当处于联合模式时，价格差异会影响消费者对价格信息的依赖程度，只有感知到足够明显的价格差异时，消费者才会更多地依赖价格属性进行产品评价，从而忽略来源国信息的影响（张琴等，2013）。

③产品类别。由于消费经验、观察式学习以及媒体信息的不断累积，消费者在长期的消费过程中会形成对一个国家某一类产品的刻板化认知，如认为法国的产品代表着时尚潮流，瑞士的手表做工精良，日本的汽车省油且耐用（吴坚等，2010；邱睿，2006）。相关研究通过调查京、沪、穗、渝四个城市的上千名消费者，发现中国消费者对美国电脑、手机等高科技产品的评价更好，对日本的冰箱等家电产品的评价更好，结果验证了来源国效应在不同的产品类别中存在着差异（王海忠等，2004）。在品类需求方面，当涉及食品行业时，由于饮食习惯等原因，更多消费者更加青睐本土品牌；当涉及产品质量、技术和象征性时，外国品牌则显示出明显的优势，在服装、护肤品和家电行业中的来源国效应较为显著（安敏德等，2008）。产品类别的科技含量对来源国效应具有调节作用，在高科技产品领域，消费者对外国品牌的评价明显高于本土品牌，而在日常消费品等不涉及科技属性的产品领域，消费者对本土品牌和外国品牌的评价没有明显差异（赵志霞等，2011；徐双良，2015）。此外，产品类别的使用属性也会影响来源国效应，综合型和象征型产品中的来源国效应较为显著，明显高于实用型产品中的来源国效应（付春江等，2013）。

④服务特征。少数研究还检验了服务领域的来源国效应。研究表明，在银行业同样存在来源国效应，服务的无形性与来源国效应正相关，而互动性则与来源国效应负相关，即互动性会在一定程度上削弱来源国效应（张辉等，2011）。对酒店业的研究表明，消费者的来源国刻板印象会受到接触程度的影响，高接触的服务会削弱全服务产品的外显刻板印象，而低接触的服务则会在一定程度上削弱有限服务产品的外显刻板印象（张超，2015）。

（2）消费者个体因素

①个体特征。个体的性别、年龄、收入、教育程度等特征，会影响其对来源国的认知，进而影响个体的消费行为。A. 性别。对大学生消费者的研究表明，男女生对本土品牌的评价不存在差异，但对国外品牌的评价存在显著差异。在洗发水、化妆品、服装、餐饮、数码产品等行业，女生对外国品牌的评价要高于男生（赵志霞等，2011）。在乳品行业，女性更加偏爱外国品牌，以新西兰乳品品牌为例，男性的偏爱比例为 52.38%，而女性的偏爱比例为 75.79%（郭斌等，2015）。在汽车行业，男性的来源国效应则更加明显（石舒娅等，2009）。B. 年龄。国外研究表明，随着消费者年龄的增长，消费者会更加喜欢来自发达国家的品牌（Wall，1991）。但对中国情境的研究却得出了不同的结论，即消费者年龄与外国品牌偏好呈负相关（朱凌等，2003；郭斌等，2015）。进一步研究发现，在青年群体（20~30 岁）中的品牌来源国效应最明显，随着年龄增长，来源国效应的影响逐渐减弱；当年龄增长到 40 岁时，来源国效应又开始增大（石舒娅等，2009）。在内隐刻板印象层面，年龄与本土品牌刻板印象负相关，年龄大的中老年人比青年人有更为明显的内隐刻板印象（金鑫，2008）。C. 收入。研究表明，随着收入的增加，消费者会更偏爱外国品牌，即对本土品牌的负面刻板印象愈加强烈（朱凌等，2003；Cui 等 2001）。对汽车行业的研究发现，品牌来源国效应对月收入 5000 元以下的消费者基本上没有影响；对月收入在 5000~10000 元的群体则有显著影响；但当收入达到一定程度（如超过 10000 元）时，消费者在购买汽车时，对品牌的选择相对固定，不太愿意去尝试新的品牌，因此基本不会受来源国效应的影响（石舒娅等，2009）。D. 教育程度。研究发现，消费者对发达国家品牌产品的偏好与其教育程度正相关（Wall，1991；郭斌等，2015）。这种现象可能由于教育程度高的人能够接触到更多相关信息，更加关注食品质量安全问题（郭斌等，2015）。研究表明，随着学历水平的提高，消费者对外国品牌的偏好先是呈现递增趋势，但当学历水平达到一定高度时，对外国品牌的偏好就不那么明显了，因此呈倒 U 字形（朱凌等，2003）。

②产品知识。产品知识是指消费者对产品的熟悉和了解，包括熟悉程度和消费频次两个方面。理论上，如果消费者对产品非常熟悉，并且拥有

足够多的消费经验，那么在产品评价过程中，就会较少利用来源国信息（黄合水，2003；李东等，2015；Lin 等，2006）。因为，当消费者对产品很熟悉时，来源国效应表现为总括效应，它概括反映消费者的产品属性感知，进而通过产品属性影响消费者的产品评价（王海忠，2002；杨健，2014）。相反，如果消费者对产品很陌生，消费者的产品属性感知和产品评价会受到来源国形象的影响，此时来源国效应会表现为光环效应，尤其是在首次购买时，产品的内在属性往往很难获得，消费者基于产品的外在属性进行购买决策，会倾向于使用来源国信息（Zeithaml，1988；Han，1988；Batra，2000）。进一步研究表明，相比普通消费者，专家型消费者在进行产品评价时很难受到来源国信息的影响（Maheswaran，1994）；当涉及产品的信任属性时，专家型消费者比普通消费者更容易基于来源国信息来评价产品（吴坚等，2010）。还有学者从联合品牌评价的角度出发，也得到了相似的结论，即消费者的产品知识越丰富，其受到品牌来源国效应的影响越小（宁昌会等，2009）。

③涉入程度。涉入程度是指个体对所要购买的产品的重视程度或者产品对其的重要性。消费者如果对产品重视，就会主动搜集与产品相关的信息，以求更加全面、深入地了解产品，因此具有较高的产品涉入度；反之，则具有较低的产品涉入度。研究表明，当消费者拥有较低的涉入程度时，来源国效应的作用更加明显，因为消费者不太愿意花费更多精力去搜索并评价产品的其他属性（Lin 等，2006）。在低动机处理模式中，消费者的产品涉入程度低，这时产品的来源国信息成为其评价产品的主要信息来源，因此来源国效应更明显；反之，在高动机处理模式中，消费者的产品涉入程度高，不太可能基于来源国信息做出简单的产品评价，因此来源国效应的影响较弱（王海忠，2002）。也有学者得出了与上述相反的结论，发现产品涉入度对来源国形象与消费者感知价值之间的相关关系具有正向调节作用，即产品涉入度越高，来源国刻板印象越明显（张珣等，2013）。

④消费者心理认知。有关消费者的心理认知，相关研究主要从以下几个方面探讨了其对品牌来源国刻板印象的影响：A. 产品信息呈现方式。有研究以元认知和双系统模式的心理学理论为背景，探讨了分析式系统对来源国效应的削弱，检验了产品信息呈现方式对来源国效应的调节作用。结

果表明，分析式系统的启动可以有效削弱来源国效应，特定的产品信息呈现方式所引起的消费者信息处理不流畅性感知会激发消费者的元认知困难，从而使他们在产品评价过程中主要依赖分析式系统，达到削弱来源国效应的目的（汪涛等，2012）。B. 线索或信息类型。有关研究表明，北京奥运会的成功举办提升了国家形象，激发了国民的民族自豪感和爱国情怀，从而提高了中国消费者的国货意识（王鹏等，2010；Yue，2014）。外国品牌负面信息对消费者具体的外国品牌偏好和具体的本土品牌偏见具有显著的抑制作用；在本土/外国品牌质量接近的行业，外国品牌质量危机事件能够促使消费者反转品牌来源国刻板认知（张燚等，2015）。C. 心理加工模式。有关研究表明，相对于亚型化的心理加工模式，亚群化的心理加工模式下的品牌原产国评价更好。这意味着相对于亚型化，亚群化的心理加工模式更加有利于负面的品牌原产国刻板印象的逆转（江红艳等，2013）。D. 说服方式。直接劝说激发的民族情感不能改变外显品牌来源国刻板印象，间接劝说激发的民族情感可使消费者对国产综合型产品的外显整体印象更为积极（付春江等，2013）。E. 自我概念的激活状态。品牌来源国刻板印象在不同激活状态下存在明显差异：当处于自我肯定状态时，消费者对本土品牌的态度和购买意愿比外国品牌更加积极；当处于中性自我状态时，消费者对本土品牌的态度和购买意愿显著低于外国品牌（杨扬子等，2008）。F. 产品认同度。有关研究表明，产品认同度与本土品牌刻板印象负相关，即产品认同度越高，消费者对本土品牌的态度越积极；产品认同度越低，消费者对本土品牌的态度越消极，即刻板印象越强烈（乐为等，2014）。

（3）国家形象因素

一般来讲，产品来源国印象的好坏与该国的经济发展水平相一致，消费者会更加偏爱来自发达国家的产品，而不太愿意购买来自经济欠发达地区的产品（Lee 等，2001；Chao，1998）。有关研究表明，在面对美国品牌时，来源国刻板印象对消费者的影响十分有限；在面对中国品牌时，消费者对产品的评价会在很大程度上受到来源国刻板印象的影响，这说明国家形象对来源国效应具有显著影响（吴佳等，2012）。来源国效应的这种国家形象差异是由消费者心中根深蒂固的刻板印象造成的，即消费者认为发达国家的品牌具有更好的质量、技术和象征性（庄贵军等，2006）。也就是说，来源国效应与来源国形象正相关，来源国形象越好，消费者会越偏爱来自该国家（地区）的产品，更愿意购买该国家（地区）的产品（杨杰等，2011；Lin 等，2006；高杰等，2009；宁昌会等，2009）。

（4）文化环境因素

消费者对外国品牌产品的态度受到文化环境因素的影响，包括国家文化、爱国主义以及消费者民族中心主义（或国货意识）等。代表性观点和结论如下：①集体主义。有关调查发现，崇尚个体主义的消费者偏好时尚消费观和攀比消费观，而崇尚集体主义的消费者则倾向于节俭的消费观，对时尚消费观和攀比消费观的肯定程度较低；相比集体主义，个体主义消费者更倾向于崇尚洋货、歧视国货（孙琦等，2007；蒋达勇，2008）。②爱国主义。有关研究表明，在相同条件下，对于那些拥有强烈爱国精神和民族自豪感的人，以及明显感受到本国经济威胁的消费者会优先选择本国制造的产品（赵志霞等，2011）。③消费者民族中心主义。有关研究发现，消费者民族中心主义与本土品牌刻板印象存在负向关系，即消费者民族中心主义会在一定程度上削弱本土品牌的刻板印象（袁胜军等，2013；郭锦华，2007；王海忠，2002）。④面子观。有关研究表明，面子观越强的消费者，越倾向于购买高价位的产品；面子观会导致消费者更加注重产品的形象属性（潘煜，2009），此时的消费更多情况下是基于人际关系的象征性消费（王长征等，2011；姜彩芬，2009）。因此，面子文化会对人们追捧外国产品、歧视国货的心理产生推动作用（张燚等，2014）。

（5）社会环境因素

消费者来源国刻板印象还受到社会环境因素的影响，如质量危机事件频发、缺乏高端品牌、政府采购偏见、媒体报道失衡等。代表性观点和结论如下：①质量危机。有关研究表明，三聚氰胺事件确实对中国消费者的本土品牌印象产生了一定的不利影响（王鹏等，2010）。②缺乏高端品牌。虽然各行各业都有许多优秀的本土品牌，但从整体看，本土品牌还和外国品牌存在一定差距，且本土品牌喜欢打“价格战”，这就不可避免地在消费者心中烙下“低档”“低品质”的形象（张燚等，2014）。③政府采购。从公务用车到办公软件，政府部门不优先考虑国货，这些都折射出政府采购对本土品牌存在着偏见和刻板印象（刘武俊，2011）。这种“崇洋媚外”的做法不仅为外国品牌做了高信度的免费广告，而且在消费者中起到了示范作用，这无疑会加重消费者对本土品牌的负面刻板印象（张燚等，2014）。④媒体报道。近些年来，国内媒体屡次报道有关本土企业的质量安全事件（如三鹿奶粉、毒馒头等），并加以“质量堪忧、监管失责”的评述。这些食品安全问题的报道对本土品牌产生了明显的负面影响，导致消费者对本土品牌产品持悲观态度（张卓倩，2009）。

综上所述，已有研究主要是在验证来源国刻板印象的存在性以及对本土/外国品牌购买意愿的影响时，对相关因素进行了零星检验，如消费者个体因素、国家形象、爱国主义、面子观、媒体报道等。目前，有关本土品牌形象或来源国效应影响因素的整体性探索还很少，在研究方法上缺乏对影响因素及效应模型的整体性探索和规范研究，忽视了本土品牌刻板印象转变的关键驱动因素及其影响机制。其结果是：不清楚本土品牌刻板印象转变的矫形—塑形内容和系统的战略路径，使得相关策略及实践操作存在明显的战略偏差。比如，集中于企业行为和媒体宣传，而忽视了政府负面形象的矫正策略；缺乏多主体的整合传播策略等。

1.2.3 改变自主品牌负面刻板印象的对策研究

（1）本土品牌负面刻板印象转变的有效性

现有研究主要从民族中心主义、双系统模式和心理加工模式等方面，论证了本土品牌负面刻板印象转变的有效性。代表性结论如下：①民族中心主义。有关研究把社会信息环境中的民族中心主义信息和外国品牌负面信息作为刺激线索进行实验，发现民族中心主义刺激仅对手提电脑质量组的外国品牌负面信息抑制抽象外国品牌态度偏好和购买意愿具有显著的调节作用，这表明民族中心主义刺激对外国品牌负面信息抑制抽象外国品牌偏好具有调节作用，而且存在产品属性差异；同时，民族中心主义刺激还对商业贿赂组的具体本土品牌态度偏好、食品质量组和商业贿赂组的具体本土品牌购买意愿有显著的提高。这表明，民族中心主义刺激对外国品牌负面信息反转具体本土品牌偏好具有调节作用，而且存在产品属性差异（张燚等，2015）。②双系统模式。研究表明，分析式系统可以有效扭转来源国效应对消费者的影响。具体来讲，可以通过改变产品的信息呈现方式，造成消费者对产品信息处理的不流畅性，由此消费者便会启动分析式系统，从而削弱来源国效应的影响（汪涛等，2012）。③心理加工模式。研究表明，不同心理加工模式的消费者在来源国刻板印象转变的有效性上存在差异，相比亚型化的心理加工模式，在采用亚群化的心理加工模式的情况下，品牌来源国刻板印象更容易发生逆转（江红艳等，2013）。④来源国分解。如果经济欠发达国家的产品来源国被分解为品牌来源国和制造来源国，那么对于本土消费者来讲，无论是否启动属性解释，对本土品牌产品的评价都有更加积极的趋势（刘洪深等，2012）。⑤劝说方法。研究表明，由于消费者很难意识到间接劝说的存在，且间接劝说可以激发其内心深处的民族情感，因此间接劝说能够有效改善消费者对本土品牌产品的刻板印象（付春江等，2013）。⑥信息呈现方式。研究表明，当呈现不一致的产品信息时（来源国形象信息与产品内在属性信息获取的难易程度不一致），来源国形象对消费者产品评价的影响程度十分有限，即能在一定程度上达到削弱本土品牌刻板印象的目的（汪涛等，2012）。⑦外国品牌负面信息披露。实验研究表明，当呈现外国品牌负面信息时，被试对具体外国品牌的品质评价、态度偏好和购买意愿均低于具体本土品牌，表明外国品牌负面信息对消费者具体外国品牌偏好和具体本土品牌偏见具有显著的抑制作用；在本土/外国品牌质量接近的行业，外国品牌质量危机事件能够促使消费者反转品牌来源国刻板认知（张燚等，2016）。

（2）企业营销策略

目前，多数研究主要从品牌、产品、分销、促销、服务和公共关系等角度，提出了适应或逆转来源国刻板印象的企业营销策略。

①品牌策略。品牌国际化能够有效改变中国消费者对本土品牌的固有态度，因此本土企业应该积极实施品牌国际化战略（宋永高等，2004；张燚等，2014）。与此同时，企业应从战略和全局的角度塑造中国品牌的来源国形象，着力塑造“物有所值”“售后服务”等相对优势，以提升本土品牌来源国形象，改变本土品牌在消费者心目中的地位（王海忠等，2004）。此外，由于品牌知名度会在一定程度上削弱本土品牌刻板印象，因此对本土企业来讲，一定要大力提升其品牌知名度和美誉度，这样才能

有效削弱本土品牌刻板印象对消费者产品评价的不利影响（吴佳等，2012；张燚等，2014；郭锦华，2007）。此外，自主品牌可以通过以地区标示代替国家标示、国家形象与主要产品配合、价格折让弥补低质量产品形象、沟通推广等方式提升品牌形象（兰庆强，2008）；在创新的过程中，要树立品牌视觉塑造意识，通过研究国外品牌的视觉塑造来学习品牌形象设计（顾媛媛等，2008）；也有学者提出，通过运用中国汉字及书法元素、图形元素、色彩元素来提高品牌竞争力（姚金莹，2016）。

②产品策略。从本质上讲，要想彻底扭转本土品牌刻板印象，改变消费者对本土品牌的不利态度，必须在产品创新和质量上多下功夫，努力赶超国外品牌（杨杰等，2011）。对此，企业可以先从零部件或产品组装做起，获得市场的信赖后，再进行产品的整体研发与生产（王海忠，2002）。此外，由于科技含量能够调节来源国效应，所以如果是高科技产品，企业应把主要精力放在新产品研发和性能改进等方面，同时在质量上不松懈，提供面向市场需求的高质量产品和服务，努力改善本土品牌负面刻板印象；如果是低科技产品，企业可以把重心放在产品的人性化设计和个性服务上，并兼具中国元素，树立本土品牌产品的良好形象（王颖，2010；徐双良，2015）。其他策略还包括提高品牌知名度、开发声望品牌和创建集群品牌（江红艳等，2013）；推进品牌国际化（宋永高等，2004）；扩大产品线，专注于高端产品的研发与生产（雷伶俐，2008）；根据品牌来源国形象与产品创新性感知的不同匹配形式，采用差异化的产品创新策略（朱强等，2016）等。

③分销策略。根据产品评价的分离模式和联合模式效应，对于那些来源国形象不佳的产品，企业最好不要选择专营的分销方式；企业如果想凭借低价策略来规避来源国效应，那么可以采取与其他来源国形象较好的产品（如高档产品）陈列在一起，以改善产品销售（张琴等，2013）。在选择中间商时，企业要优先选择有声望的中间商，借助其声望有效削弱本土品牌的负面刻板印象；如果条件允许，企业最好在异地建立工厂，以此更好地规避来源国效应的不利影响（王海忠，2002）。

④促销策略。有关转变本土品牌刻板印象的促销策略，相关研究者主要从宣传策略、市场细分和品牌差异化等方面提出了相应的对策和建议。

具体如下：在宣传策略方面，本土企业要重点强调自身占优势的地方，如“物超所值”“售后服务”等，以此改善品牌形象（吴坚等，2010；王海忠等，2004）。本土企业也可以更多地强调产品的设计来源国或者零部件来源国，凭借其良好的来源国形象，改善消费者对本土品牌的认知（刘洪深等，2012）。在市场细分方面，针对不同消费者群体采取不同的宣传策略。对于专家型消费者，企业可以提供更多的产品内在属性信息；对于普通消费者，企业可以把促销的重点放在来源国信息等外在属性上（宁昌会等，2009）；由于内隐人格观会影响本土品牌刻板印象，因此企业要采取一定的方法识别出刻板印象较易发生改变的渐变论者，然后有针对性地对其采取相关的营销手段（江红艳等，2013）。在差异化策略方面，本土企业要努力打造品牌差异性，更多地提供能激发消费者积极联想的促销信息，强化品牌差异化，从而引导消费者走出本土品牌负面刻板印象的困境（郭斌等，2015）。

⑤服务策略。服务接触会影响顾客的满意度和忠诚度，因此在服务质量上占有一定优势的企业，可以采取高接触策略来提升顾客的满意度和忠诚度，同时改变顾客心中原有的本土品牌刻板印象，形成顾客对本土服务品牌的良好认知；对于服务设施不占优势的企业，应尽可能减少服务接触，以降低顾客感知到不满意服务的风险，最大限度地获得顾客的满意度和忠诚度（张超，2015）。此外，企业还可以在服务流程上多下功夫，尽可能优化服务流程，增强与顾客的互动和沟通，及时获取顾客的评价和反馈，以达到提升消费者满意度的目的（张辉等，2011）。

⑥公共关系策略。本土企业要善于激发消费者的民族主义情感，打好“情感牌”，积极参加社会公益事业，树立良好的企业形象；还要在产品性能和质量上精益求精，从根本上扭转本土品牌的负面刻板印象，提升消费者对本土品牌产品的信心（郭锦华，2007）。

（3）传播策略

一方面，在媒介信息来源上，中国媒体要转变当前热衷于报道本土品牌负面信息的心态，在信息来源上要兼顾反刻板化认知的正面信息，并努力引导消费者对这些信息进行符号提取和意义加工，改变消费者心中已经存在的本土品牌刻板印象，提升对本土品牌的信任度和认同度；在媒介传播方法上，要根据形象议题的不同，采取不同的传播方法，如对本土品牌的正面形象议题，应突出强调本土品牌的优势和意义，以此鼓励消费者对本土品牌的购买；对本土品牌的负面形象议题，应突出强调企业的发展历史、重要事件、危机产生原因、企业应对措施等信息，尽可能减小负面议题对本土品牌的不利影响（张燚等，2015）。

另一方面，中国媒体应充分发挥自身的符号真实建构作用，改进对本土品牌的媒介框架建构方法，增强对其创新发展的传播能力，正确处理建构形象与实施监督的关系；同时，以提升消费者本土品牌使用和满足度为基础，在媒介传播中加强本土品牌正面形象宣传（韩永青，2015）。建立以国家领导人为代言人的自主品牌顶层传播策略（吕艳丹等，2015）；利用公益广告提升我国企业形象及本土品牌形象（王晓娟，2003）；借助重大国际事件（如世博会、奥运会等）进行宣传，提高国家形象及自主品牌形象（左璐等，2013）；自主品牌宣传要重点突出具有代表性的民族品牌，让其发挥连带和协调作用，以少数强势品牌打造国家原产地形象（袁卓君，2012）；改变产品信息呈现方式（汪涛等，2012）。在对待国内和国外品牌的宣传策略上，对于外国品牌，要客观地报道其负面信息及其对本土企业的威胁，使消费者认识到支持国货、保护民族产业的重要性（王海忠，2006）；对本土品牌负面事件，应借鉴心理学的遗忘规律，采用三阶段报道方法，努力淡化负面事件对本土品牌的不利影响，防止过度报道对本土品牌刻板印象产生的强化作用（张卓倩，2009）。

（4）政府策略

政府是培养国货消费观念的主角，逐步让国货意识深入人心，使所有本土企业都从中受益（王海忠等，2005）。同时，政府必须加强市场监管，严把质量关，逐步提高在质量监督体系中的话语权，确保国内市场不再发生“三聚氰胺”这样严重的质量危机事件。此外，政府需要在公务采购中作表率，带头使用国货，以自身行动助力本土企业发展（张燚等，2014；郭斌等，2015）。在国家层面上，政府应该采取措施，努力改善国家产品形象，扭转消费者心目中原有的国家负面刻板印象（徐双良，2015）。具体来讲，政府不仅要在出口产品上严把质量关，还要提高国内产品的质量标准来提升本国产品形象（王秀丽等，2010）；政府需要加强完善监管体系，加大违规的惩罚力度（谢颖骏，2015）。相关部门在宣传和塑造国家形象时，要考虑到受众的心理加工模式，提供给消费者更多与现有来源国刻板印象不同的信息，使消费者感知到变化，并努力往亚群化的心理加工模式上引导。这样，才会有效地提升消费者的产品认知和评价，从而改变消费者心中原有的来源国刻板印象（江红艳等，2013）。

1.2.4 对现有文献的简要评述

（1）研究结论

对上述文献进行回顾，现有研究的基本架构与研究断层如图 1-1 所示，可以得出如下研究结论：

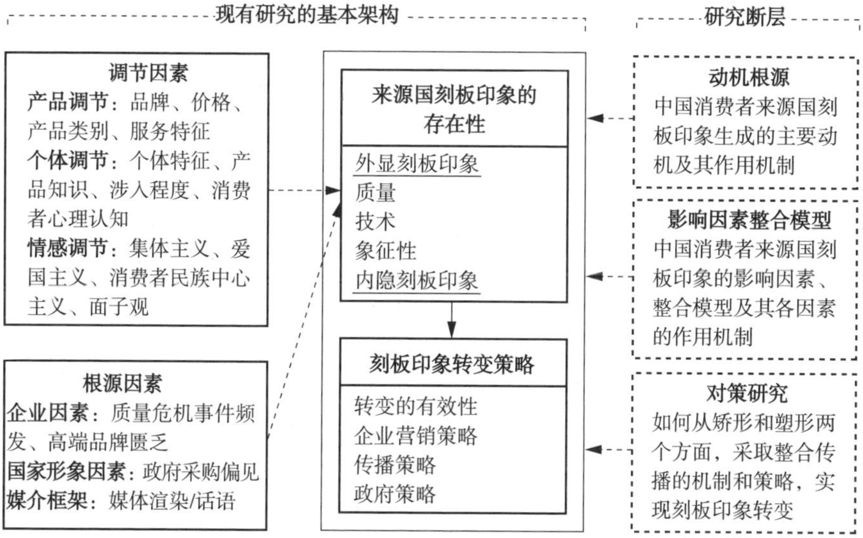

图 1-1 现有研究的基本架构与研究断层

①来源国刻板印象包括外显和内隐两个层面。在外显层面，多数中国消费者存在负面本土品牌刻板印象，认为本土品牌的质量差、廉价、缺乏创新等，而外国品牌则被认为具有更好的质量、新颖性和时尚性。有关内隐刻板印象的研究还比较少，且由于所选的研究对象均为具体产品，可能受到不同行业发展状况的影响，因此还需要做进一步的研究。

②有关刻板印象的影响因素，现有研究集中验证了产品特征、消费者个体特征、国家形象、文化环境和社会环境对来源国刻板印象的影响。目前，

虽然有关影响因素的研究成果较为丰富，但相关研究（如文化自卑、政府采购、缺乏高端品牌、媒体报道）主要停留在定性阶段，缺乏规范的实证研究。

③在转变策略上，学者们从民族中心主义、元认知和心理加工模式等方面，论证了来源国刻板印象转变的有效性。在此基础上，从企业、政府和媒体等角度，提出了转变来源国刻板印象的干预策略。

（2）研究计划

未来需要在以下几个方面开展进一步的研究。

①来源国刻板印象产生的动机根源。在现实生活中，消费者可能基于多种动机，如面子观、炫耀和攀比心理、从众压力等，有意或无意地形成对本土品牌的刻板印象。如何挖掘消费者这些深层次的动机，并对这些动机的作用机理进行深入探讨，将为转变本土品牌刻板印象的对策研究奠定理论基础。未来可以借鉴偏见心理学的相关理论（如工具导向、自我防御、价值表达、认知和理解导向等），深入探讨中国消费者来源国刻板印象产生的动机根源。

②来源国刻板印象的影响因素整合模型。现有研究主要从来源国效应存在的现象出发，分散验证了消费者来源国刻板印象的影响因素。现有研究缺乏对相关影响因素的整合性研究，无法从整体上把握本土品牌刻板印象生成的根源。因此，当前很有必要探讨本土品牌刻板印象生成的影响因素，厘清影响因素间的交互关系，建立影响因素整合模型。

③来源国刻板印象的抑制策略。现有研究不仅提出了转变来源国刻板印象的企业营销策略，而且从转变来源国刻板印象、维护自主品牌形象的角度，提出了由多主体参与的干预策略及媒介框架建构策略等。由于忽视了自主品牌形象提升的关键驱动因素及其影响效应，使得提出的对策措施尚存在较大的战略偏差。比如，如何从矫形和塑形两个方面，采取整合传播的政策、机制和策略；如何发挥好传统媒体和新媒体的协同作用等。因此，当前亟须在深入进行理论研究的基础上，系统探讨转变来源国刻板印象、提升自主品牌形象的矫形—塑形传播策略，以期为政府、媒体、企业和社会联动提供战略借鉴和决策参考。

1.3　研究的理论价值与现实价值

1.3.1　理论价值

本书将重点厘清自主品牌负面刻板印象生成的动机根源、心理认知根源和媒体责任根源，揭示导致自主品牌负面刻板印象生成的影响因素及其效应关系，有助于为自主品牌形象提升的“矫形”传播重点明确方向。

本书将厘清当前大众媒体自主品牌宣传的现状、策略及存在问题，有助于为自主品牌形象提升的整合传播机制及“塑形”传播重点提供实证依据。

本书的研究成果不仅是对品牌来源国效应理论的深化，也是对大众传播心理学、形象学以及偏见心理学理论应用的扩展。

1.3.2　现实价值

本书将重点提出大众传媒提升自主品牌形象的整合传播策略。这不仅有助于明确自主品牌形象提升的多主体责任和角色，而且遵循“矫形传播”和“塑形传播”相结合的策略，有助于为大众传媒的自主品牌形象宣传及其引导提供系统的操作策略和方法，从而避免战略偏差，提高媒介框架建构水平和形象提升效果，切实改善自主品牌形象。

2 研究内容与研究方法

2.1 研究目标与研究内容

2.1.1 研究对象与研究目标

围绕自主品牌形象的提升，本书的研究对象包括自主品牌、大众传媒和受众。其中，自主品牌是指中国企业拥有商标专用权的品牌；大众传媒包括传统媒体和新媒体。

本书的总体目标是在根源探索和传播效果分析的基础上，系统地提出大众传媒提升自主品牌形象的整合传播策略。具体目标包括：①从动机根源、心理认知根源、媒介环境根源以及影响因素等方面，厘清自主品牌负面刻板印象生成的根源。②探讨当前自主品牌形象宣传（如高端制造、“国家品牌计划”、《超级工程》《大国工匠》和大批优秀企业的创新创业故事宣传等）的效果及存在的主要问题。③在上述研究基础上，提炼自主品牌形象提升的关键驱动因素，明确相关责任主体与角色，提出自主品牌形象提升的战略路径及矫形—塑形传播策略。

2.1.2 总体框架与研究内容

根据前述研究缺憾，本书将着力解决以下问题：①究竟自主品牌负面刻板印象生成的主要动机是什么，公众刻板认知的决策依据、线索来源与评价命题有哪些，受到哪些因素的影响？②当前中央媒体和主流新媒体都采取了哪些自主品牌宣传策略和方法，传播效果如何，存在哪些问题？③当前应该如何根据自主品牌负面刻板印象的生成根源、影响因素、现有宣传效果及主要问题，提出自主品牌形象提升的战略路径与矫形—塑形传播策略？基于对上述问题的思考，本书拟定了以下三个重点研究内容，总体框架如图 2-1 所示。

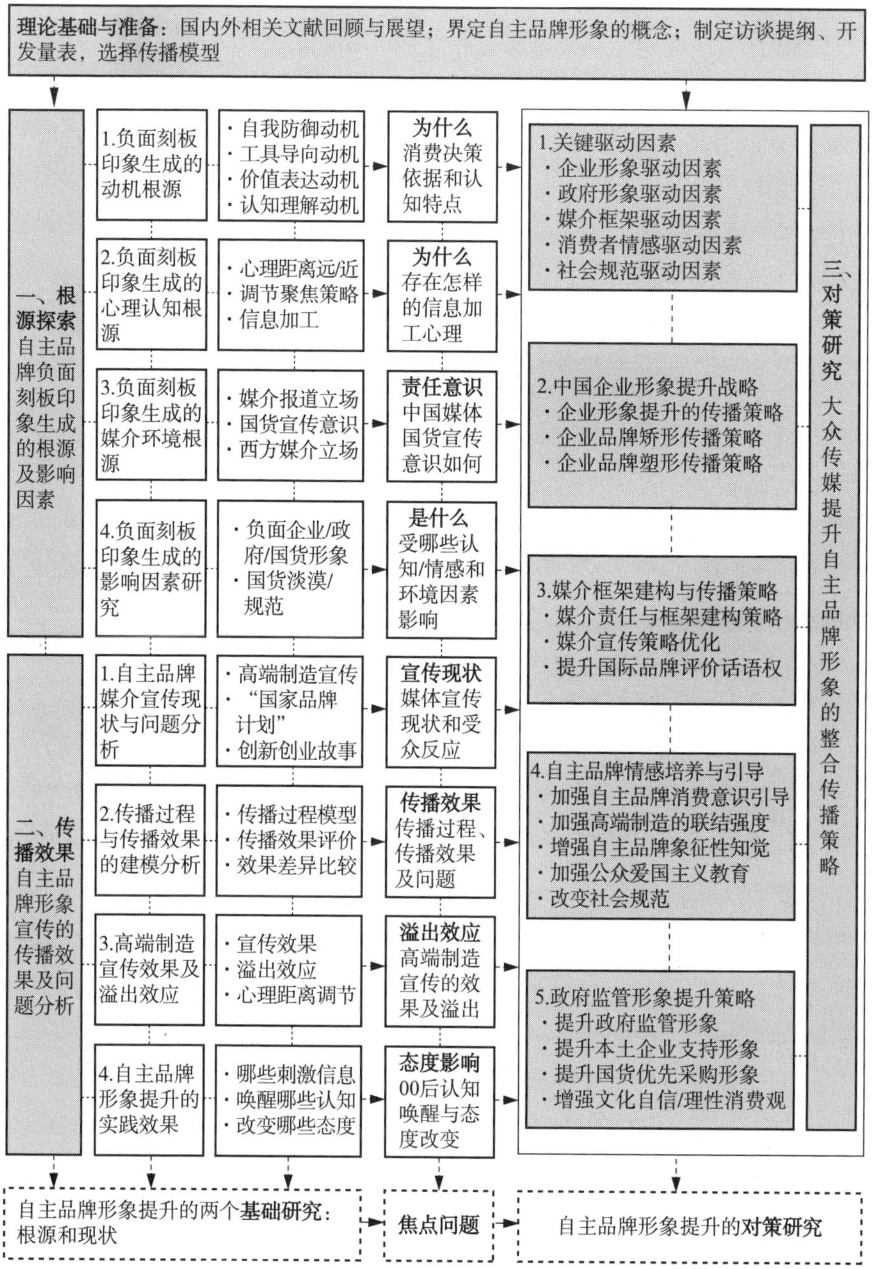

图 2-1 研究内容的总体框架

（1）根源探索——自主品牌负面刻板印象生成的根源及影响因素

本部分的研究目标是厘清自主品牌负面刻板印象生成的动机根源、心理认知根源和媒介环境根源，揭示导致自主品牌负面刻板印象生成的主要影响因素，为后续对策研究奠定理论基础。研究内容包括：

①自主品牌负面刻板印象生成的动机根源。本研究拟根据偏见心理学的偏见功能原理及偏见类型，从自我防御动机（通过偏见来保护自身利益）、工具导向动机（通过偏见来适应社会规范）、价值表达动机（通过偏见传达自己的价值观）和认知理解动机（通过偏见认识事物）四个方面，探讨本土品牌刻板印象生成的动机。

②自主品牌负面刻板印象生成的心理认知根源。本研究拟选择近期披露的有关自主品牌新闻报道，通过对受众跟帖的内容进行分析，确定受众国货态度（包括偏见和偏好）、情感状况、信息加工的聚焦策略以及框架效应等，厘清受众心理距离、调节聚焦与自主品牌认知框架的关联效应，揭示心理距离"远/近"两类受众自主品牌认知的决策依据、线索来源与评价命题。在此基础上，提出受众自主品牌认知的心理距离框架理论及效应模型。

③自主品牌负面刻板印象生成的媒介环境根源。首先，通过对中国媒体披露本土/外国品牌负面问题的媒介框架及策略进行分析，反思中国产品的国内媒介镜像、话语意识；同时，对西方媒体披露中国企业和西方企业产品问题的媒介框架及策略进行分析。在此基础上，反思中国媒体的自觉意识及其根源。其次，采用量化研究和质性研究相结合的文本分析方法，分析西方媒体有关中国制造报道的语言特征和语篇结构，探讨西方媒介中的中国制造形象（如报道数量、涉及的品牌名称和产业类别、报道议题和倾向、词语特点、话语标记语、文本架构），揭示西方媒体建构中国制造形象的深层话语意识。

④自主品牌负面刻板印象生成的影响因素研究。首先，运用扎根理论研究方法，厘清导致自主品牌负面刻板印象生成的主要影响因素，包括不利的认知合理化因素和不利的情感及环境因素。前者是导致自主品牌负面刻板印象生成的客观因素和根本原因，后者是导致自主品牌负面刻板印象生成的主观因素，都会放大受众或消费者对不利的认知合理化因素的选择性注意、可接近—可诊断性，从而进一步强化或确认其自主品牌负面刻板

印象。其次，将范畴作为测量问项，将主范畴（即影响因素）作为潜变量，通过问卷调查和实证分析，验证各因素对自主品牌负面刻板印象的影响。

（2）传播效果——自主品牌形象宣传的传播效果及问题分析

本部分的研究目标是厘清各类媒体在报道或宣传自主品牌中的主要框架、策略及效果，揭示存在的主要问题，为后续对策研究提供启发。研究内容包括：

①自主品牌形象提升的媒介宣传现状与问题分析。主要对当前有关高端制造宣传、"国家品牌计划"宣传和中国企业创新创业故事宣传的受众行为、态度及其认知效果进行框架编码与比较，揭示三类宣传信息的受众感知框架效应及存在的主要问题。

②自主品牌形象宣传的传播过程与传播效果建模分析。为了进一步厘清高端制造宣传、"国家品牌计划"宣传以及企业创新创业故事宣传的传播过程与传播效果，本研究将选取不同类型宣传报道或信息的典型案例，利用简化后的 SI 传染病模型和 MATLAB 工具逐一模拟分析相关信息的传播过程和传播效果，比较分析其传播效果差异，揭示存在的主要问题。

③高端制造形象宣传效果及其对提升自主品牌形象的溢出效应。本研究重点分析近年来大众媒体对中国高端制造报道的累积传播效果（包括认知改变度、态度改变度和行为改变度），以及高端制造形象宣传对提升自主品牌形象的溢出效应（包括认知溢出效果、情感溢出效果和行为溢出效果）；同时，检验受众心理距离对高端制造形象宣传报道效果及其溢出效应的调节作用。

④自主品牌形象提升的实践效果分析。有关调查显示，00 后出现了较高的自主品牌偏爱与消费意识变化。为此，本研究将以 2018 年入学的大学生为例，检验 00 后大学生群体自主品牌认知唤醒与消费态度改变的程度，揭示认知唤醒和自主品牌态度改变的刺激信息类型及其效度，实证刺激信息、认知唤醒与自主品牌态度改变的相关性，从而验证当前自主品牌形象宣传、国货意识引导以及爱国主义教育的有效性及其影响。

（3）对策研究——大众传媒提升自主品牌形象的整合传播策略

本部分的研究目标是在上述研究成果的基础上，探讨自主品牌形象提升的整合传播策略。研究内容包括：

①自主品牌形象提升的关键驱动因素及其影响效应。首先，根据前述有关自主品牌负面刻板印象生成的动机根源、心理认知根源、媒介环境根源及其影响因素，明确自主品牌形象提升的矫形—塑形内容，提炼自主品牌形象提升的关键驱动因素。其次，分析关键驱动因素之间以及对自主品牌形象的影响效应，构建自主品牌形象提升的关键驱动因素影响效应模型，从而明确关键驱动因素之间的效应关系。

②自主品牌形象提升的战略路径及矫形—塑形传播策略。首先，根据自主品牌形象宣传的效果评价以及关键驱动因素，提出自主品牌形象提升的战略路径，如中国企业形象提升的矫形—塑形传播策略、政府形象提升的矫形—塑形传播策略、自主品牌形象提升的媒介框架建构与传播策略、自主品牌情感培养与社会规范引导策略等；其次，分别探讨各条战略路径的传播引导策略、现有宣传改进策略、话语权提升策略、媒介框架建构水平提升策略等；相关策略应注重传统媒体与新媒体的整合，增强传播信息的易得性和代表性。

2.1.3 研究重点与研究难点

（1）研究重点

①厘清当前自主品牌宣传的媒介框架建构现状及其效果，是认识自主品牌宣传战略偏差和存在问题的关键。

②提出大众传媒提升自主品牌形象的整合传播策略和方法，是本研究的核心和目的所在。

（2）研究难点

①厘清自主品牌负面刻板印象生成的根源及影响因素。传统的访谈、问卷调查和实验研究，要么受成本、时间、代表性的局限，难以大样本展开；要么难以深入刻画受众的内在心理活动，因此研究难度较大。

②探讨传统媒体和新媒体有机结合的自主品牌形象提升策略。由于新媒体具有动态、交互、实时、普遍、分众和差异化的特点，因此其传播主体和方法不同于传统媒体，这就增加了研究的难度。

2.2 研究思路与研究方法

2.2.1 研究思路

本书遵循问题导向（自主品牌负面刻板印象生成的根源是什么）和目标导向（如何提升自主品牌形象）相结合的原则，按照“理论基础→根源探索→传播效果→对策研究”的基本思路与技术路线开展研究工作（见图 2-2）。

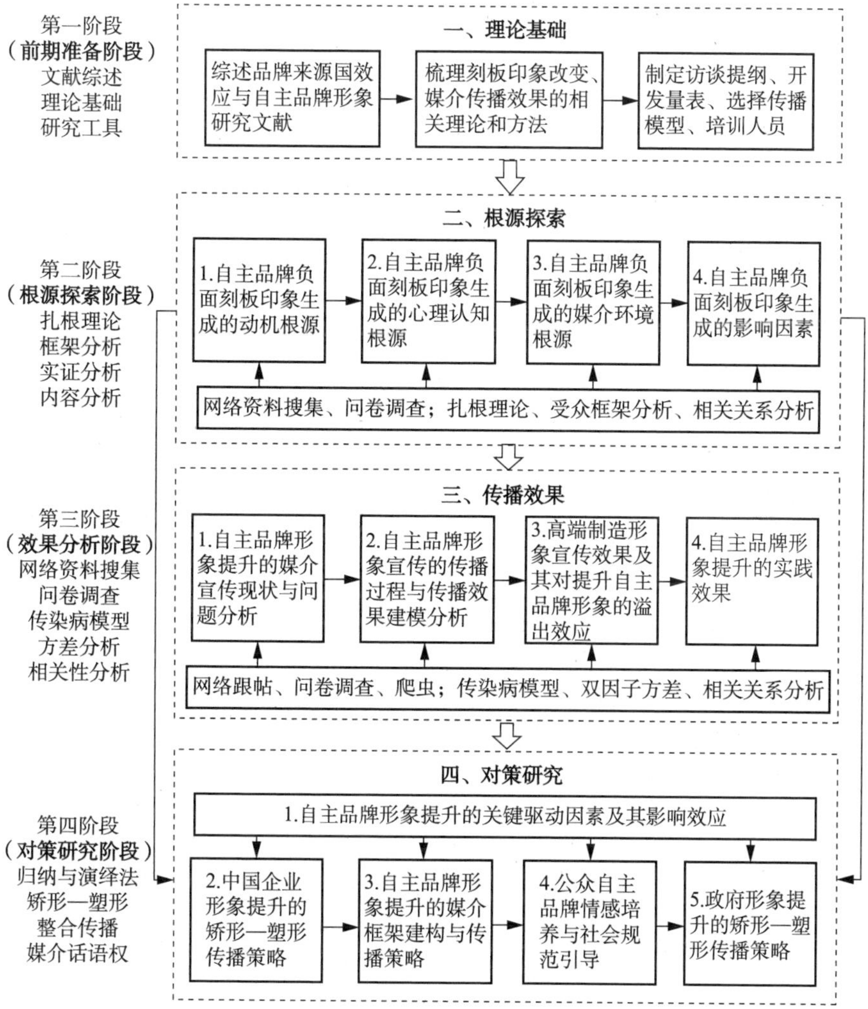

图 2-2 研究的基本思路与技术路线

2.2.2 研究方法

为提高根源探索、传播效果和对策研究的外部效度和可操作性，本书将综合运用现状分析与理论解构、框架分析与实证研究、经验观察与对策推演相结合的研究方法。其中，数据资料搜集主要采用受众跟帖、问卷调研、网络检索等方法获取；数据资料分析主要采用扎根理论、受众框架分析、内容分析、实证分析、传染病模型建构、传播效果评价指标的层次分析等方法；框架编码由两位课题组成员独立编码，使用2M/（N1+N2)计算编码信度系数；实证分析中的自变量、因变量和中间变量采用七点或五点量表，问卷调查人数不少于问项的10倍；数据处理采用SPSS、AMOS的描述性统计、EFA、CFA、相关分析、方差分析、路径分析等方法。在此基础上，借助整合传播理论、媒介框架理论、议程设置理论、说服理论、形象学理论、话语权理论等，采用归纳演绎方法进行对策探讨。各部分的具体方法如表2-1所示：

表2-1 研究方法与所要解决的研究问题

研究内容		拟解决的主要问题	分析方法及工具	数据或资料来源
一、根源探索	1. 自主品牌负面刻板印象生成的动机根源	①利用相关主题论坛的受众跟帖或评论，对生成动机进行探索性研究；②通过问卷调查，实证动机的显著性	文本/内容分析、框架编码、SPSS、AMOS	遴选5~8个网络主题论坛，搜集受众跟帖或评论；通过调查问卷获取数据资料
	2. 自主品牌负面刻板印象生成的心理认知根源	①对受众跟帖资料进行心理距离和受众框架编码；②对心理距离“远/近”两类受众的认知框架及其根源进行比较分析；③建立心理距离框架效应模型	文本/内容分析、框架编码、SPSS的频次和百分比统计	遴选5~8个网络主题论坛，搜集受众跟帖或评论
	3. 自主品牌负面刻板印象生成的媒介环境根源	①比较分析中国媒体和外国媒体披露中外品牌的话语意识；②专题分析外国媒体建构中国制造形象的镜像和话语意识	内容分析、批评话语分析、SPSS、Excel	报刊网络版的关键词检索

续表

研究内容		拟解决的主要问题	分析方法及工具	数据或资料来源
一、根源探索	4. 自主品牌负面刻板印象生成的影响因素	①利用相关主题论坛的受众跟帖或评论进行影响因素的探索性研究；②通过问卷调查，实证影响因素的显著性	文本/内容分析、框架编码、SPSS、AMOS	遴选5~8个网络主题论坛，搜集受众跟帖或评论；通过调查问卷获取数据资料
二、传播效果	1. 自主品牌形象提升的媒介宣传效果与问题分析	对受众行为、态度及其认知效果进行框架编码与比较	文本/内容分析、框架编码、SPSS、AMOS	高端制造宣传、“国家品牌计划”宣传和中国企业创新创业故事宣传
	2. 自主品牌形象宣传的传播过程与传播效果建模分析	①建立典型宣传案例的传播过程模型；②分析其传播效果；③比较不同类型宣传的传播效果差异	SI传染病模型、MATLAB仿真软件、SPSS层次	选取高端制造宣传、“国家品牌计划”宣传和企业创新创业故事宣传的典型案例
	3. 高端制造形象宣传效果及其对提升自主品牌形象的溢出效应	高端制造宣传报道的传播效果及其对提升自主品牌形象的影响效应，受众心理距离的调节	SPSS、AMOS	开发网络问卷，实施线上问卷调查
	4. 自主品牌形象提升的实践效果分析	探讨00后认知唤醒和自主品牌态度改变的刺激信息类型及其效度，实证刺激信息、认知唤醒与自主品牌态度改变的相关性	SPSS、AMOS	以2018年入学的大学生为对象，进行大样本问卷调查
三、对策研究	1. 自主品牌形象提升的关键驱动因素及其影响效应	提炼关键驱动因素，厘清各因素之间以及对自主品牌形象的影响效应	归纳演绎、对策推演	
	2. 自主品牌形象提升的战略路径与传播策略	根据关键驱动因素，提出自主品牌形象提升的战略路径与矫形—塑形传播策略	借助整合传播理论、媒介框架理论、议程设置理论、说服理论、形象学理论、话语权理论等，采用归纳演绎方法进行对策探讨	

第二部分

根源探索

3 自主品牌负面刻板印象生成的动机根源

如前文所述，已有研究主要集中于验证本土品牌刻板印象的存在性、影响因素及其对消费者来源国产品购买意愿的影响，缺乏对自主品牌负面刻板印象生成动机的系统研究。根据消费行为理论，购买动机是在消费需要的基础上产生的引发消费者购买行为的直接原因和动力，消费者通常按照动机选择具体产品（吴坚等，2010）。究竟本土品牌刻板印象生成的动机根源是什么？其内涵和表现形式是什么？厘清这些问题，不仅有助于更好地理解本土品牌刻板印象的形成动因，而且有助于探讨本土品牌刻板印象转变的对策措施。

3.1 文献综述

“动机”这一概念最早由伍德沃斯于1918年引入心理学的。在消费者行为学领域，购买动机被定义为引起个体活动、维持已有活动，并促使活动朝向某一目标进行的内在作用。消费动机具有主导性、内隐性、多重性、实践性与学习性、复杂性的特点（吴坚等，2010；江林，2007）。通常认为，动机既包括个体动机（内部动机），又包括社会动机（外部动机），内部动机又可分为生理动机和心理动机（王传吉，2014）。具体来讲，消费者的购买动机主要有求实动机、求新动机、求美动机、求名动机、求廉动机、求便动机、模仿或从众动机和好癖动机（吴坚等，2010）。此外，还有自我表现动机、好胜动机和惠顾动机；炫耀动机、求安全动机和馈赠动机（江林，2007）。

当前对消费者购买动机的研究，大多集中于奢侈品消费领域。比较有代表性的观点把奢侈品的购买动机分为人际影响动机和自我影响动机，其中人际影响动机包括炫耀动机、个性动机和从众动机，自我影响动机包括享乐动机和追求品质动机（Vigneron 等，1999）。还有学者把自我导向动机进一步分为自我取悦、自我赠礼、内在一致与品质保证四个动机（Tsai，2005）。国内学者实证研究虽验证了中国消费者购买奢侈品的社会动机和个人动机，但与西方研究略有不同，其中社会动机包括炫耀、从众、社交、身份象征，个人动机包括品质精致、自我享乐、自我赠礼（朱晓辉，2006；王慧，2009；张梦霞，2010）。在服装行业，消费者同样存在炫耀、自我馈赠、追求品质、从众、表达自我等动机（刘淼，2014；李秋锦，2012）。在汽车行业，研究发现中国消费者的购买动机有五类，分别是社会导向动机（如面子和炫耀、身份象征）、个人导向动机（如张扬个性、品味精致）、圈子型动机（如圈子认可、圈子融入）、功能性动机（如求便）、消费能力导向动机（如求廉）（巫文平，2011）。

上述动机为理解本土品牌刻板印象生成动机提供了启示，但这些动机不仅需要实证检验，而且解释本土品牌刻板印象的完整性也不够。为此，本研究拟根据偏见心理学的偏见功能原理及偏见类型（许靖，2010），从自我防御动机（通过偏见来保护自身利益）、工具导向动机（通过偏见来适应社会规范）、价值表达动机（通过偏见传达自己的价值观）和认知理解动机（通过偏见认识事物）等方面，对中国消费者本土品牌负面刻板印象生成的动机根源进行实证探索。这不仅有助于深化品牌来源国效应理论，也是对偏见功能原理和动机理论的应用扩展。

3.2 探索性研究

3.2.1 研究方法

前述文献研究表明，目前有关本土品牌刻板印象生成动机的研究成果很少。由于不同产品领域的属性差异，消费者本土品牌刻板印象生成的动机不尽相同，可能存在多动机的交叉，是一个较为复杂的心理活动。在不清楚本土品牌刻板印象生成动机的情况下，采用大样本的问卷调查未必有效。这就需要一种找寻或发现理论的研究方法，先对本土品牌刻板印象生成的动机进行探索性研究。扎根理论（Grounded Theory）正是一种自下而上的归纳式质性研究方法，它通过先把资料分解、概念化，再根据一定的逻辑关系将概念重新组合，借此从现实资料中抽象出理论的操作规程；该方法由开放编码（Open Coding）、主轴编码（Axial Coding）和选择编码（Selective Coding）组成。编码过程有助于规避研究前带入的或研究中出现的偏见和假定，从而建立科学合理、解释力强的理论。

该方法需要有高质量的文本资料，这可以通过访谈或受众跟帖来获取。相比访谈，受众跟帖更有优势。因为在网络媒体中，存在大量主张支持国货或反对支持国货，以及有关本土品牌刻板印象的新闻报道或社会热点话题，这些话题或论坛一般都有大量网友参与评论或跟帖，这就为探究本土品牌刻板印象生成动机提供了第一手资料。受众跟帖具有互动、隐身的特点，因而能够更加真实、有效地反映受众想法，规避“应有之情”的影响，外部解释效度更强。同时，受众跟帖突破了空间和成本的局限，样本规模更大，代表性更强。虽然与深度访谈相比，受众跟帖内容详略不一、回答主题不尽相同，多数帖子也比较简略，但同类受众（包括国货偏见类和国货偏爱类两种）的认知框架是一致的，其表达可以互为补充。因此，将同类受众的认知概念、范畴、主范畴综合起来，就可以建构完整的动机整合模型。为此，本研究拟采用受众跟帖作为研究的原始资料来源。

3.2.2 样本选择

本研究首先以“本土品牌”“国货”“偏见”“你为什么不买国货”等为关键词，在百度等搜索引擎中查找，排除时间久远、与主题不相关的论坛，最后得到8个主题论坛（见表3-1）。在此基础上，将8个主题论坛的所有受众跟帖全部复制，去掉语言不文明、意思表达不清楚、重复提交、文不对题、表述过于简单的评论，保留那些表述详细、有支持性证据或观点的评论。通过这种方式，共得到用于分析的有效评论410条。其中，将7个帖子的255条受众跟帖用来建构理论，将1个主题论坛（搜狐网上关于《中国人赴日“爆买”势头加剧：珍珠、铁壶供不应求》的转载报道）的155条受众跟帖用作理论饱和度检验。

表 3-1　样本来源与资料搜集情况

帖子编号	论坛主题	来源网址	跟帖数	提取数	提取比例/%	帖子面向		用途
						正面占比/%	负面占比/%	
1	不明白为什么那么多人对国产有偏见	http://tieba.baidu.com/p/2002342115	289	31	10.73	68	32	建模
2	关于对国货的偏见	http://tieba.baidu.com/p/2197265247#	154	22	14.29	50	50	建模
3	很多人对国产品牌有偏见	http://www.headphoneclub.com/thread-183242-1-1.html	118	23	19.49	22	78	建模
4	为什么国人不买国货，说国货不好？但是没有国人的支持哪来创新	http://tieba.baidu.com/p/2238831833#	151	34	22.52	59	41	建模
5	为什么这么多人对国产车偏见这么大	http://price.52che.com/geely-gc9/news-36354932.html	151	13	8.61	92	8	建模
6	由国产车想到的：为什么国人对自主品牌如此不信任	http://club.m.autohome.com.cn/bbs/thread-c-797-7347392-1.html#pvareaid=101772	35	16	45.71	63	37	建模
7	中国人为什么不买中国制造？看完这个真相了	http://bbs.tianya.cn/post-worldlook-1670913-1.shtml#50706719	818	116	14.18	27	73	建模
8	中国人赴日“爆买”势头加剧：珍珠、铁壶供不应求	http://quan.sohu.com/pinglun/cyqemw6s1/443779353	1097	155	14.13	5	95	饱和检验
总计			2813	410	14.58	29	71	

注：由于时间较早，部分网址或跟帖已被隐藏或删除，但可以使用论坛主题查到相关内容。

3.2.3　资料整理与概念发掘

在获取原始资料后，需要对这些资料进行编码，从中提炼出概念和范畴，并分析不同范畴之间的逻辑关系，用于建构理论。通过对筛选出的255条受众跟帖资料进行编码分析，得到354条原始语句，并从中发掘出307个原始概念。在对概念进行归类和评估的基础上，初步确定了14个范畴，分别是质量防御、安全防御、技术防御、标准防御、假冒防御、尊崇群体规范、效仿政府行为、适应媒介框架、炫耀攀比、崇洋心理、高档消费、独立自我、认知成本、认知框架。在确保资料满足预期饱和度的情况下，得到原始语句与对应概念的资料记录清单（见表 3-2）。

表 3-2　原始语句与对应概念的资料记录清单

原始语句	概念	范畴
1-13 为了自己相对保险才买国外产品，确实对国内企业没信心；1-3 国产垃圾太多；1-30 做出的好东西都卖到国外去了，留给咱国内的产品，不是质量不过关的，就是偷工减料的；再把视线转移到现在，还有几个国产的东西不存在质量问题的；1-8 联想确实略坑；2-6 看配置国产倒不是很硬伤，真用上才能显出来；2-6 你弄台国产比亚迪和同级别的外资车对比着开几年就知道了；2-8 现在买（比亚迪）F4 的不少都换车了，开两三年也不值得一修了；2-9 和相机一样的，国产车和相机品质有目共睹；3-1 不过话说回来，国产的东西很多都差的不得了；3-1 很多奸商怎么赚钱怎么来，从来对质量控制都不严格……	概念 a1～a49： a1 对国内企业没信心 a2 国货垃圾太多 a3 好的出口，差的内销 a4 国货有几个没有质量问题 a5 东西不好自然没人支持 a6 东西好了自然有人支持 a7 国货好的话，肯定支持 a8 大多数品牌很差 a9 国货用了才知道差 a10 比亚迪跟外资车没法比 ……	质量防御（A1）
3-14 牛奶奶粉什么的，让人对国产彻底绝望；3-15 对于在国内生存及生活的我们来说，饮食方面的东西避无可避，这也是最悲哀的一点；4-12 国产品牌要起来只能用良心做，如果中国的奶业在三聚氰胺发生时有一家说我的安全，它也火了啊；4-3 三鹿毒奶粉没被媒体曝光前，国人都是支持购买国产奶粉的；4-33 楼主，三鹿奶粉已经是前车之鉴了；4-4（三鹿毒奶粉）不但拿中国的未来开玩笑，而且败坏民族企业的名声……	概念 a50～a67： a50 毒奶粉残害下一代 a51 假货害了好多好产品 …… a54 饮食方面动歪脑筋的太多 a55 吃喝用住都不放心 a56 国货要用良心做 ……	安全防御（A2）

注：1. 限于篇幅，仅列出部分资料记录及其对应的概念和范畴。
2. 原始语句均来源于网络跟帖，为最大限度保留原始意思，没有对语句进行修改。

3.2.4　范畴提炼与模型建构

（1）开放译码分析

为了把原始资料充分概念化和范畴化，正确界定范畴的性质和面向，确保从概念到范畴的提炼过程科学合理，我们对原始语句和概念进行了深入细致的分析，并结合已有的文献研究成果，从 307 个概念中抽象出 14 个范畴，分别是质量防御、安全防御、技术防御、标准防御、假冒防御、尊崇群体规范、效仿政府行为、适应媒介框架、炫耀攀比、崇洋心理、高档消费、独立自我、认知成本、认知框架。随后重点考察了原始语句和概念的含义及倾向性，确定了范畴的性质和面向（见表 3-3）。

表 3-3　由概念发展出范畴的开放译码分析

概念	范畴	面向
a1 对国内企业没信心；a2 国货垃圾太多；a3 好的出口，差的内销；a4 国货有几个没有质量问题；a5 东西不好自然没人支持；a6 东西好了自然有人支持；a7 国货好的话，肯定支持；a8 大多数品牌很差；……；a49 国货价格高，质量差	质量防御（A1）	意识强烈
a50 毒奶粉残害下一代；a51 假货害了好多好产品；a52 假奶粉让人对国货失望；a53 食品安全问题避无可避；a54 饮食方面动歪脑筋的太多；a55 吃喝用住都不放心；a56 国货要用良心做；a57 三鹿奶粉让人对国产奶粉失去信心；……；a67 衣食住行等让人不放心	安全防御（A2）	意识强烈
a68 国货外观设计不行；a69 相机无核心技术；a70 技术跟不上；a71 技术给国外用，不给国内用；a72 不是不支持，是做不出来；a73 只代工无核心技术；a74 科学技术落后于西方；a75 科技水平还需要积累；……；a84 中国很多东西造不了	技术防御（A3）	意识强烈
a85 标准比国外低；a86 国货产品标准低；a87 内销比出口质量差；a88 中兴华为出口的比内销好；a89 食品行业出口内销有别；a90 出口的标准比内销高；a91 格力出口和内销标准不一样；a92 标准不同价格不同；……；a112 国内外标准不一样	标准防御（A4）	意识强烈
a113 中国山寨多；a114 假货铺天盖地；a115 社会问题毁了对国货的信心；a116 国货就是假冒伪劣代名词；a117 中国制造假货多；a118 企业没有信誉；a119 自己作假坑自己人；a120 国货假冒伪劣；a121 伪劣品伤了中国人的心……	假冒防御（A5）	意识强烈
a124 三人成虎；a125 没有一手信息不要人云亦云；a126 没用过就人云亦云；a127 人云亦云容易误人；a128 跟风而已和质量无关；a129 买苹果是跟风；a130 周围人说国产手机比不上苹果；……；a139 从小接受中国产品不如西方的思维	尊崇群体规范（A6）	意识强烈
a140 好东西都是特供；a141CCTV 设备有多少国产；a142 官员用车都是奥迪；a143 希望政府公务车买国产；a144 国家领导宣传国货；a145 政府要买国产车做示范	效仿政府行为（A7）	意识强烈
a146 IBM 上太空被吹上天；a147 联想上太空没人吹；a148 企业发展好了只是没人关注；a149 有人蓄意煽动；a150 媒体被美国收买；a151 国产车卖出国门无人关注；a152 奇瑞卖到国外很少人知道；a153 国际巨头迫害本土品牌；……；a167 宣传上的落后	适应媒介框架（A8）	意识强烈
a168 神舟再好也没面子；a169 国产机便宜才没人看得起；a170 看到国产卖得便宜心理不平衡；a171 贵的就是好的；a172 以买外国货为荣；a173 国人太虚荣；a174 买苹果是为了炫耀；a175 华为价格高了肯定有人买；a176 苹果是用来炫耀的性价比不高；……；a190 虚荣攀比	炫耀攀比（A9）	较强

续表

概念	范畴	面向
a191 外国普通牌子在国内都能成奢侈品；a192 西方月亮比中国圆；a193 进口货比国货有优越感；a194 外国的都是好的；a195 民族劣根性感觉国产都是垃圾；a196 民族自信心的问题；……；a227 崇洋媚外的民族劣根性	崇洋心理（A10）	较强
a228 定位太低；a229 有优秀企业肯定支持；a230 不在一个起点；a231 国货只能做低价入门产品；a232 缺乏令人骄傲的企业；a233 国货只能拼性价比；a234 国货到国外要用新商标；a235 国货靠性价比没出路；a236 低价取胜，利润有限；……；a249 产品缺乏创造力	高档消费（A11）	较强
a250 哪个合适买哪个；a251 牌子都差不多；a252 别人爱买什么买什么；a253 哪个质量好买哪个；a254 管它国产不国产；a255 买的是性价比；a256 不在乎日货国货；a257 自己的钱爱买什么买什么；a258 消费与爱国无关；……；a270 学学日本人怎么支持国货	独立自我（A12）	较强
a271 一分钱一分货；a272 国货价格高的质量也很好；a273 买东西要多了解；a274 没亲身体验不要乱说；a275 没用过就乱评价；a276 评价产品最好试一试；a277 没碰过却说得跟真的一样；a278 对产品不懂装懂；a279 看价格就知道；……；a283 中国人不识货	认知成本（A13）	较少
a284 受以前印象影响；a285 国货坏了就认为垃圾；a286 外国货坏了无所谓；a287 国货卖得贵觉得不值得；a288 国货卖得便宜被鄙视；a289 数码产品海外更便宜；a290 国货问题低容忍度；……；a307 企业为省成本不舍得投入	认知框架（A14）	负面

注：由于概念较多，限于篇幅，仅列出部分概念。

（2）主轴译码分析

主轴译码分析的目的是发展出主范畴（Main Category），用以统领各个范畴，合理建立不同范畴之间的关联。在深入分析范畴之间的相互关系和逻辑次序后，结合偏见心理学的偏见功能原理，可以把已有的范畴归纳为 4 个主范畴，分别是自我防御动机、工具导向动机、价值表达动机和认知理解动机。其中，自我防御动机由质量防御、安全防御、技术防御、标准防御和假冒防御 5 个范畴构成，体现了消费者防御心理上不同的关注点；工具导向动机由尊崇群体规范、效仿政府行为和适应媒介框架 3 个范畴构成，体现了工具导向动机的对象差异；价值表达动机由炫耀攀比、崇洋心理、高档消费和独立自我 4 个范畴构成，体现了消费者通过本土品牌传达出自身消费文化和价值观的差异；认知理解动机由认知成本和认知框架 2 个范畴构成，体现了本土品牌刻板印象生成的认知目的差异。范畴与主范畴之间的关系内涵如表 3-4 所示。

表 3-4 由范畴发展出主范畴的主轴译码分析及关系内涵

主范畴	范畴	关系内涵
自我防御动机（AA1）	质量防御（A1）	防止买到质量差的产品是本土品牌刻板印象生成的重要原因
	安全防御（A2）	防止买到不安全的产品是本土品牌刻板印象生成的重要原因
	技术防御（A3）	不愿买到技术水平差的产品是本土品牌刻板印象生成的重要原因
	标准防御（A4）	不愿买到质量标准低的产品是本土品牌刻板印象生成的重要原因
	假冒防御（A5）	防止买到假冒产品是本土品牌刻板印象生成的重要原因
工具导向动机（AA2）	尊崇群体规范（A6）	尊崇群体规范的动机是本土品牌刻板印象生成的重要原因
	效仿政府行为（A7）	效仿政府行为的动机是本土品牌刻板印象生成的重要原因
	适应媒介框架（A8）	适应媒介框架的动机是本土品牌刻板印象生成的重要原因
价值表达动机（AA3）	炫耀攀比（A9）	消费者的炫耀攀比动机是本土品牌刻板印象生成的重要原因
	崇洋心理（A10）	消费者的崇洋心理动机是本土品牌刻板印象生成的重要原因
	高档消费（A11）	消费者的高档消费动机是本土品牌刻板印象生成的重要原因
	独立自我（A12）	消费者主张独立自我消费的动机是本土品牌刻板印象生成的重要原因
认知理解动机（AA4）	认知成本（A13）	消费者渴望降低认知成本的动机是本土品牌刻板印象生成的重要原因
	认知框架（A14）	消费者渴望建立认知框架的动机是本土品牌刻板印象生成的重要原因

（3）选择译码分析

选择译码分析的目的是找出核心范畴（Core Category），并以故事线（Story Line）的形式将所提炼的范畴和主范畴联结起来，验证其内在关系，进一步完善范畴的内涵，从而得到较为完整的理论。通过对上述 307 个概念的继续考察，尤其是对自我防御动机、工具导向动机、价值表达动机和认知理解动机4 个主范畴的深入分析，同时结合原始语句进行比较，发现可以用“本土品牌刻板印象生成动机”这一核心范畴来概括所有主范畴和范畴。其内涵是指消费者本土品牌刻板印象的生成是由自我防御动机、工具导向动机、价值表达动机和认知理解动机 4 种动机构成。这 4 种动机并非同时作用于消费者所有产品的购买决策过程。在不同产品领域，由于消费者对产品或服务的属性要求和认知理解不同，导致其启动本土品牌刻板印象的动机类型及作用大小存在差异。比如，在餐饮消费或购买普通生活用品时，消费者主要根据消费习惯做出购买决策，并不会启动本土品牌刻板印象及其动机；在购买婴幼儿奶粉时，促使消费者选购国外品牌奶粉（甚至直接在国外购买）的主要动机是自我防御动机和认知理解动机，其中自我防御动机处于主导地位，而工具导向动机和价值表达动机的作用较小；在购买家用轿车时，促使消费者选购国外中高端品牌轿车的主导动机是工具导向动机和价值表达动机，而自我防御和认知理解两种动机的作用较小。根据上述核心范畴与范畴之间的关系，可以得到“本土品牌刻板印象生成动机整合模型”（见图 3-1）。

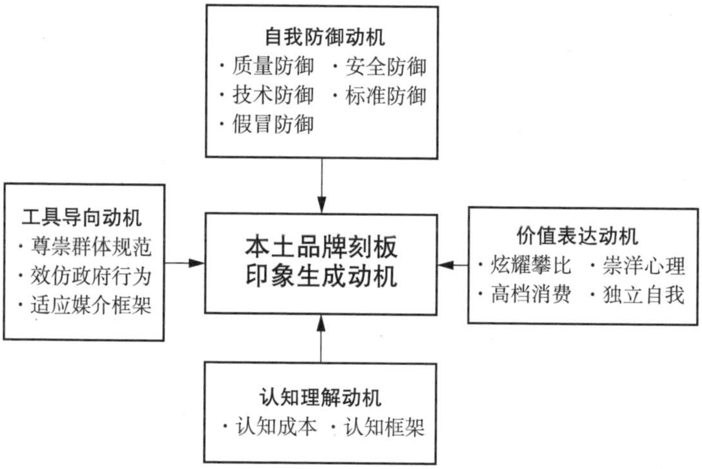

图 3-1　本土品牌刻板印象生成动机整合模型

（4）理论饱和度检验

按照扎根理论，在初步建构理论之后，需要使用另外的资料来检验该理论是否完整。本研究使用搜狐网上关于《中国人赴日“爆买”势头加剧：珍珠、铁壶供不应求》的转载报道 155 条受众跟帖，对上述理论进行了检验。结果显示，没有产生新的范畴和关系，即前述范畴和主范畴完全可以涵盖这些原始语句和概念。这表明，本研究所建构的“本土品牌刻板印象生成动机整合模型”具有理论上的饱和度。

3.2.5 模型阐释

(1) 自我防御动机的认知特点与作用机制

偏见作为一种自我防御机制，能帮助人们在挫折中保护自己。偏见的态度通过歪曲或否认现实来否认和回避自己意识里的不适当、不道德、失败、弱点等。通过自我防御功能，个体可以维护自身的形象和价值，从而对自己形成一个稳定的认知。由于消费者购买产品的主要目的是获取产品的某些功能，因此在产品的核心功能属性上，其决策十分谨慎，力求避免买到劣质、不安全、技术有缺陷、低标准及假冒产品。

①质量防御的认知特点与影响机制。由于多数本土企业尚处于成长阶段，往往热衷于以销量和价格取胜，喜欢采取成本领先策略，或者只顾眼前利益，而忽视产品质量问题。加之，政府监管不到位，导致大量不合格产品流入市场，消费者深受其害，从而对本土品牌形成质量差的印象。因此，出于自我防御的需要，中国消费者会对本土品牌产生一定的排斥心理，并最终发展成对本土品牌的刻板印象。这可以从受众的代表性观点看出，如“1-13 为了自己相对保险才买国外产品，确实对国内企业没信心”“1-30 做出的好东西都卖到国外去了，留给咱国内的产品，不是质量不过关的，就是偷工减料的”“7-18 我买过 3 个马桶盖，用不到 10 天就断了”“7-49 中国制造不乏一些粗制滥造、偷工减料甚至造假的企业”“7-66 好多连出厂都不合格就在市面销售”等。

②安全防御的认知特点与影响机制。准确动机理论认为，由于负面事件的危害性，导致人们出于风险规避更容易注意和重视负面信息，认为它们更有诊断价值，并以此为基础进行判断决策；而准确动机的高涨，容易使这种负面偏差变得显著。在中国社会情境下，由于存在大量关于本土品牌质量危机事件的报道，公众往往出于自身健康和安全考虑，在选购本土品牌时会产生顾虑，担心买到对身体健康有害的产品。这些信息显著促进了代表性和易得性本土品牌认知偏差的产生，使受众不断确认其本土品牌刻板印象（张燚等，2014）。研究证实，三聚氰胺事件对中国消费者国家形象感知以及本土品牌偏好均有显著的负向影响（王鹏等，2010）。这可以从受众的代表性观点看出，如“3-4 看看国内现状：吃的、喝的、用

的、住的、开的，包括呼吸的，有多少是让人放心的”“7-49 特别是近年来食品安全的事件频发，令国人对中国制造的信任度降至冰点”“7-85 中国消费者对中国产品的信心已经被这些年出的恶性事件消耗得差不多了，我们是消费者，只是想买放心的产品而已”“7-102 关键是对中国产品没安全感”“7-116 有的东西真的不敢买国货，如奶粉”等。

③技术防御的认知特点与影响机制。由于本土企业普遍起步较晚，自身实力有限，加之研发资金投入少，因此与外国企业相比存在较大技术劣势，许多核心产品部件完全由外国企业垄断（如微处理器、汽车发动机、手机芯片等）。另外，一些技术水平要求高的产品还无法生产（如相机等），只能依靠进口，这自然会影响消费者对本土品牌的印象。研究表明，在选购产品（特别是高科技产品）时，出于对产品技术的考虑，很多消费者都会优先选择外国品牌，而对本土品牌持有偏见（赵志霞等，2011；徐双良，2015）。随着时间的推移，这种偏见在消费者心目中已经根深蒂固，甚至无视本土企业近些年取得的成就。这可以从受众的代表性观点看出，如“2-14 有的技术跟不上”“3-22 科学技术落后于西方这也是没有办法的事”“4-2 很多技术产品没有国产，还没有这个技术，组装而已”“4-29 短视的中国企业，拨给研发部门的资金比例极少”“7-28 中国制造，只是拿到了一个代工/组装的生产线，并不是说中国制造就特别出类拔萃”等。

④标准防御的认知特点与影响机制。一些本土企业在出口和内销上采用两套标准，即出口产品采用高标准，质量控制严格，目的是获取高额外汇收入和国家退税补贴；内销产品的质量要求较低，甚至把那些不符合出口标准的产品转为内销。这种现象长期存在，会让消费者误以为国内本土品牌的产品都是劣质品，跟外国进口商品没法比。出于保护自身利益的需要，消费者自然会对本土品牌产生偏见，转而购买外国品牌产品。这可以从受众的代表性观点看出，如“1-30 做出的好东西都卖到国外去了，留给咱国内的产品，不是质量不过关的，就是偷工减料的”“7-1 大家理性分析，同样的东西，出口的标准要比国内的高很多，品质好，这就是大家到国外去买的原因”“7-19 同样的东西，国内国外两个标准；不是我们做不好，而是做出的好东西都没留给我们用”“7-88 不是不支持国货，好的

国货都卖给外国人了”“7-116 还有中国企业为了赚美钞、赚退税，出口产品的标准严于国内，好东西都孝敬‘洋大人’了”等。

⑤假冒防御的认知特点与影响机制。在市场经济环境下，部分不法企业受利益驱使，钻制度和监管的空子，制假贩假，极大地损害了消费者利益。加之，相关制度不完善、政府监管不到位，导致假冒伪劣产品泛滥，使消费者对本土品牌的早期印象较差。为了避免买到假冒伪劣产品，许多消费者对国货避而远之，甚至认为国货就是“假冒伪劣”的代名词。虽然国家近年来加大了对假冒伪劣产品的打击力度，并收到一定成效，但这很难在短时间内彻底改变消费者的品牌来源国刻板印象。这可以从受众的代表性观点看出，如“6-1 国人对国货存在偏见是有深刻根源的，许多社会问题一点点毁掉了消费者对国货的信任；商品假货铺天盖地、服务宰你没商量”“7-84 国货假的超级多，所以说，不买国货不是不爱国，而是担心假货”等。

由此，可得出如下命题：中国消费者本土品牌刻板印象的生成是出于质量防御、安全防御、技术防御、标准防御、假冒防御等自我防御动机的结果或需要。

（2）工具导向动机的认知特点与作用机制

偏见是在个体适应环境的过程中形成的，在很大程度上受到群体规范的影响。现实生活中，人们总是将自己归为某个群体的人，从而受到群体规范的影响。偏见的存在有助于人们更好地协调不同态度之间的关系，从而更好地适应环境。在中国已经形成这样的社会规范，即“本土品牌是低档货”“使用国货说明你没钱，买不起高档外国产品”“使用外国品牌表示你有钱、有面子”等。在这种环境下，出于适应群体评价的需要，消费者往往不愿冒违背社会规范的风险，即便出于对本土品牌的信任而支持本土品牌，也会受到较强的群体压力。

①尊崇群体规范的认知特点与影响机制。在现实生活中，人们总是会加入各种正式群体（如单位组织）和自我感知的非正式群体（如有钱人、城市人等），往往会受到这些群体的影响，使自身的行为、态度、价值观等与之一致。从众理论表明，个体的消费行为很容易受到周围人的影响，周围人（特别是圈子和朋友）的看法会对其消费决策产生重要影响。此

外，人们总是经意或不经意地把自己归为某个群体（如有钱人群体），并遵从这些群体的普遍行为规范和价值观，使自身的消费行为与之一致。虽然这些行为都是消费者适应群体规范的正常反应，却极大地强化了本土品牌偏见。这会削弱本土品牌的社会使用和消费动力，对本土企业发展产生极为不利影响。这可以从受众的代表性观点看出，如“2-1 三人成虎，很多时候你们只是在散播谣言”“2-3 人云亦云的多了就容易误人”“5-7 当时家里买博瑞，也是很大压力，现在也不后悔”“6-12 四年前，我买东方之子也是那样，周围人都说别买奇瑞的车”等。

②效仿政府行为的认知特点与影响机制。受“官本位”思想的影响，民众（特别是企业家、成功人士）普遍以政府官员的产品消费为参照。比如，社会公众对奥迪的追捧、崇尚等。在现实生活中，由于政府采购普遍存在国货偏见（刘武俊，2011），这极大地影响了消费者的本土品牌认知，即认为本土品牌质量差，从而助推本土品牌刻板印象的生成。这可以从受众的代表性观点看出，如“1-31 没办法，中国好的东西都是特供，普通人享受不起”“4-5 国家领导帮助宣传国货，让我们看到希望；汽车也是，希望政府规定所有公务车都买国产的”“5-13 其实官方的态度和做法很重要，只要他们开国产车了老百姓就会跟着买，偏见就会少”等。

③适应媒介框架的认知特点与影响机制。媒介框架理论表明，媒体可以通过框架建构影响受众认知。长期以来，中国媒体对国内外品牌存在差别报道策略，主要表现就是热衷于报道外国品牌“高大上”，对其负面问题较少提及，而对本土品牌则相反。此外，在面对本土品牌质量危机时，为了博取关注度、增强报刊销量，往往在短期内高频度报道。这些做法都有意无意地增加了本土品牌负面信息的易得性和代表性，从而对本土品牌刻板印象的生成产生了推波助澜的作用（张燚等，2014）。这可以从受众的代表性观点看出，如“1-1IBM 笔记本上太空，被吹上了天；其实神 5、神 6、神 7、神 8 用的都是联想，却没人吹”“1-16 这几年国内好多厂家发展得很好，只是没那么多人真心关注”“7-63 广电网络在别人手里”“7-91 没办法，谁让某些公知一直在炒作”“7-99 宣传上的落后才是中国人爱买进口产品的主要原因”等。

由此，可得出如下命题：中国消费者本土品牌刻板印象的生成是为了尊崇群体规范、效仿政府行为、适应媒介框架等工具导向动机的结果或需要。

（3）价值表达动机的认知特点与作用机制

价值观是影响个体态度的重要因素，因此偏见会受到个体价值观的影响。在现实生活中，人们既可以通过观察他人的偏见行为来分析其价值观，也可以通过一定的行为来表达自己的价值观（许靖，2010）。就本土品牌刻板印象而言，很多情况下并不是因为本土品牌真的很差，而是因为本土品牌无法满足炫耀攀比的需要，且容易被人轻视，而购买外国品牌更有面子。正因为如此，本土品牌无法满足消费者的这种价值表达动机，使得本土品牌受到消费者的歧视。

①炫耀攀比的认知特点与影响机制。面子文化在中国社会普遍存在，消费者往往希望借助所购商品来传递自己的声望、地位和权力。研究表明，炫耀攀比心理会显著提高消费者购买产品的价位，并导致消费者更加看重商品的外在形象价值（潘煜，2009），产生基于人际关系的象征性消费（王长征，2011；姜彩芬，2009）。由于本土品牌在品牌形象和象征意义等方面与外国品牌尚存在一定差距，因此为了满足炫耀攀比心理，消费者在进行面子消费时会更多地选择外国品牌。这可以从受众的代表性观点看出，如“1-21 攀比心理认为相同配置我比你多出了钱肯定比你质量好”“5-11 的确，死要面子的人不少”“7-47 为什么要用外国货？用外国货‘高大上’”“7-96 有点小钱就急着秀优越，主要是虚荣心在作怪”等。

②崇洋心理的认知特点与影响机制。一些中国人之所以存在崇洋心理，主要源自其内心的文化自卑。这些现象广泛存在于教育、学术、社会风气、经济和行政等领域，对中国消费者本土品牌认知产生了显著的负面影响。在崇洋心理作用下，消费者往往盲目追捧外国品牌，主观上造成了外国品牌热销风潮，而本土品牌受到贬低。这可以从受众的代表性观点看出，如“1-19 西方的月亮比中国的圆”“4-1 有些人宁愿同样的价格买外国低配，也不买国产高配，可见很多国人的心理真是变态”“7-15 崇尚外国月亮的人历来不少，不出奇”等。

③高档消费的认知特点与影响机制。随着收入和购买力的提高，越来越多的消费者开始追求高档产品和奢侈品消费，这也是“中国成为世界最

大奢侈品消费国”的原因。消费者希望借助高档消费来表达自己的价值诉求，这本是合理的消费诉求，但由于本土品牌普遍缺乏中高端产品，无法满足消费者的高档消费需求，因此在提到高档产品时，消费者首先想到的往往是外国品牌，本土品牌很难受到青睐。这种现象使得消费者在认知过程中对本土品牌产生认知偏差，认为所有的本土品牌都不上档次，最终导致本土品牌刻板印象的产生。这可以从受众的代表性观点看出，如“1-12 本土企业定位太低，缺乏高端”“3-8 的确，以低价取胜，利润有限，而国外高端货在国内大赚特赚”“7-64 中国制造主要面向底层消费，便宜、质量一般、档次不高”“7-90 中国人一想到高端，首先想到的是进口货，一想着省钱，就买国产货” “8-5 想追求更高档的生活，国货显然不行”等。

④独立自我的认知特点与影响机制。在经济全球化背景下，随着中国对外开放程度的不断提高，消费者的思想意识也越来越“国际化”。很多消费者认为，消费是个人的事情，与爱国没有关系；在购买产品时只需要关注产品好坏，不管是哪个国家生产的。在这类消费者看来，在经济全球化时代，支持国货是狭隘的表现，是在保护落后，不利于本土企业发展。这些观点体现了消费者的独立自我需要，为不支持本土品牌提供了理由。这可以从受众的代表性观点看出，如“1-25 人家买什么，你管不了，你买什么同样别人也管不了”“1-30 管它什么国产不国产的”“2-13 买东西，就是买性价比”“4-11 没必要非要把所有人的消费理念与爱国结合起来”“7-14 钱是自己赚的，人家买哪国的东西有自己的自由”“7-86 支持国货就是爱国吗，那国是什么”“8-6 商品国际化时代，哪里的性价比最高，哪里的产品最好就买哪里的”等。

由此，可得出如下命题：中国消费者本土品牌刻板印象的生成是为了实现炫耀攀比、崇洋心理、高档消费和独立自我等价值表达动机的结果或需要。

（4）认知理解动机的认知特点与作用机制

由于成本、精力和信息不对称等原因，人们无法全面、客观地认识世界，总是有意无意地存在偏见。这种偏见给人们提供了一种参照框架或组织原则，从而产生意义感，引导信息的获取过程。个体总是在寻求达到自己对世界直觉的可预知性、一致性和稳定性，偏见可以帮助人们实现这个愿望（许靖，2010）。就本土品牌而言，由于消费者无法获取本土品牌的所有信息，总是希望以最低的成本来实现认知过程；同时，出于建立认知框架的需要，个体总是倾向于以现有信息形成对认知对象的总体观点，因此在这一认知过程中，自然会出现以偏概全和肆意夸大等认知偏差，从而为本土品牌刻板印象的产生提供了认知基础。

①认知成本的认知特点与影响机制。研究表明，消费者对产品越不了解，涉入程度越低，在产品评价过程中就越容易受到品牌来源国刻板印象的影响（王海忠，2002；Lin，2006；李东等，2015）。由于本土品牌的不足是客观存在的，因此这种评价过程往往是基于以往某一次不愉快的消费体验，进而得出对本土品牌的整体观点。这种评价过程虽较为简单，但容易导致刻板印象的产生。这可以从受众的代表性观点看出，如“1-26 其实买东西还是自己多去查查，了解一下”“2-1 如果你们没有亲身去体验，凭什么说这个好那个坏的，它好在哪，坏在哪”“2-4 看价格就知道”“2-12 一些人根本没用过这些机器，也没有做相关了解，就做出主观判断”“2-16 如果没有一手信息，最好不要人云亦云”“3-17 国货，知根知底的太少了”“7-78 不知道最近这些年中国产品打败了多少西方产品，称霸全球，这些可不是全靠便宜得来的；更多的是过硬的产品质量加上合理的产品定价”等。

②认知框架的认知特点与影响机制。由于受到自身购买经历和外界本土品牌负面信息的影响，消费者很容易产生本土品牌不值得购买的观点。这种观点会在以后的认知过程中被不断强化，最终形成本土品牌负面认知框架，并成为本土品牌刻板印象的认知基础。这可以从受众的代表性观点看出，如“7-18 我买过 3 个马桶盖，用不到 10 天就断了”“7-101 中国制造 = 劣质商品”“7-103 中国货就是假冒伪劣产品的代名词”“8-148 国产货历来是价格便宜、质量差”等。

由此，可得出如下命题：中国消费者本土品牌刻板印象的生成是为了适应认知成本和认知框架等认知理解动机的结果或需要。

3.3　实证检验与分析

3.3.1　假设推导

（1）消费者自主品牌负面刻板印象生成的自我防御动机

消费者会通过自身行为保持形象与价值，并且具有一个稳定的自我感知。Lisjak 等（2012）将自我感知分为感知价值和诊断价值两个维度，分别包括“产品功能”“质量保证”“生产标准化”等；同时，提出了自我防御动机并将其细化为质量防御、产品质量、安全可靠等测量维度，研究得出产品质量与自我防御动机的形成具有负相关关系。在购买过程中，消费者购买产品主要是为了获取产品的核心功能，因此其购买过程非常谨慎。由于自主品牌企业为了短期利益而使大量不合格产品流入市场，导致消费者利益受损，从而爆发自主品牌负面危机事件，因此消费者不再信任自主品牌产品，并对自主品牌产生一定的排斥心理。有研究证实，三聚氰胺事件对中国消费者国家形象感知以及自主品牌偏好均有显著的负面影响（王鹏等，2010）。消费者出于自身健康和安全考虑确认避免购买质量差、安全系数低、技术不完善、标准低和假冒产品，因此形成了质量防御、安全防御、技术防御、标准防御和假冒防御的自我防御动机。由此，可提出如下假设：

H1：自我防御动机对消费者自主品牌负面刻板印象的生成具有显著的正向影响。

（2）消费者自主品牌负面刻板印象生成的工具导向动机

个体在适应环境的过程中会对某事物形成偏见，这种偏见在很大程度上受到群体规范的侵染。首先，在现实生活中，公众总将自己划分到某一群体中，并使自身行为符合群体规范，D. J. Terry（2011）设计的“个体所属群体行为能彰显个体社会地位”和“个体跟随所属群体表现能强化自我认同”问项均得到调查对象的高度认同。其次，由于中国社会存在着浓厚的“官本位”思想，很多消费者往往参照政府官员的消费产品，以前“官车”对奥迪的追捧等现象极大地影响了消费者对自主品牌的认知，即认为自主品牌产品质量差。最后，媒体对自主品牌危机事件的推波助澜，也促使消费者对自主品牌负面刻板印象的强化。消费者为了适应群体评价、跟随尊崇群体的步伐，他们往往不愿冒违背社会规范的风险，即使因为信任自主品牌而支持自主品牌，也会受到较强的群体压力。因此，消费者形成了尊崇群体规范、效仿政府行为、适应媒介框架的工具导向动机。由此，可提出如下假设：

H2：工具导向动机对消费者自主品牌负面刻板印象的生成具有显著的正向影响。

（3）消费者自主品牌负面刻板印象生成的价值表达动机

价值观是影响个体态度的重要因素，因此偏见会受到个体价值观的影响（张燚等，2018）。在现实生活中，人们既可以通过观察他人的偏见行为来分析其价值观，也可以通过一定的行为来表达自己的价值观，消费者希望借助消费来表达自己的价值需求，价值表达包括炫耀攀比、崇洋心理、高档消费以及独立自我等方面。消费者希望通过所购产品来传递自己的声望、地位和权力，导致消费者更加注重商品的外在形象价值，形成基于人际关系的象征性消费，从而满足自身的炫耀攀比心理。大多数自主品牌产品并不逊于外国品牌，仅仅是因为自主品牌满足不了消费者炫耀攀比的心理需求，甚至可能被轻视，而选购外国品牌更体面，Monkhouse（2012）研究中得到的“使用外国品牌使自己更有面子”以及“使用高端奢侈品可以彰显自己的声望和地位”的结论证实了这点。由于上述原因，自主品牌无法满足消费者这种价值表达需求，促使自主品牌受到消费者的歧视。因此，消费者形成了炫耀攀比、崇尚心理、高档消费和独立自我的价值表达动机。由此，可提出如下假设：

H3：价值表达动机对消费者自主品牌负面刻板印象的生成具有显著的正向影响。

（4）消费者自主品牌负面刻板印象生成的认知理解动机

高成本和信息不对称导致消费者无法整体、客观地了解世界，总对某些固定的事物存在偏见。根据戢芳和周庭锐（2013）的研究可以将品牌认知度分为高认知度和低认知度。对自主品牌而言，消费者无法获得自主品牌的有效完整信息，因此决定用最低的成本去实现认知过程；同时，消费者会用掌握的信息形成对认知对象的总体观点并且建立认知框架。在这一过程中，无法避免以偏概全和肆意夸大等认知偏差，从而为自主品牌负面印象的产生提供了认知基础（张燚等，2018）。消费者往往因为一次不愉快的购买经历，而得出自主品牌产品不好的整体观点，并且这种认知会被不断强化。在这一过程中，消费者不愿意或没有途径系统地了解自主品牌相关信息，从而容易主观臆断。因此，消费者形成了认知成本和认知框架的认知理解动机。由此，可提出如下假设：

H4：认知理解动机对消费者自主品牌负面刻板印象的生成具有显著的正向影响。

（5）不同动机对消费者自主品牌负面刻板印象生成的影响效应存在差异

有关研究指出，四种动机并非同时作用于消费者的所有产品购买决策过程中（张燚等，2018）。根据准确动机理论可知，在四种动机中，影响消费者购买决策最重要的因素应该是产品安全和货真价实，其次是产品档次和满足价值表达的需要，最后才是工具导向和认知理解。由此，可提出如下假设：

H5：不同动机对消费者自主品牌负面刻板印象生成的影响存在差异，防御动机是最重要的动机。

3.3.2　研究设计与数据收集

（1）操作性定义与问卷设计

本研究的测度变量包括自主品牌负面刻板印象的自我防御动机（质量防御、安全防御、技术防御、标准防御和假冒防御）、工具导向动机（尊崇群体规范、效仿政府行为和适应媒介框架）、价值表达动机（炫耀攀比、崇洋心理、高档消费和独立自我）和认知理解动机（认知成本和认知框架）。为保证问项效度，本研究将参照现有成熟量表形成符合本研究要求的调查问卷。由于现有研究多是测量单一品牌或者普通品牌，尚未有针对自主品牌负面刻板形象的测量问项，因此本研究对部分问项进行了调整。

①自我防御动机主要衡量消费者对于自主品牌产品功能属性、安全属

性的价值评价。本量表的问项主要根据 Lisjak 等（2012）设计的问项进行修改，包括“很多人之所以倾向于优先选择外国品牌，主要是为了防止买到功能差的自主品牌产品”“很多人之所以倾向于优先选择外国品牌，主要是不愿买到质量标准更低的自主品牌产品”等 5 个问项。

②工具导向动机主要衡量消费者为了适应群体评价的需要而受到群体规范影响的程度。一般而言，测量工具导向的问项从自我认同、社会认同和群体规范等方面实施，由于群体规范维度较宽泛，对每个维度进行测量会使研究繁杂，因此本研究根据现有研究量表选取尊崇群体规范、效仿政府行为和适应媒介框架 3 个维度作为工具导向，衡量消费者为了适应群体评价的需要而受到群体规范影响的程度。

③价值表达动机主要测量自主品牌表达个体需求与自身价值观的能力。本研究主要从炫耀攀比、崇洋心理、高档消费和独立自我等方面进行测量，参照 Monkhouse（2012）的研究设计。

④认知理解动机主要衡量消费者对本土品牌的认知程度以及对本土品牌负面印象的认知强化程度。本研究提出“很多人不愿意花时间和精力去了解产品，于是以偏概全地认为自主品牌没有外国品牌好”“很多人由于自身购买经历和外界影响，形成国货不好的认知，并且这种认知随着时间的推移不断强化”2 个问项。

调查问卷详见附录 1，由于问项较多，为提高填答效率，问项均采用 5 点量表，即 1 表示“非常不同意”、5 表示“非常同意”。

（2）样本选择与数据收集

①问卷前测及修正。为了使填答者能明确作答，防止误解问项的表达意思，因而在正式问卷发放之前进行前测。首先向本校学生随机发放前测问卷，接着采用 SPSS 19.0 的可靠性分析（Reliability Analyze），分析得到所有问项题目的分项对总项相关系数（Item-to-total correlation）进行信效度分析，凡是值小于 0.5 这一临界值的问项，都予以修改或者删除。本研究通过前测分析得出，所有研究构念的 Cronbach's α 值均高于 0.7 的标准数据，表明本研究可以使用设计修改的问卷进行实证调研和分析。

②样本选择与问卷调查。本研究采用便利抽样的方式，即采用了线上问卷调查方式。我们在“问卷网”（https://www.wenjuan.com/s/6vUzMj/）

上将调查问卷开发成网络问卷，这样既便于在 QQ、朋友圈中进行调查，也便于邀请朋友帮助我们发放网络问卷，从而提高调查效率。时间从 2018 年 9 月 20 日到 10 月 20 日，共收到线上调查问卷 513 份。将用时 2 分钟以内且填写同一答案的问卷作为无效问卷，由此得到有效问卷 478 份，问卷有效率 93%。

③样本的人口统计特征分析。采用 SPSS 19.0 的描述性统计方法对问卷资料进行了数据处理，得到被调查者的人口统计特征如表 3-5 所示。

表 3-5 样本的人口统计特征

统计变量	细分变量	合计	占比/%	统计变量	细分变量	合计	占比/%
性别	男	195	40.8	教育程度	高中及以下	77	16.1
	女	283	59.2		大专	97	20.3
年龄	18 岁以下	23	4.9		大学本科	201	42.1
	18~29 岁	240	50.2		硕士研究生及以上	103	21.5
	30~45 岁	156	32.6	职业	公务员	23	4.8
	46~60 岁	56	11.7		教师	89	18.6
	60 岁以上	3	0.6		全日制学生	128	26.8
月收入（月生活费）	3000 元以下	143	30.0		企业普通职员	81	16.9
	3000~5999 元	182	38.0		企业中高层管理或技术人员	38	7.9
	6000~8999 元	84	17.6				
	9000~11999 元	39	8.1		个体户/私营业主	37	7.7
	12000 元及以上	30	6.3		其他	82	17.1

3.3.3 信效度检验

（1）模型整体适合度分析

本研究首先采用 AMOS 对模型进行拟合度检验，主要包括绝对适配度、增值适配度和简效适配度。通过 AMOS 得出的数据与评价指标的适配判断如表 3-6 所示。其中，在绝对适配度中，每项指标均高于理想值，说明本研究模型与采集数据的拟合度较高；在增值适配度中，大部分指标均符合理想适配度，规则适配指数（NFI）指标虽稍有偏差，但是偏差度能够接受；在简效适配度中，除了临界样本量（CN）不理想外，其余指标均符合适配标准，总体上较理想。综合整体指标适配判断，模型与数据的拟合度较为理想。

表 3-6 整体模型拟合度

拟合指标		输出结果	适配标准	适配判断
绝对适配度	CMIN/DF	1.780	1~3	符合
	RMR	0.030	<0.05	符合
	GFI	0.950	>0.9	符合
	AGFI	0.949	>0.9	符合
	RMSEA	0.02	<0.08	符合
增值适配度	NFI	0.884	>0.9	稍有偏差
	TLI	0.926	>0.9	符合
	IFI	0.913	>0.9	符合
	CFI	0.910	>0.9	符合
简效适配度	PNFI	0.801	>0.5	符合
	PCFI	0.778	>0.5	符合
	PGFI	0.764	>0.5	符合
	CN	179	>200	稍有偏差

（2）量表的信度检验

信度分析有内在信度和外在信度两类，本研究采用内在信度分析来测量问项之间的一致性。Cronbach's α 系数常用语评估李克特量表，如果 Cronbach's α 大于 0.9，表明本研究量表具有很高的内在信度；若 Cronbach's α 大于 0.8 且小于 0.9，则本研究量表内在信度较高；若 Cronbach's α 大于 0.6 且小于 0.8，那么本研究量表内在信度可以接受；若 Cronbach's α 小于 0.6，则此量表内在信度不理想应当重新设计。本研究利用 SPSS 19.0 的可靠性分析，计算出 Cronbach's α 值，得出信度分析结果（见表 3-7）。由该表可知，自我防御动机和工具导向动机的 Cronbach's α 值分别为 0.895 与 0.813，均大于 0.8；价值表达动机与认知理解动机的 Cronbach's α 值分别为 0.770 和 0.768，均大于 0.6 这一可接受度。本研究还利用 SPSS 19.0 进行可靠性分析，计算出所有问项的分项对总项相关系数（见表 3-7）。由表 3-7 可知，问项均符合高于 0.7 的理想要求。各项数据均符合相关标准要求，本量表可信度较高。

（3）量表的效度检验

①内容效度。本研究依据现有成熟的量表进行筛选和整改，并采用了定性的方法对问卷测试的内容进行了检验和调整，通过对专家的访谈来调试问项，使量表能有效地反映本研究的构念。因此，本问卷的内容效度较高。

②建构效度（包括收敛效度和区别效度）。对于收敛效度，本研究采用验证性因素分析（CFA），得到各潜变量和显变量间的标准化因素负荷。由表 3-7 可知，所有显变量的标准化因素负荷均大于 0.6，表明其可衡量对应潜变量的程度较高。对于区别效度，由表 3-8 可知，所有主变量的 AVE 平方根值均显著大于因子间相关系数绝对值的最大值，表明潜变量之间的区分效度良好。同时，各潜变量间的 Pearson 相关系数均低于 0.8（P<0.001），表明各潜变量之间的相关性较低。综上，显变量的标准化因素负荷及潜变量的 Pearson 相关系数的可接受度较高，本研究问卷的建构效度较理想。

表 3-7　量表的信效度检验

潜变量	显变量（问项）	分项对总项相关系数	标准化因素负荷	P 值
自我防御动机（Q1）Cronbach's α = 0.895	E1 很多人之所以倾向于优先选择外国品牌，主要是为了防止买到功能差的自主品牌产品	0.650	0.727	0.000
	E2 很多人之所以倾向于优先选择外国品牌，主要是对自主品牌产品的安全性不放心	0.597	0.688	0.000
	E3 很多人之所以倾向于优先选择外国品牌，主要是对自主品牌产品的技术水平不放心	0.706	0.745	0.000
	E4 很多人之所以倾向于优先选择外国品牌，主要是不愿买到质量标准更低的自主品牌产品	0.621	0.684	0.000
	E5 很多人之所以倾向于优先选择外国品牌，主要是担心自主品牌产品的质量不过关	0.577	0.627	0.000

续表

潜变量	显变量（问项）	分项对总项相关系数	标准化因素负荷	P 值
工具导向动机（Q2）Cronbach's α = 0.813	E6 很多人总是参照自己所处群体的消费标准、他人评价来决定自己的品牌偏好和行为	0.693	0.727	0.000
	E7 由于政府采购偏向于外国品牌，无形中引导公众认为外国品牌比自主品牌好	0.589	0.623	0.000
	E8 国内媒体对外国品牌的积极报道无形中引导公众认为外国品牌产品比国内品牌产品好	0.663	0.712	0.000
价值表达动机（Q3）Cronbach's α = 0.770	E9 很多人认为购买进口产品有面子，能彰显自身社会地位，满足自己的炫耀攀比心理	0.635	0.713	0.000
	E10 很多人崇洋心理较重，认为外国品牌就是比国内品牌好	0.726	0.783	0.000
	E11 外国品牌的产品价格普遍较贵，能满足公众消费高档产品的心理需求	0.694	0.667	0.000
	E12 很多人认为购买产品是自身的事情，与是否支持国货无关，他们只关注产品本身	0.749	0.799	0.000
认知理解动机（Q4）Cronbach's α = 0.768	E13 很多人不愿意花时间和精力去了解产品，于是以偏概全地认为自主品牌没有外国品牌好	0.698	0.702	0.000
	E14 很多人由于自身购买经历和外界影响，形成国货不好的认知，并且这种认知随着时间的推移不断强化	0.837	0.865	0.000

表 3-8 潜变量之间的 Pearson 相关系数与 AVE 平方根值

构念	Q1	Q2	Q3	Q4
Q1 自我防御	0.675			
Q2 工具导向	0.459***	0.563		
Q3 价值表达	0.466***	0.562***	0.629	
Q4 认知理解	0.473***	0.481***	0.536***	0.681

注：* 表示 P<0.05；** 表示 P<0.01；*** 表示 P<0.001；斜对角线数据为 AVE 平方根值。

（4）共同方法偏差与多重共线性问题的检验

本研究采用了两种方法进行共同方法偏差检验。首先，利用 Harman 单因素检验法对全部变量进行主成分因素分析。由结果可知，KMO 值为 0.901，卡方值为 2635.294，P = 0.000，不存在一个公因子解释大部分变量变异的现象，同时第一个因子解释的总方差为 35.287%（低于 40%），因此能够判定本研究的共同方法偏差程度较轻。其次，计算出下述 5 个模型的方差膨胀因子（VIF），结果表明各变量的 VIF 值均处于 0~10 这一标准数据内，表明各变量之间不存在多重共线性。因此，本研究可以采用回归分析进行假设检验。

3.3.4 回归分析与假设检验

运用 SPSS 19.0 对 5 个模型进行假设检验（见表 3-9）。在模型 1 中，自主品牌负面刻板印象为因变量，自我防御动机（质量防御、安全防御、技术防御、标准防御和假冒防御）为自变量；在模型 2 中，自主品牌负面刻板印象为因变量，工具导向动机（尊崇群体规范、效仿政府行为和适应媒介框架）为自变量；在模型 3 中，自主品牌负面刻板印象为因变量，价值表达动机（炫耀攀比、崇洋心理、高档消费和独立自我）为自变量；在模型 4 中，自主品牌负面刻板印象为因变量，认知理解动机（认知成本和认知框架）为自变量；在模型 5 中，自主品牌负面刻板印象为因变量，自我防御动机、工具导向动机、价值表达动机和认知理解动机为自变量。其中，自变量和因变量主要通过计算其测量问项的均值得到。

表 3-9 回归分析结果

因变量（自主品牌负面刻板印象）	模型 1	模型 2	模型 3	模型 4	模型 5
	回归系数 T 值（P）	回归系数 T 值（P）	回归系数 T 值（P）	回归系数 T 值（P）	回归系数 T 值（P）
常数项	1.913*** (12.542)	1.504*** (11.485)	0.932*** (7.490)	1.808*** (14.172)	1.657*** (13.385)
自我防御动机	0.442*** (10.359)				0.711*** (18.004)
工具导向动机		0.582*** (15.336)			0.535*** (14.935)
价值表达动机			0.736*** (20.799)		0.690*** (17.028)
认知理解动机				0.480*** 13.333	0.404*** (11.416)
R^2	0.438	0.560	0.492	0.609	0.589

续表

因变量（自主品牌负面刻板印象）	模型 1	模型 2	模型 3	模型 4	模型 5
	回归系数 T值（P）	回归系数 T值（P）	回归系数 T值（P）	回归系数 T值（P）	回归系数 T值（P）
调整 R^2	0.437	0.558	0.491	0.608	0.584
F	107.304***	235.179***	432.580***	177.779***	336.918***

注：***表示 P<0.001。

（1）自我防御动机对自主品牌负面刻板印象生成的影响

从表 3-9 可知，自我防御动机与自主品牌负面刻板印象的相关系数为 0.442，P 值小于 0.001。这表明，自我防御动机对自主品牌负面刻板印象具有显著的正向影响，即自我防御动机越强，消费者自主品牌负面刻板印象越强。中国消费者出于规避买到功能差、不安全、技术水平差、质量标准低和假冒产品的风险，生成了自主品牌负面刻板印象。故假设 H1 成立。

（2）工具导向动机对自主品牌负面刻板印象生成的影响

从表 3-9 可知，工具导向动机与自主品牌负面刻板印象的回归系数为 0.582，P 值小于 0.001。这表明，工具导向动机对自主品牌负面刻板印象具有显著的正向影响，即工具导向动机越强，消费者自主品牌负面刻板印象越强。中国消费者出于尊崇群体规范、效仿政府行为和适应媒介框架，生成了自主品牌负面刻板印象。故假设 H2 成立。

（3）价值表达动机对自主品牌负面刻板印象生成的影响

从表 3-9 可知，价值表达动机与自主品牌负面刻板印象的回归系数为 0.736，P 值小于 0.001。这表明，价值表达动机对自主品牌负面刻板印象具有显著的正向影响，即价值表达动机越强，消费者自主品牌负面刻板印象越强。中国消费者出于炫耀攀比、崇洋心理、高档消费和主张独立自我消费，生成了自主品牌负面刻板印象。故假设 H3 成立。

（4）认知理解动机对自主品牌负面刻板印象生成的影响

从表 3-9 可知，认知理解动机与自主品牌负面刻板印象的回归系数为 0.480，P 值小于 0.001。这表明，认知理解动机对自主品牌负面刻板印象具有显著的正向影响，即认知理解动机越强，消费者自主品牌负面刻板印象越强。中国消费者出于渴望降低认知成本和渴望建立认知框架，生成了自主品牌负面刻板印象。故假设 H4 成立。

（5）自我防御动机、工具导向动机、价值表达动机和认知理解动机组合对自主品牌负面刻板印象生成的影响

从表 3-9 可知，在这 4 种动机中，对自主品牌负面刻板印象生成的影响按照由高到低的顺序排列，分别是自我防御动机（回归系数为 0.711，P 值小于 0.001）、价值表达动机（回归系数为 0.690，P 值小于 0.001）、工具导向动机（回归系数为 0.535，P 值小于 0.001）和认知理解动机（回归系数为 0.404，P 值小于 0.001）。这表明，导致中国消费者自主品牌负面刻板印象生成最主要的动机或原因是防止买到假冒伪劣产品，同时担心自主品牌档次低，有损面子。故假设 H5 成立。

3.4 研究结论

通过对受众跟帖的扎根理论研究，明确了本土品牌刻板印象生成的主要动机，建构了自主品牌负面刻板印象生成的动机整合模型。其中，自我防御动机包括质量防御、安全防御、技术防御、标准防御和假冒防御；工具导向动机包括尊崇群体规范、效仿政府行为和适应媒介框架；价值表达动机包括炫耀攀比、崇洋心理、高档消费、独立自我；认知理解动机包括认知成本和认识框架。在此基础上，利用受众跟帖的原始语句，结合相关理论和研究结论，对动机的认知特点与影响机制进行了详细阐释。同时，通过实证分析表明，这 4 种动机均对消费者自主品牌负面刻板印象的生成产生了显著的正向影响。

4 自主品牌负面刻板印象生成的心理认知根源

本研究拟选择近年披露的自主品牌新闻报道，通过对受众跟帖的内容进行分析，确定受众国货态度偏好、情感状况、信息加工的聚焦策略以及框架效应等，厘清受众心理距离、调节聚焦与自主品牌认知框架的关联效应，揭示心理距离“远/近”两类受众自主品牌认知的决策依据、线索来源与评价命题。在此基础上，提出受众自主品牌认知的心理距离框架理论及效应模型，达到既发展自主品牌认知理论又拓展受众框架理论的目的，并为培养自主品牌情感、提升自主品牌形象的对策研究明确方向。

4.1 理论基础

4.1.1 受众框架理论

媒体是在被称为“框架”的概念中为受众“构建”一种印象，这种印象并不一定指向态度，但可以在很大程度上影响受众按何种“结构”去思考和理解某种符号（何俊涛等，2006；Scheufele，1999）。框架理论是媒介分析的重要基础，Scheufele 将框架划分为受众框架（Audience Frame）和媒介框架（Media Frame）（Entman，1993）。受众对现实的建构不是被动地受其固有认知框架或者媒介的影响，而是一个文本和受众的互动过程，人们是从丰富的媒介环境中建构意义。媒介框架决定人们是否觉察到某些信息，怎样理解并记住这些信息，同时影响人们怎样对世界做出评估并以框架作为行为的参考。媒介框架影响受众框架的过程包括发现问题、解释原因、道德判断以及提出解决方案（Higgins，1997）。框架理论虽然提供了受众认知加工的基本结构，但缺乏对认知加工“面向”的理论解释，即面对同一新闻报道，不同受众可能存在完全不同的思维决策或认知框架，究竟其根源和认知特点是什么，受到哪些因素的影响？这些都是受众框架理论不能解释的，需要理论发展。

4.1.2 调节聚焦理论

根据 Higgins（1997）的调节聚焦理论（Regulatory Focus）可知，受众对新闻信息的认知加工存在两种不同的个体自我调节倾向——促进聚焦（Promotion Focus）的自我调节与防御聚焦（Prevention Focus）的自我调节，这两种不同类型的自我调节在行为动机、追求的目标结果、采用的战略方式、对结果的反应及情感体验等方面都存在差异性（朱丽叶等，2010）。该理论应用于消费者行为学、组织行为学、领导学、医学及人类健康、社会福利事业等研究领域（张景云，2009）。但是，该理论没有回答为什么不同受众会采取促进聚焦或防御聚焦。由于忽视了受众个体的内在情感和心理根源，导致该理论对国族情感类新闻信息受众跟帖的差异原因的解释深度不够。网络跟帖或评论所反映的受众调节聚焦策略及其认知框架，只是其国族情感和自我调控目标的外在表现而已，后者的相关态度已经稳定存在。因此，在传播学领域，要有效解释国族情感类新闻报道的受众认知框架，需要新的理论发展。

4.1.3 心理距离理论

“心理距离”最初是用来解释美感的概念，起源于 1912 年布洛（Edward Bullough）发表的一篇名为《作为艺术的一个要素与美学原理的“心理距离”》的论文。“心理距离”意指美感的产生来自观赏者的主观感知与艺术品之间的心理效应（审美意识或态度）；或者是观赏者对于艺术作品所显示的事物在感情或心理上保持的距离。“心理距离”广泛存在于人们生活的方方面面，除美学外，还有贸易学、人际关系、传播学等。大众传播上的“心理距离说”是构建传受关系的基础，存在于传播者与受众、传播者与被反映对象等多个方面，明显忽视了受众与被反映对象（或传播内容）之间的心理距离框架效应。当传播内容涉及国家形象或涉及被反映对象“是否爱国”时，受众认知将受到自身在情感或心理上的国族心理距离影响。所谓“国族心理距离”是指受众在情感或心理上的国家集体自尊、国民身份认同、民族忧患意识、爱国情感或国家自豪感的启动程度。当这些情感被启动时，表明受众的国族心理距离“近”；反之，国族心理距离“远”。

在消费行为领域，品牌来源国联结（Brand Country of Origin Connection）体现了品牌所拥有的民族特性，这种民族特性能够引发消费者的品牌联想，激发他们的国家、民族认同，产生国货偏爱与忠诚；当涉及民族利益时，有的消费者会通过一定的消费行为来表达爱国热情。当年法国拒绝参加由美国主导的伊拉克战争时，许多美国消费者通过抵制法国葡萄酒，增加对本国葡萄酒的购买量来表达他们的不满（Swaminathan 等，2007）。这种出于民族利益或爱国热情而采取的抵制外国货和支持国货行为，正是消费者获悉“法国拒绝参加美国主导的伊拉克战争”的新闻报道后，在情感或心理上对国家、民族心理距离“近”的重要表现。“国族心理距离”是影响其信息加工偏好、增强国货支持行为的内在原因。相反，对于其他一些美国人来说，他们在获悉该报道后，倾向于认为法国是一个独立主权国家，它有权做出是否参加伊拉克战争的决定，这类消费者的爱国主义情感和国货意识就不会被激活，表现出对国家、民族的心理距离“远”，故他们不会选择抵制法国产品，仍坚持原有的品牌态度。可见，在消费者品牌来源国认知中，“国族心理距离”的影响无处不在。因此，运用心理距离理论来分析受众自主品牌认知的框架效应，将有助于深化对国货意识形成机理的理论认识，扩展心理距离理论在媒介传播与消费行为领域的应用范围。

4.2 研究方法

4.2.1 案例信息选择

本研究选择 2016 年 4 月 10 日搜狐网转载的一篇关于《中国人赴日“爆买”势头加剧：珍珠、铁壶供不应求》的新闻报道。因为在该网上参与跟帖的人数较多，截止到 2016 年 4 月 16 日，共有 1097 条跟帖，去掉语言不文明、意思表达不清楚、重复提交或者文不对题的跟帖，最后得到有效跟帖 525 条。这些跟帖可以代表多数消费者的自主品牌认知框架，具有较强的外部效度。受众跟帖是自愿情境下的认知和态度表达，虽然缺乏深度访谈那样的问答提纲，使得跟帖内容详略不一、回答主题不尽相同，而且多数帖子都比较简略，仅涉及部分受众框架，如有的只做出了简单的道德判断，有的只提供了详细的解释原因，但是将不同心理距离受众的认知框架综合起来，就可以建构完整的受众框架模型。因为心理距离相同的受众在认知框架上是一致的，其表达可以互为补充。

4.2.2　心理距离编码方案

通过对《中国人赴日“爆买”势头加剧：珍珠、铁壶供不应求》这一新闻报道受众跟帖进行初步分析发现，受众认知框架概括起来有以下两种面向（倾向性）：一种是把海外“爆买”行为的问题归结为国人追捧日货、歧视国货，将原因解释为崇洋媚外、讲面子、缺乏民族精神、对日货问题视而不见、无视国货崛起，从而做出海外“爆买”行为是不爱国、不理性等方面的道德判断，提出应该支持国货、加强对国货意识的引导和教育等解决办法。另一种是把海外“爆买”行为的问题归结为日货值得偏爱、国货不值得购买，将原因解释为日货物美价廉、国货质次价高、政府监管失职、国内企业缺乏诚信，以及放大外国品牌正面/自主品牌负面样例信息及评价命题，做出支持国货愚蠢等方面的道德判断，提出（或认为）消费是个人行为、不应该指责日货偏爱行为等解决办法。其中，第一种认知框架的根源是受众通过对中国人海外“爆买”行为的反思，启动了强烈的爱国主义情感（包括爱国情感、民族经济忧患意识、国家集体自尊和国民身份认同等），在情感或心理上对国家、民族的心理距离“近”（对应编码序号为“A”）。本研究将这类受众简称为“国族心理距离近者”。第二种认知框架的根源是受众没有启动爱国情感，在情感或心理上对国家、民族的心理距离“远”（对应编码序号为“B”）。本研究将这类受众简称为“国族心理距离远者”。

受众心理距离之所以表现为非“近”即“远”的二分式，是因为愿意参与讨论的受众不仅是性格外向的网络活跃分子，喜欢在网上发表观点，而且他们对该新闻报道或他人帖子具有强烈的认同或反对态度（那些对该报道没有倾向性态度或者有态度但嫌麻烦的网友一般不会跟帖）。根据上述准则，由两位研究人员分别作为编码员独立编码，得到心理距离近者的帖子 324 条，占 61.7%；心理距离远者的帖子 201 条，占 38.3%。使用 Holsti 的公式：2M/（N1+N2）计算编码信度，得出心理距离分类信度为 0.96，表明受众跟帖的心理距离判断很明确、歧义小、信度高。

4.2.3 受众框架编码方案

（1）心理距离近者的框架编码方案

①发现问题（A1）的框架编码。通过内容分析，将隐含的“问题发现”归纳为 4 种，分别是赴日“爆买”失德、亟须加强国货意识引导、国货偏见严重、炒作。每种问题对应一个编码序号。

②解释原因（A2）的框架编码。在受众框架中，解释原因的内容最为丰富，因为不管哪类问题都需要相应的理由。通过内容分析，可以将受众的解释原因归纳为 9 种，分别是部分国人民族情感淡漠、多数国货品牌已经崛起、爱国就应该支持国货、在认知和需求上对国货/外国货区别对待、过分歧视国货、追求面子和炫耀攀比、日本人做的形象宣传、盲目崇尚日货、外国产品质量缺陷和双重标准。每种原因对应一个编码序号。

③道德判断（A3）的框架编码。通过内容分析，归纳出 6 种道德判断类型，分别是贱、丢人；汉奸；媚外、没骨气；愚蠢、素质低下；败类；精神不正常。每种道德判断对应一个编码序号。

④问题解决（A4）的框架编码。通过对受众跟帖内容进行初步分析，将问题解决方法归纳为 4 种，分别是实施关税限制、增强国货意识、培养爱国情感和忧患意识、提高国货质量。每种解决方法对应一个编码序号。

由两位研究人员独立编码，计算得到编码信度系数为 0.93，本框架的编码信度较高。

（2）心理距离远者的框架编码方案

①发现问题（B1）的框架编码。通过内容分析，将隐含的“问题发现”归纳为 4 种，分别是国货不值得支持、批评赴日“爆买”是不对的、日货值得偏爱、国内企业和政府部门需要反思。每类问题对应一个编码序号。

②解释原因（B2）的框架编码。通过内容分析，可以将受众的解释原因归纳为 9 种，分别是国货质量差、国货假冒伪劣太多、日货质量好、政府监管不作为、国内企业缺乏诚信、日本企业讲诚信、政府官员有特供、

日本企业技术好、不重视本国消费者利益。每种原因对应一个编码序号。

③道德判断（B3）的框架编码。这类受众的道德判断主要是回击心理距离近者的批评，包括消费与爱国没关系、谁不想买好产品、买国内假货才傻、出国购物是被逼的、买什么产品是个人自由。共5种判断，每种判断对应一个编码序号。

④问题解决（B4）的框架编码。针对问题发现，这类受众将问题解决方法归纳为5种，分别是自我反省与提高监管能力、提高国货质量、支持日货、远离国货、遵守优胜劣汰的市场法则。每种解决方法对应一个编码序号。

由两位研究人员独立编码，计算得到编码信度系数为0.92，本框架的编码信度较高。

4.3 受众心理距离框架效应分析

4.3.1 发现问题的心理距离框架效应

根据受众跟帖的观点和原因解释，可以推导出相应的发现问题并编码，然后运用SPSS 19.0的叙述性统计方法，得到发现问题的心理距离框架效应（见表4-1）。

表4-1 发现问题的心理距离框架效应

国族心理距离近者的发现问题	频次	占比/%	国族心理距离远者的发现问题	频次	占比/%
A1.1赴日“爆买”失德	209	70.4	B1.1国货不值得支持	132	63.5
A1.2亟须加强国货意识引导	59	19.9	B1.2批评赴日“爆买”是不对的	35	16.8
A1.3国货偏见严重	21	7.1	B1.3日货值得偏爱	32	15.4
A1.4炒作	8	2.6	B1.4国内企业和政府部门需要反思	9	4.3

（1）国族心理距离近者的发现问题

由表4-1可知，国族心理距离近者的发现问题主要集中在四个方面：一是指出“赴日‘爆买’失德”，直接或间接含有这类问题的帖子最多，占

70.4%；二是认为“亟须加强国货意识引导”，占 19.9%；三是指出该报道所暴露的“国货偏见严重”，占 7.1%；四是认为该报道在“炒作”，占 2.6%。这些问题分别涉及批评“爆买”者及其“爆买”行为、揭露“爆买”行为根源、提出抑制“爆买”行为的迫切性、质疑新闻报道的意图等方面。

（2）国族心理距离远者的发现问题

国族心理距离远者的发现问题集中在以下四个方面：一是认为“国货不值得支持”，这类帖子最多，占 63.5%；二是认为“批评赴日‘爆买’是不对的”，占 16.8%；三是认为“日货值得偏爱”，占 15.4%；四是认为“国内企业和政府需要反思”，即应该从自身找原因，占 4.3%。国族心理距离远者的发现问题是以支持“爆买”者及其“爆买”行为、批评国货及其监管问题为主。由此可见，不同国族心理距离会导致受众看待问题的角度存在显著差异。

4.3.2 解释原因的心理距离框架效应

根据上述编码方案，通过对受众跟帖的解释原因进行编码，然后运用 SPSS 19.0 的叙述性统计方法，得到解释原因的心理距离框架效应（见表 4-2）。

表 4-2 解释原因的心理距离框架效应

国族心理距离近者的解释原因	频次	占比/%	国族心理距离远者的解释原因	频次	占比/%
A2.1 部分国人民族情感淡漠	57	30.2	B2.1 国货质量差	67	29.8
A2.2 多数国货品牌已经崛起	34	18.0	B2.2 国货假冒伪劣太多	64	28.4
A2.3 爱国就应该支持国货	19	10.1	B2.3 日货质量好	28	12.4
A2.4 在认知和需求上对国货/外国货区别对待	18	9.5	B2.4 政府监管不作为	28	12.4
A2.5 过分歧视国货	13	6.9	B2.5 国内企业缺乏诚信	14	6.2
A2.6 追求面子和炫耀攀比	13	6.9	B2.6 日本企业讲诚信	9	4.0
A2.7 日本人做的形象宣传	13	6.9	B2.7 政府官员有特供	9	4.0
A2.8 盲目崇尚日货	12	6.3	B2.8 日本企业技术好	3	1.3
A2.9 外国产品质量缺陷和双重标准	10	5.3	B2.9 不重视本国消费者利益	3	1.3

（1）国族心理距离近者的解释原因

这类受众提出了9个原因来解释其发现问题（见表4-2），其中“部分国人民族情感淡漠”的解释命题最多，占30.2%，其次是“多数国货品牌已经崛起”的解释命题，占18%。

①“A2.1部分国人民族情感淡漠”“A2.4在认知和需求上对国货/外国货区别对待”“A2.5过分歧视国货”“A2.6追求面子和炫耀攀比”“A2.8盲目崇尚日货”5个原因主要为“A1.1赴日‘爆买’失德”和“A1.3国货偏见严重”这两个发现问题提供支持性证据。受众代表性观点如下：在“部分国人民族情感淡漠”方面，如“a34一边感慨我们的技术落后，一边却又认为提高我们产品的技术含量与己无关”“a191只会诋毁自己的祖国”等。在“在认知和需求上对国货/外国货区别对待”方面，如“a157我们许多消费者一提到国货贵了就不买，又喜欢贪小便宜，之后又说质量不好”“a166就拿汽车来说，如果是国外或者合资车抛锚在路上，一般人只会想，这么倒霉的事让我碰上了；如果是一辆国产车，就成了国产车质量差的明证”等。在“过分歧视国货”方面，如“a104不要以点代面，以为中国有假货，就否定一切”“a206骂国货、作践自己国家的时候，扪心自问，你为这个国家做过什么，你有没有一点良知和爱国心”等。在“追求面子和炫耀攀比”方面，如“a24好多人觉得能到外国买点东西回来有面子”等。这些解释是心理距离近者所揭示的赴日“爆买”者以及心理距离远者国货偏见严重的主要表现及其根源，是他们做出道德判断的重要依据。

②“A2.2多数国货品牌已经崛起”“A2.3爱国就应该支持国货”“A2.9外国产品质量缺陷和双重标准”3个原因主要为“A1.2亟须加强国货意识引导”这一发现问题提供支持性证据。受众代表性观点如下：在“多数国货品牌已经崛起”方面，如“a137我买的全部是国货，也没像你们说的那么差”“a156相信国货里找得到同品质的商品”等。在“爱国就应该支持国货”方面，如“a12国货总归养大了我们”“a26中国经济下滑，对你我都是不利的”“a51想想没有国家的强大，哪有他们能够出国买货的道理”等。在“外国产品质量缺陷和双重标准”方面，如“a115当年东芝笔记本电脑的设计有问题，在美国每位消费者赔偿100美元，但对

中国消费者置之不理；日产丰田汽车设计缺陷，在美国被罚上亿美元，对中国消费者实行双重标准”等。这些观点都是受众说明支持国货“必要且可行”的证据或理由。这些解释既是对“爆买”者及其他社会公众支持国货的劝导和呼吁，也是受众自身高国货意识形成的自我说服及评价过程。根据态度改变理论可知，态度的改变既以情感为基础，又以认知为基础，后者需要有认知的“合理化”（津巴多等，2007）。在上述解释原因中，有关“爱国就应该支持国货”的若干观点和命题，是受众从爱国情感的角度来说明支持国货的必要性；而有关“多数国货品牌已经崛起”“外国产品质量缺陷和双重标准”的认知线索及评价命题，是受众从认知合理化的角度来证明支持国货的可行性，即支持国货不会损害个体利益。上述解释原因及其观点还表明，心理距离近者倾向于用客观、发展的眼光看待国货，体现了受众正面社会情绪和渐变论的内隐人格特质。

③“A2.7 日本人做的形象宣传”主要为“A1.4 炒作”问题提供解释原因。这可以从受众的代表性观点看出，如“a293 在吹牛，我真的不认为有多少人去买日货”“a295 记者又是被某株式会社收买的吧”等。这些反映了受众对这类信息的警觉性。由于受众具有较强的爱国主义情感和国货意识，他们除了有支持国货的强烈的“大我”动机外，还会增强对社会信息环境中各种民族主义信息和品牌来源国刻板化信息的敏感度（较高的可接近—可诊断性），自觉从内心和言行上进行抵制和批驳。这表明，较强的国货意识具有增强文化自信和文化自觉的溢出效应。

（2）国族心理距离远者的解释原因

这类受众主要从理解/认同“中国人赴日‘爆买’行为”、反对来自心理距离近者的批评等方面，提出了 9 个原因来解释其发现问题（见表 4-2）。出现频率高的 4 种原因是“国货质量差”（占 29.8%）、“国货假冒伪劣太多”（占 28.4%）、“日货质量好”（占 12.4%）、“政府监管不作为”（占 12.4%）。

①“B2.1 国货质量差”“B2.2 国货假冒伪劣太多”“B2.4 政府监管不作为”“B2.5 国内企业缺乏诚信”“B2.7 政府官员有特供”“B2.9 不重视本国消费者利益”6 个原因主要为“B1.1 国货不值得支持”“B1.2 批评赴日‘爆买’是不对的”“B1.4 国内企业和政府部门需要反思”这些发现

问题提供支持性证据。受众代表性观点如下：在“国货质量差”方面，如“b2 国货太坑国人”“b20 要想死得快就买国产货”“b35 中国制造只有量，没有质”等。在“国货假冒伪劣太多”方面，如“b19 中国的水货多，老百姓防不胜防”“b85 遍地都是假冒伪劣”等。在“国内企业缺乏诚信”方面，如“b38 国内旅游市场混乱，太贵，还经常宰人”“b90 中国整体缺乏诚信”“b169 中国产品不值得信任”等。在“政府监管不作为”方面，如“b26 许多制造者和监督部门无起码的道德可言”“b164 政府部门处理不力”“b177 不作为、乱作为，管理跟不上，小洞不补，大洞受苦”。在“政府官员有特供”方面，如“b1 当官的怎么不买国产货”“b8 老百姓不能吃特供”等。在“不重视本国消费者利益”方面，如“b42 中国把好的东西出口，把质量不行的东西自己用”“b45 国内企业出口的和内销的完全两个档次，坑自己人有一套”等。上述解释原因有两个显著特点：一是把少数中国品牌或低端产品问题概括化为“国货、国产、中国制造”的普遍性问题，这是典型的国货偏见和负面社会情绪化的反应；二是用静态的眼光看待国货，体现了受众实体论的内隐人格特质。

②“B2. 3 日货质量好”“B2. 6 日本企业讲诚信”“B2. 8 日本企业技术好”3 个原因主要为“B1. 3 日货值得偏爱”这一发现问题提供支持性证据。受众代表性观点如下：在“日货质量好”方面，如“b18 人家的铁壶应该是精工细作的产物”“b44 日本懂得质量第一并落实在实处”等。在“日本企业讲诚信”方面，如“b28 日本人做生意讲诚信不骗人”“b67 日本经营诚信”等。在“日本企业技术好”方面，如“b6 二代身份证是日本技术做的，人民币的防复印技术也是日本的”“b176 日本有更高的检测把关”等。这些观点深刻反映了受众盲目崇尚日货，完全无视中国市场上存在的大量日货质量缺陷和双重标准问题，这是受众日货正面刻板印象的重要表现。

综上所述，心理距离近者和心理距离远者的解释原因不仅是受众做出道德判断、提出问题解决办法的重要依据，而且深刻反映了两类受众（分别代表高国货意识受众和国货偏见受众）的认知加工偏好。这为已有研究结论提供了新的证据，即高国货意识受众会强调本土品牌的优势和积极方面；突出外国品牌的缺点、贬低优点（Rawwas 等，1996；刘进平等，

2018)，从而做出高估本国产品质量和形象，低估外国产品质量的评价（Yu 等，2002）；降低对国产产品的价格感知，即在购买国产产品时对价格不敏感（Olsen 等，1993）；同时，提高对本国品牌质量、服务问题的容忍度，降低对外国品牌质量、服务问题的容忍度（Dawar 等，2000）。而国货偏见受众的认知加工偏好则刚好相反，存在明显对国货不利、对日货有利的系统性认知偏差。

4.3.3 道德判断的心理距离框架效应

根据上述编码方案，对受众跟帖的道德判断进行了编码分析，并通过 SPSS 19.0 的叙述性统计分析，得到道德判断的心理距离框架效应（见表 4-3）。

表 4-3 道德判断的心理距离框架效应

国族心理距离近者的道德判断	频次	占比/%	国族心理距离远者的道德判断	频次	占比/%
A3.1 贱、丢人	91	33.5	B3.1 消费与爱国没关系	24	26.1
A3.2 汉奸	63	23.2	B3.2 谁不想买好产品	21	22.8
A3.3 媚外、没骨气	58	21.3	B3.3 买国内假货才傻	18	19.6
A3.4 愚蠢、素质低下	31	11.4	B3.4 出国购物是被逼的	17	18.5
A3.5 败类	16	5.9	B3.5 买什么产品是个人自由	12	13.0
A3.6 精神不正常	13	4.8			

（1）国族心理距离近者的道德判断

这类受众对该新闻报道的被反映对象，即赴日“爆买”者及其“爆买”行为做出了 6 个方面的道德判断（见表 4-3），其中出现频率较高的词语分别是“贱、丢人”（占 33.5%）；“汉奸”（占 23.2%）；“媚外、没骨气”（占 21.3%）。这些词语都是受众跟帖中的直接用语，是受众根据解释原因（如“A2.1 部分国人民族情感淡漠”“A2.4 在认知和需求上对国货/外国货区别对待”“A2.5 过分歧视国货”“A2.6 追求面子和炫耀攀比”“A2.8 盲目崇尚日货”等）做出的道德判断，反映出该新闻及其被反映对象严重伤害了国族心理距离近者的国家集体自尊，激发了强烈的民族经济忧患意识等爱国主义情感。

（2）国族心理距离远者的道德判断

这类受众主要针对心理距离近者的批评，以“B3.1 消费与爱国没关系”（占26.1%）、“B3.2 谁不想买好产品”（占22.8%）、“B3.3 买国内假货才傻”（占19.6%）、“B3.4 出国购物是被逼的”（占18.5%）以及“B3.5 买什么产品是个人自由”（占13%）等判断和认识作为理由进行了反驳（见表4-3）。受众代表性观点如下：在“消费与爱国没关系”方面，如“b8 出国采购卖国，那海淘呢”“b14 和爱国不爱国没关系”等。在“谁不想买好产品”方面，如“b8 老百姓有两个钱了买个真货有罪吗”“b45 凭什么不能买质量更好的呢”等。在“买国内假货才傻”方面，如“b50 明知国内是假货，依然支持，更贱”“b125 实际上骂的人已经暴露了他的无知，他们买不起外国好品质的商品”等。在“出国购物是被逼的”方面，如“b19 自己造假，只好转战到国外去买”“b119 怕假的”等。在“买什么产品是个人自由”方面，如“b47 人家自己的钱想怎么花是人家的权力”“b49 合法签证出国买东西，你管得着吗”“b70 人家有钱，乐意”“b198 个人经济行为”等。

上述心理距离远者的道德判断集中表现在三个方面：一是为声援赴日“爆买”行为、支持日货、抵制国货寻找借口；二是将少数社会负面问题放大，作为抵制国货的理由；三是对心理距离近者及其支持国货的观点进行讽刺和抨击。这表明，面对《中国人赴日“爆买”势头加剧》这一新闻报道及其所反映的赴日“爆买”行为，心理距离远的受众完全缺乏国家集体自尊感、民族经济忧患意识、国民身份认同以及爱国主义情感等，其观点带有明显的负面情绪，表现出强烈的国货偏见和系统性认知偏差。

4.3.4 问题解决的心理距离框架效应

根据上述编码方案，对受众跟帖中提出或隐含的问题解决方法进行了提炼和编码，然后通过 SPSS 19.0 的叙述性统计分析，得到问题解决的心理距离框架效应（见表4-4）。

表 4-4 问题解决的心理距离框架效应

国族心理距离近者的问题解决	频次	占比/%	国族心理距离远者的问题解决	频次	占比/%
A4.1 实施关税限制	26	40.0	B4.1 应该自我反省，提高监管能力	16	32.7
A4.2 增强国货意识	17	26.2	B4.2 提高国货质量（推诿性）	14	28.6
A4.3 培养爱国情感和忧患意识	14	21.5	B4.3 支持日货	7	14.3
A4.4 提高国货质量（建设性）	8	12.3	B4.4 远离国货	7	14.3
			B4.5 遵守优胜劣汰的市场法则	5	10.2

（1）国族心理距离近者的问题解决

这类受众主要针对赴日“爆买”行为以及严重的国货偏见提出了 4 种问题解决办法（见表 4-4）。其中，提及最多的问题解决办法是“A4.1 实施关税限制”（占 40%），其次是“A4.2 增强国货意识”（占 26.2%）和“A4.3 培养爱国情感和忧患意识”（占 21.5%），最后是“A4.4 提高国货质量”（占 12.3%）。受众代表性观点如下：在“A4.1 实施关税限制”方面，如“a19 去日本买的收高税”“a158 应该罚其缴纳重税”等。在“A4.2 增强国货意识”方面，如“a4 扭转国民的消费观念及需求”“a18 提升国民支持国货的意愿”“a50 爱我中华，先买国货”等。在“A4.3 培养爱国情感和忧患意识”方面，如“a18 提升国民的内外忧患意识”“a31 政府应自律一下了”等。在“B4.2 提高国货质量”方面，如“a34 提高我们的产品质量，应从每一个人做起，从眼前做起”“a153 国货当自强”“a244 强化产品质量管理”等。这些问题解决办法都是以支持国货为目标，涉及对策建议、社会呼吁以及自身行为意愿等。虽然一些解决办法（如关税限制）并不可行，但它体现了心理距离近者主张支持国货的强烈态度和爱国主义情感。

（2）国族心理距离远者的问题解决

这类受众主要提出了 5 种问题解决办法（见表 4-4），分别是“B4.1 应该自我反省，提高监管能力”（占 32.7%）；“B4.2 提高国货质量”（占

28.6%)；“B4.3 支持日货”（占 14.3%）；“B4.4 远离国货”（占 14.3%）；“B4.5 遵守优胜劣汰的市场法则”（占 10.2%）。受众代表性观点如下：在“B4.1 应该自我反省，提高监管能力”方面，如“b102 政府应反思一下我们的产品质量问题”“b77 监管要自省”“b90 中国人要深刻自省诚信问题”等。在“B4.2 提高国货质量”方面，如“b177 你有本事把事情办好，让外国人、让日本人到中国抢购”“b190 有本事把自己的质量搞上去”等。在“B4.3 支持日货”方面，如“b5 想有点档次还得买外国车，想舒服点还是日本品牌空调好”“b12 强烈支持日货”等。在“B4.4 远离国货”方面，如“b5 珍惜生命，远离国货”“b42 只要有一点办法我绝不买国货”等。在“B4.5 遵守优胜劣汰的市场法则”方面，如“b12 就应该买好东西，淘汰次品、劣品”“b99 远离假冒伪劣是明智的选择”等。

可见，心理距离远的受众是根据其概括化的自主品牌形象认知偏差(如过分夸大国货质量、诚信、假冒伪劣问题)，提出“支持日货、远离国货”等问题解决办法，反映了心理距离远者的强烈国货偏见。另外，两类受众虽然都提出了“提高国货质量”的问题解决办法，但心理距离近的受众是在全面肯定国货品质、客观承认问题的基础上提出的，具有鼓励和建设性；而心理距离远的受众是在全面否定国货品质、夸大国货问题的基础上提出的，具有讽刺和推诿性。

4.4 理论模型建构与阐释

4.4.1 受众自主品牌形象认知的心理距离框架效应理论与模型建构

根据上述心理距离框架效应分析可知，对于心理距离近的受众，该新闻报道激活了其较强的爱国主义情感（如国家集体自尊感、民族经济忧患意识等)，出于支持国货的民族自我需要，他们对该报道采取了防御聚焦策略，将发现问题归结为“赴日‘爆买’失德、亟须加强国货意识引导”等，把原因解释为“国人民族情感淡漠、过分歧视国货、追求面子和炫耀攀比、多数国货已经崛起”等，并且对“赴日‘爆买’”作出不爱国或不理性的道德判断，提出“实施关税限制、增强国货意识、培养爱国情感和忧患意识”等问题解决办法。这类受众通过对“外国品牌负面样例信息、本土品牌正面样例信息”的选择性注意和认知加工，得出若干“外国品牌未必就好、多数国货不逊于外国品牌、国货已经崛起”等方面的评价命题，表现出显著的国货偏爱、正面社会情绪和渐变论特质。

对于心理距离远者，该报道丝毫没有激活其爱国主义情感，因此他们仅从维护独立自我和社会自我需要以及国货偏见态度出发，以偏爱日货、反对支持国货为调控目标，对该报道采取促进聚焦策略，将发现问题归结为“日货值得偏爱”“国货不值得支持”等，把原因解释为“国货质量差”“国货假冒伪劣太多”“日货质量好”“日本企业讲诚信”等，并作出“消费与爱国没关系”“谁不想买好产品”“出国购物是被逼的”“买国内假货才傻”等方面的道德判断，提出“应该自我反省”“支持日货”“远离国货”等解决办法。这类受众具有将部分国货质量差、假冒伪劣、缺乏诚信等问题进行放大或概括化的认知特点，表现出显著的国货偏见、负面社会情绪和实体论特质。

由此，可提出受众自主品牌形象认知的心理距离框架理论——国族心理距离会影响受众的自我概念、国货态度和自我调控目标（动机）等心理因素，进而影响他们对媒介环境中有关本土/外国品牌正负面信息的认知框架。国族心理距离的“远/近”取决于爱国主义情感的强弱或有无，如爱国情感、民族经济忧患意识、国家集体自尊感、国民身份认同，国家自豪感越强，国族心理距离越近，受众支持国货的态度会越强烈（张燚等，2018），从而影响其对相关信息的聚焦策略和认知框架。具体而言，国族心理距离近的受众会对有关中国品牌正面形象的新闻报道采取赞赏、认同态度进行促进聚焦；对有关中国品牌负面形象的新闻报道采取反驳、警惕态度进行防御聚焦。相反，国族心理距离远的受众会对有关中国品牌正面形象的新闻报道采取例外、质疑态度进行防御聚焦；对有关中国品牌负面形象的新闻报道采取放大和概括化的态度进行促进聚焦。基于上述理论和框架效应分析，可建构受众自主品牌形象认知的心理距离框架效应模型（见图4-1）。

基于上述理论模型，可进一步发展出受众心理距离框架理论——国族心理距离会影响受众的自我概念与调控目标（动机），进而影响受众对新

受众框架

心理距离与调节聚焦	发现问题	解释原因	道德判断	问题解决	国货态度与个体特质
·**心理距离“远”** ·缺乏爱国情感 ·反对支持国货 ·强调独立自我 ·促进聚焦策略	·国货不值得支持 ·批评赴日“爆买”是不对的 ·日货值得偏爱 ·国内企业和政府需要反思	·国货质量差 ·国货假冒伪劣太多 ·日货质量好 ·政府监管不作为 ·国内企业缺乏诚信 ·日本企业讲诚信 ·政府官员有特供	·消费与爱国没关系 ·谁不想买好产品 ·买国内假货才傻 ·出国购物是被逼的 ·买什么产品是个人自由	·应该自我反省，提高监管能力 ·支持日货 ·远离国货 ·遵守优胜劣汰的市场法则 ·提高国货质量（推诿性）	·国货偏见 ·负面情绪 ·实体论者
·**心理距离“近”** ·强烈爱国情感 ·主张支持国货 ·强调民族自我 ·防御聚焦策略	对赴日“爆买”行为和报道的发现问题： ·赴日“爆买”失德 ·亟须加强国货意识引导 ·国货偏见严重 ·炒作	解释赴日“爆买”原因： ·部分国人民族情感淡漠 ·多数国货品已经崛起 ·爱国就应该支持国货 ·过分歧视国货 ·追求面子和炫耀攀比 ·日本人做的形象宣传 ·盲目崇尚日货	对心理距离远者的道德判断： ·贱、丢人 ·汉奸 ·媚外、没骨气 ·愚蠢、素质低下 ·败类 ·精神不正常	对赴日“爆买”行为的解决办法： ·实施关税限制 ·增强国货意识 ·培养爱国情感和忧患意识 ·提高国货质量（鼓励和建设性）	·国货偏爱 ·正面情绪 ·渐变论者

注：本模型以新闻报道《中国人赴日“爆买”势头加剧》的受众跟帖为例。

图 4-1　受众自主品牌形象认知的心理距离框架效应模型

闻报道的调节聚焦策略和不同面向的认知框架。心理距离的“远/近”取决于新闻报道所激发的爱国主义情感的“强弱或有无”。启动的爱国主义情感越强，国族心理距离越近，则他们会对有关中国的正面、积极的新闻报道采取赞赏、认同的促进聚焦策略进行认知加工和决策；而对有关中国的负面、消极的新闻报道（特别是来自西方媒体的新闻报道），则采取反驳、警惕的防御聚焦策略进行认知加工和决策。这类受众具有较强的正面社会情绪和渐变论特质。相反，国族心理距离远的受众，他们会习惯性地对有关中国正面形象的新闻报道采取例外、质疑态度进行防御聚焦；而对有关中国负面形象的新闻报道则采取认同、肯定和概括化的态度进行促进聚焦。这类受众具有较强的负面社会情绪、实体论特质以及独立自我概念。这一理论主要用于解释那些与国族情感有关的新闻报道类信息（如国家大事件、国家形象、国家领导人、中国制造或自主品牌形象等）的受众认知，不适合解释企业广告类信息和社交类信息的受众认知，对后者的解释使用调节聚焦理论即可（“动机→调节聚焦策略→认知框架面向”）。

4.4.2 受众心理距离、调节聚焦与自主品牌形象认知框架的关联效应

为什么不同心理距离的受众会产生不同的自主品牌认知框架（发现问题、解释原因、道德判断和问题解决）？这是因为国族心理距离的“远/近”决定了受众不同的自我概念、国货态度与自我调控目标（动机），而不同的自我调控目标决定了信息加工的调节聚焦策略，不同的调节聚焦策略决定了受众认知框架的不同面向。也就是说，受众对《中国人赴日“爆买”势头加剧》这一新闻报道的认知框架存在“国族心理距离（远/近）→动机或自我调控目标（反对支持国货/主张支持国货）→调节聚焦策略（促进聚焦/防御聚焦）→认知框架（面向）”的关联效应。

（1）受众心理距离决定其自我调控目标（动机）

心理距离近者在强烈的爱国主义情感、民族经济忧患意识、国家集体自尊感、国民身份认同的移情作用下，会启动较强的国货认同感和国货偏爱态度，从而把“中国人应该支持国货”作为自我调控目标或认知动机，对赴日“爆买”持批评态度。相反，心理距离远者由于缺乏爱国主义情感反应，故他们会坚持原有的国货偏见态度、国货负面感知以及个人利益诉求，以“反对支持国货或国货不值得支持”作为自我调控目标。

（2）受众心理距离和自我调控目标决定调节聚焦策略和受众框架的面向

受众调节聚焦策略的选取是由信息与自我调控目标（动机）的一致性决定的：当信息与自我调控目标一致时，受众会采取促进聚焦方式进行认知加工；当信息与自我调控目标不一致时，受众会采取防御聚焦方式进行认知加工。具体而言，对于心理距离近者，由于中国人赴日“爆买”信息与其主张“支持国货”的自我调控目标不一致，因此这类受众会采取防御聚焦方式进行信息加工，不仅对信息保持警惕、对“爆买”行为持批评态

度，而且会以其他反向信息（如外国产品质量缺陷和双重标准、多数国货品牌已经崛起等）对国货不值得支持以及国货偏见认知予以驳斥。对于心理距离远者，中国人赴日“爆买”信息与其反对“支持国货”的自我调控目标一致，因此这类受众会采取促进聚焦方式进行信息加工，不仅对信息和“爆买”行为持赞同和支持态度，而且会以其他类似信息（如国货质量差、国货假冒伪劣太多、国内企业缺乏诚信、日货质量好、日企更讲诚信等）予以支持、确认和强化。

4.5　研究结论

本研究以“中国人赴日‘爆买’势头加剧”的受众跟帖为例，通过心理距离框架效应分析，表明受众框架受到国族心理距离“远/近”的影响。具体而言，国族心理距离近的受众采取了防御聚焦型认知框架，对赴日“爆买”者及其行为提出批评，主张支持国货，表现出较强的国货偏爱、正面社会情绪和渐变论特质；国族心理距离远的受众采取了促进聚焦型认知框架，通过赞赏日货、抨击国货问题，反对支持国货、理解赴日“爆买”行为，表现出较强的国货偏见、负面社会情绪和实体论特质。受众对该新闻报道的信息加工存在“心理距离（情感）→动机倾向（或自我调控目标，即原有态度、认知及行为）→信息加工的调节聚焦策略→信息加工的受众框架面向”的加工过程与效应关系；受众心理距离认知框架受到社会情绪（正面 VS 负面）、内隐人格（渐变论 VS 实体论）和自我概念（个体自我 VS 民族自我）等个体特质的显著影响或调节。

5 自主品牌负面刻板印象生成的影响因素研究

目前，学界虽然对自主品牌负面刻板印象生成的影响因素有所涉及，但在研究方法上缺乏对影响因素及效应模型的整体性探索和规范研究，同时忽视了自主品牌形象提升的关键驱动因素及其影响机制。厘清自主品牌负面刻板印象生成的影响因素，是确定自主品牌形象提升的矫形—塑形内容、提炼自主品牌形象提升的关键驱动因素的重要理论基础。

5.1 文献综述

目前，有关自主品牌形象或来源国效应影响因素的整体性探索还很少。张燚等（2016）运用扎根理论研究方法，对国货意识淡漠消费者的访谈资料进行编码分析，得到如下结论：情感意识、自我概念、来源国形象、社会规范和宏观环境是国货意识淡漠的主要影响因素，其中前三个因素为内部影响因素，后两个因素为外部影响因素，各因素对国货意识淡漠的影响方式存在差异。张燚等（2014）还借助刻板思维与符号认知理论，从企业、政府、媒体和文化环境等方面对本土品牌负面刻板印象生成的根源进行了定性分析，得出的结论是：本土品牌自身的良莠不齐和高端产品匮乏是根本原因，而媒体的选择性报道策略、政府行为以及消费异化环境虽然不是构成本土品牌偏见产生的主要原因，但它们在偏见地解释符号意义上起到了推波助澜的作用。郭斌等（2015）通过实证分析表明，本土乳品品牌负面刻板印象是政府监管不力、法规不完善、企业伦理道德及社会责任缺失、企业危机管理失败、媒体过度渲染以及国人崇洋媚外等多种因素共同作用导致的结果；在消费者眼中，政府不作为（主要是执法不力）与企业失德是近年来乳品行业负面事件频发及消费者对自主品牌负面刻板印象生成的根源。

综上所述，虽然现有研究对自主品牌负面刻板印象生成的影响因素有所涉及，但在研究方法上缺乏对影响因素及效应模型的整体性探索和规范研究。其结果是：缺乏对自主品牌形象提升的矫形—塑形内容及其战略路径的整体把握，使得相关策略及实践操作可能存在偏差。比如，仅仅集中于对自主品牌形象的媒体宣传，忽视了政府负面形象矫正的传播沟通，以及缺乏多主体的整合传播策略等。弥补这一研究缺憾，提升理论高度和认识是本研究的目的所在。

5.2 探索性研究

由于中国消费者普遍存在自主品牌负面刻板印象（认为自主品牌的质量、技术、象征性较差，外国品牌更好），根据“矫形—塑形”传播思路，如果能厘清导致自主品牌负面刻板印象生成的主要影响因素，将有助于明确自主品牌形象提升的矫形—塑形内容及关键驱动因素。因此，揭示自主品牌负面刻板印象生成的影响因素就成为本研究的重要基础。由于导致自主品牌负面刻板印象生成的影响因素众多，相关因素之间的关系错综复杂，大样本的问卷调查未必有效（张燚等，2017），这就需要有一种找寻或发现理论的研究方法。因此，本研究采用扎根理论研究方法进行编码分析，将受众跟帖（网络评论）作为研究的原始资料。由于受众跟帖具有互动、隐身的特点，因而能够更加真实、有效地反映受众想法，外部解释效度更强；同时，受众跟帖突破了空间和成本的局限性，样本规模更大，代表性更强（张燚等，2018）。相比访谈，受众跟帖具有成本和规模优势。

5.2.1 样本选择

本研究以“本土品牌”“国货”“偏见”“你为什么不买国货”等为主题，通过百度搜索引擎遴选出 8 个跟帖数量较多、质量较高的论坛（详见表 3-1），跟帖总数 2813 条。按照以下原则对帖子或评论进行整理和筛选：①删除帖子中的无关评论（如抖机灵、打广告、侮辱谩骂的评论）；②删除过于简单的评论（如只回答“是的”“支持”“同意”或表情等内容）；③删除重复回答和复制他人回答的评论。在此基础上，提炼出用于本研究的帖子502条，其中正面帖子143条，负面帖子359条。将7个论坛的297条帖子用于理论建构，1个论坛的175条帖子用于理论饱和度检验。

5.2.2 数据整理与概念发掘

为开展后续编码分析，需要对所获取的受众跟帖原始语句进行整理和概念发掘。首先，按照“帖子编号—评论顺序—语句顺序”的规则对原始语句进行编码。其次，对297条帖子进行编码分析，尽量排除主观定见、专业背景和个体偏好的影响，在完全忠实跟帖者原话的基础上，从中分解、发掘出412条原始语句。最后，通过概念提炼，删减意思相同的概念后，得到了246个初始概念（见表5-1）。

5.2.3 基于扎根理论的编码分析

（1）开放编码分析

遵循开放编码程序，对受众跟帖内容进行反复分析、质证和整理，尽量排除主观定见和个体偏好的影响，从中提取出246个概念。在此基础上，通过概念分析和重新分类组合，发掘出20个范畴，分别是质量意识薄弱、产品标准较低、产品技术较差、营销策略落后、国货质量较差、质量危机严重、假冒伪劣较多、产品定位低端、政府监管不严、政府采购偏见、政府扶持不够、外国品牌正面形象渲染、本土品牌负面形象渲染、本土品牌形象宣传不够、产品知识不深入、爱国移情缺乏、认知偏差较大、面子观较强、群体规范压力较大、文化自卑较强（见表5-1）。

表5-1 由概念发展出范畴的开放编码分析

概念	范畴
a1 奸商多；a2 只想赚钱忽视质量；a3 中国人做的产品质量太差；a4 中国制造粗制滥造；a5 中国制造偷工减料；a6 不合格就卖	质量意识薄弱（A1）
a7 好的出口，差的内销；a8 出口内销标准不一样；a9 标准比国外低；a10 不相信中国标准；a11 标准不同，价格不同；a12 日本标准的马桶盖更好；a13 买产品就是买标准……	产品标准较低（A2）

续表

概念	范畴
a16 相机无核心技术；a17 没有外国人的技术先进；a18 只代工无核心技术；a19 国产车发动机和变速箱不成熟；a20 国货外观设计不行；a21 技术跟不上；a22 技术给国外用不给国内用……	产品技术较差（A3）
a32 追求利益，牺牲质量和信誉；a33 企业没有品牌思维；a34 宣传投入不大；a37 企业急功近利未得到市场认可；a38 没有遵循用户至上；a41 宣传上的落后	营销策略落后（A4）
a42 国货垃圾太多；a43 比亚迪跟外资车没法比；a44 比亚迪 F4 质量不行；a45 国产车和相机质量不行；a46 东西不好自然没人支持；a47 东西好了自然有人支持；a48 国货质量不行……	国货质量较差（A5）
a73 三鹿奶粉败坏民族企业名声；a76 假货害了好多好产品；a77 食品安全问题避无可避；a79 不敢买国货；a81 食品安全让人对国货失去信任；a82 奶粉宁愿不喝也不买国产	质量危机严重（A6）
a83 国货假货太多；a84 中国山寨多；a86 国货就是假冒伪劣代名词；a87 自己作假坑自己人；a88 伪劣产品伤了中国人的心	假冒伪劣较多（A7）
a89 定位太低；a91 国货只能做低价入门产品；a92 国货到国外要用新商标；a93 国货靠性价比没出路；a94 缺少令人骄傲的企业；a95 造就知名品牌需要时间积累；a98 中国缺乏创造力……	产品定位低端（A8）
a107 对政府监管不信任；a109 再高的标准政府不监管也没用；a110 政府监管不严；a111 政府监管不力滋生假冒伪劣；a112 政府不作为；a113 市场混乱；a115 造假的代价太小；a116 政府管理水平不行；a120 监管部门要真心做事；a121 产品出问题不追究	政府监管不严（A9）
a122 希望政府公务车买国产的；a123 国家领导宣传国货；a124 好东西都是特供；a125CCTV 设备有多少是国产；a126 官员用车都是奥迪	政府采购偏见（A10）
a127 国货受排挤怪国家政策；a129 税收压迫；a130 企业需要政府扶持；a131 政府多宣传，给补贴；a132 抵制外国货要靠政府；a133 税收高导致产品价格高；a134 国家对企业扶持少	政府扶持不够（A11）
a135 IBM 上太空被吹上天；a136 媒体过度宣传购买日货；a137 偶尔出国买东西很正常；a138 外国品牌问题高容忍度	外国品牌正面形象渲染（A12）
a139 极力夸大本土品牌问题；a140 国际巨头迫害本土品牌；a141 有人蓄意煽动；a142 某些公知一直炒作；a143 国货造假是舆论造成的；a144 广电网络在别人手里……	本土品牌负面形象渲染（A13）
a149 联想上太空没人吹；a150 国产车卖出国门无人关注；a151 企业发展好了只是没人关注	本土品牌形象宣传不够（A14）
a152 没用过就乱评价；a153 评价产品最好先试一试；a154 对产品不懂装懂；a155 看价格就知道；a156 中国人不识货；a157 一分钱一分货；a158 价格高质量自然好……	产品知识不深入（A15）

续表

概念	范畴
a164 别人爱买什么买什么；a165 哪个质量好买哪个；a166 管它国产不国产；a167 买的是性价比；a168 不在乎日货国货；a174 每个人都有自己的选择；a175 别用爱国阻止海外购买……	爱国移情缺乏（A16）
a177 国货性价比低；a178 服务宰你没商量；a183 国货卖得贵觉得不值得；a184 国货卖得便宜被鄙视；a185 外国货贵的放心；a187 企业借着爱国旗号敛财……	认知偏差较大（A17）
a194 神舟再好也没面子；a195 国产机便宜才没人看得起；a196 以买外国货为荣；a197 开外国车有优越感；a198 国人喜欢名牌，说出去有面子；a200 死要面子的人太多……	面子观较强（A18）
a213 买国产车担心被鄙视；a214 在意别人的看法；a215 没有一手信息不要人云亦云；a216 跟风而已，和质量无关；a217 买苹果是跟风；a220 从小接受中国产品不如西方的思维……	群体规范压力较大（A19）
a224 崇洋媚外者太多；a227 同价位买外国低配，不买国产高配；a228 有些人跪得太久站不起来；a229 国人只买外国货不看性价比；a231 国家以前落后导致人民自卑……	文化自卑较强（A20）

注：由于部分范畴的概念较多，限于篇幅，对其进行了省略。

（2）主轴编码分析

为了建立不同范畴之间的关联，确定主范畴，本研究根据不同范畴的主体差异和逻辑秩序，对 246 个概念和 20 个范畴进行了分析，提炼出负面企业形象、负面国货形象、负面政府形象、媒体渲染、国货意识淡漠和社会规范压力 6 个主范畴。范畴、主范畴与现象之间关系内涵如表 5-2 所示。

表 5-2　由范畴发展出主范畴的主轴编码分析及关系内涵

主范畴	范畴	关系内涵
负面企业形象（AA1）	质量意识薄弱（A1）	本土企业质量意识薄弱是自主品牌负面刻板印象生成的根本原因
	产品标准较低（A2）	本土企业产品生产标准过低是自主品牌负面刻板印象生成的根本原因
	产品技术较差（A3）	本土企业产品技术水平低是自主品牌负面刻板印象生成的根本原因
	营销策略落后（A4）	本土企业营销策略落后是自主品牌负面刻板印象生成的影响因素

续表

主范畴	范畴	关系内涵
负面国货形象（AA2）	国货质量较差（A5）	国货质量较差是自主品牌负面刻板印象生成的根本原因
	质量危机严重（A6）	本土企业产品质量危机频发是自主品牌负面刻板印象生成的根本原因
	假冒伪劣较多（A7）	假冒伪劣产品较多是自主品牌负面刻板印象生成的根本原因
	产品定位低端（A8）	中高端品牌匮乏是自主品牌负面刻板印象生成的根本原因
负面政府形象（AA3）	政府监管不严（A9）	政府监管不严对自主品牌负面刻板印象的生成具有溢出效应
	政府采购偏见（A10）	政府采购偏见对自主品牌负面刻板印象的生成具有溢出效应
	政府扶持不够（A11）	本土企业的政策扶持不够对自主品牌负面刻板印象的生成具有溢出效应
媒体渲染（AA4）	外国品牌正面形象渲染（A12）	外国品牌正面形象的媒体渲染会强化来源国刻板印象的符号认知
	本土品牌负面形象渲染（A13）	自主品牌负面事件的渲染会强化自主品牌负面刻板印象的符号认知
	本土品牌形象宣传不够（A14）	使自主品牌优势信息无法成为影响受众知觉的易得性和代表性信息
国货意识淡漠（AA5）	产品知识不深入（A15）	对国货缺乏全面和客观了解是自主品牌负面刻板印象生成的影响因素
	爱国移情缺乏（A16）	消费者缺乏爱国情感移情是自主品牌负面刻板印象生成的影响因素
	认知偏差较大（A17）	消费者较强的国货认知偏差是自主品牌负面刻板印象的重要表现
社会规范压力（AA6）	面子观较强（A18）	较强的面子观是强化自主品牌负面刻板印象的社会环境因素
	群体规范压力较大（A19）	较强的群体规范压力是强化自主品牌负面刻板印象的社会环境因素
	文化自卑较强（A20）	强烈的文化自卑是强化自主品牌负面刻板印象的社会环境因素

（3）选择编码分析

通过对范畴、主范畴与现象之间的关系内涵进行考察，发现负面企业形象、负面国货形象、负面政府形象、媒体渲染、国货意识淡漠和社会规范压力6个主范畴是导致自主品牌负面刻板印象生成的主要影响因素。在这些因素中，负面企业形象和负面国货形象是自主品牌负面刻板印象生成的根本原因，负面国货形象（关于国货的宏观形象认知）是大量负面企业形象问题（关于本土企业的消费体验和微观形象认知）长期累积形成的；负面政府形象（包括政府监管不严、政府采购偏见、政府扶持不够）是导致负面企业形象和负面国货形象的重要原因之一；国货意识淡漠、社会规范压力会促使消费者（或受众）宽泛概括化负面企业形象、负面国货形象和负面政府形象。由于媒体可以通过框架建构和议题设置，突出信息的易得性和代表性，从而为公众建构了一个影响自主品牌形象认知的拟态环境，因此媒体渲染不仅对消费者的负面企业形象、负面国货形象、负面政府形象认知产生了推波助澜的作用，而且媒体的舆论导向还会对国货意识淡漠和社会规范的形成产生影响。由此，可以用“环境→认知/意识→形象结果”这一故事线来概括自主品牌负面刻板印象的生成逻辑，其核心范畴是“自主品牌负面刻板印象生成的影响因素”。根据故事线以及范畴和主范畴的联结关系，可以建构自主品牌负面刻板印象生成的影响因素整合模型（见图5-1）。

（4）理论饱和度检验

为了验证理论饱和度，用另外一个主题论坛（搜狐网转载的一篇新闻报道《中国人赴日“爆买”势头加剧：珍珠、铁壶供不应求》）的受众跟帖（175条）进行验证。前面发掘出的范畴完全可以涵盖这些原始语句和概念。同时，对于影响自主品牌负面刻板印象生成的主范畴（负面企业形象、负面国货形象、负面政府形象、媒体渲染、国货意识淡漠和社会规范压力），也没有发现新的范畴和关系。由此证明，本研究所建构的自主品牌负面刻板印象生成的影响因素整合模型具有理论上的饱和度。

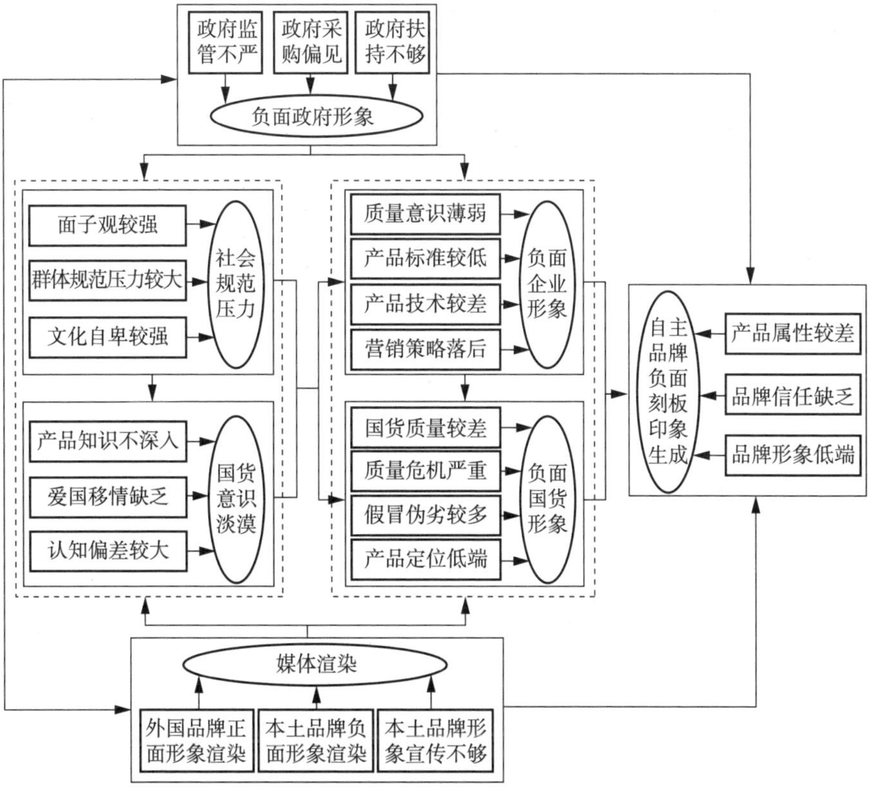

图 5-1 自主品牌负面刻板印象生成的影响因素整合模型

5.3 实证检验与分析

5.3.1 问卷设计与数据收集

(1) 问卷设计

为了验证质性研究结论，特将范畴作为测量问项，将主范畴作为潜变量进行实证。为了使测量问项意思明确，问项设计将适当对应概念。具体而言，负面企业形象的衡量问项包括质量意识薄弱、产品标准较低、产品技术较差、营销策略落后；负面国货形象的衡量问项包括国货质量较差、质量危机严重、假冒伪劣较多、产品定位低端；负面政府形象的衡量问项包括政府监管不严、政府采购偏见、政府扶持不够；媒体渲染的衡量问项包括外国品牌正面形象渲染、本土品牌负面形象渲染、本土品牌形象宣传不够；国货意识淡漠的衡量问项包括产品知识不深入、爱国移情缺乏、认知偏差较大；社会规范压力的衡量问项包括面子观较强、群体规范压力较大、文化自卑较强。调查问卷见附录2，问项测量采用5点量表，即1代表“非常不同意”、5代表“非常同意”。

（2）问卷前测及修正

为了避免问项歧义对量表有效性的影响，在形成正式问卷之前先进行预测试。首先预调查100份，然后利用SPSS 19.0分别对潜变量和问项进行可靠性分析。结果发现，所有潜变量的Cronbach's α值均大于0.7，所有问项的分项对总项相关系数均大于0.5的临界要求。故所有问项均予以保留。

（3）问卷调查与样本特征

本研究采取网上调查方式，首先在“问卷网”上制作网络问卷，然后通过课题研究者在微信朋友圈中发出调查邀请，时间从2018年9月20日至10月20日，共收到问卷455份。将用时2分钟以内且填写同一答案的问卷作为无效问卷，由此得到有效问卷421份，有效率92.53%。利用SPSS 19.0进行数据处理，得到被调查者的人口统计特征（见表5-3）。

表5-3 样本的人口统计特征

<table>
<tr><th>统计变量</th><th>细分变量</th><th>合计</th><th>占比/%</th><th>统计变量</th><th>细分变量</th><th>合计</th><th>占比/%</th></tr>
<tr><td rowspan="2">性别</td><td>男</td><td>166</td><td>39.4</td><td rowspan="4">教育程度</td><td>高中及以下</td><td>65</td><td>15.4</td></tr>
<tr><td>女</td><td>255</td><td>60.6</td><td>大专</td><td>79</td><td>18.8</td></tr>
<tr><td rowspan="5">年龄</td><td>18岁及以下</td><td>21</td><td>5.0</td><td>大学本科</td><td>186</td><td>44.2</td></tr>
<tr><td>19~29岁</td><td>214</td><td>50.8</td><td>硕士研究生及以上</td><td>91</td><td>21.6</td></tr>
<tr><td>30~45岁</td><td>133</td><td>31.6</td><td rowspan="8">职业</td><td>公务员</td><td>17</td><td>4.0</td></tr>
<tr><td>46~60岁</td><td>50</td><td>11.9</td><td>教师</td><td>78</td><td>18.5</td></tr>
<tr><td>60岁以上</td><td>3</td><td>0.7</td><td>全日制学生</td><td>109</td><td>25.9</td></tr>
<tr><td rowspan="5">月收入（月生活费）</td><td>3000元以下</td><td>197</td><td>46.8</td><td>企业普通职员</td><td>77</td><td>18.3</td></tr>
<tr><td>3000~5999元</td><td>93</td><td>22.1</td><td rowspan="2">企业中高层管理或技术人员</td><td rowspan="2">36</td><td rowspan="2">8.6</td></tr>
<tr><td>6000~8999元</td><td>51</td><td>12.1</td></tr>
<tr><td>9000~11999元</td><td>25</td><td>5.9</td><td>个体户/私营业主</td><td>30</td><td>7.1</td></tr>
<tr><td>12000元及以上</td><td>55</td><td>13.1</td><td>其他</td><td>74</td><td>17.6</td></tr>
</table>

5.3.2　量表的信效度检验

（1）量表的信度检验

利用 SPSS 19.0 经由可靠性分析，计算出潜变量的 Cronbach's α 值以及问项的分项对总项相关系数。由表 5-4 可知，所有潜变量的 Cronbach's α 值均大于 0.7，表明各潜变量的测量问项具有较好的内部一致性；除 x4 和 x8 外，其他问项的分项对总项相关系数均大于 0.5，表明信度可接受。问项 x4 和 x8 将在效度检验后再决定是否删除。

表 5-4　量表的信效度检验

潜变量	显变量（问项）	分项对总项相关系数	标准化因素负荷	P 值
负面企业形象 Cronbach's α = 0.717	x1 本土企业质量意识薄弱	0.525	0.653	0.000
	x2 出口/内销标准不一样，好的出口，差的内销	0.500	0.618	0.000
	x3 本土企业普遍缺乏核心技术	0.519	0.643	0.000
	x4 本土企业缺乏品牌思维，营销策略比较落后	0.476※	0.581※	0.000
负面国货形象 Cronbach's α = 0.776	x5 国货质量较差	0.616	0.715	0.000
	x6 国货质量危机事件频发	0.653	0.785	0.000
	x7 国货山寨现象较多	0.626	0.755	0.000
	x8 国货产品普遍处于低端	0.432※	0.483※	0.000
负面政府形象 Cronbach's α = 0.721	x9 政府市场监管不严、执法不力	0.504	0.608	0.000
	x10 政府采购普遍存在国货偏见	0.574	0.738	0.000
	x11 政府对本土企业政策扶持不够	0.556	0.709	0.000
媒体渲染 Cronbach's α = 0.733	x12 国外媒体对外国品牌正面报道过多，对其负面信息披露不够	0.562	0.703	0.000
	x13 国内媒体对自主品牌负面事件报道过度	0.572	0.720	0.000
	x14 国内媒体对自主品牌形象宣传不够	0.535	0.653	0.000

续表

潜变量	显变量（问项）	分项对总项相关系数	标准化因素负荷	P 值
国货意识淡漠 Cronbach's α = 0.783	x15 公众对自主品牌产品的质量、性能了解不全面	0.642	0.773	0.000
	x16 公众对自主品牌的情感与消费意识普遍比较淡薄	0.651	0.792	0.000
	x17 公众普遍存在将部分国货质量问题放大、概括化	0.570	0.654	0.000
社会规范压力 Cronbach's α = 0.841	x18 很多人认为使用外国品牌更体面	0.676	0.752	0.000
	x19 很多国人的崇洋心理较重	0.738	0.854	0.000
	x20 多数国人爱面子、好攀比	0.702	0.793	0.000
负面刻板印象 Cronbach's α = 0.757	y1 很多人认为自主品牌的产品属性较外国品牌差	0.594	0.725	0.000
	y2 很多人认为自主品牌缺乏信任	0.629	0.629	0.000
	y3 很多人认为自主品牌的品牌形象较为低端	0.538	0.793	0.000

注：※表示分项对总项相关系数低于 0.5、标准化因素负荷低于 0.6 的问项。

（2）量表的效度检验

①内容效度。本问卷是以扎根理论为基础，根据语义资料整理出的概念、范畴、主范畴进行设计，因此本研究所使用的衡量问项和潜变量符合内容效度的要求。

②建构效度。对于收敛效度，运用 AMOS 5.0 验证性因素分析（CFA），计算出潜变量测量问项的标准化因素负荷。由表 5-4 可知，x4、x8 的效度系数均小于0.6，表明其可衡量对应潜变量的程度较低，加之信度系数也低于标准值，故予以删除；其余问项的标准化因素负荷均大于 0.6，表明其可衡量对应潜变量的程度较高（或可接受）。对于区别效度，由表 5-5 可知，所有主变量的 AVE 平方根值均显著大于因子间相关系数绝对值的最大值，表明潜变量之间的区分效度良好。同时，所有潜变量之间的 Pearson 相关系数均显著小于 0.8（P<0.001），这表明潜变量在概念上的衡量有差异。综上，经由验证性因素分析的标准化因素负荷和 Pearson 相关系数均符合标准，表明衡量问项符合建构效度。

表 5-5 各潜变量之间的相关系数与 AVE 平方根值

构念	ξ1	ξ2	ξ3	ξ4	ξ5	ξ6	η1
ξ1 负面企业形象	0. 634						
ξ2 负面国货形象	0. 535***	0. 661					
ξ3 负面政府形象	0. 474***	0. 492***	0. 586				
ξ4 媒体渲染	0. 297***	0. 205***	0. 474***	0. 552			
ξ5 国货意识淡漠	0. 346***	0. 305***	0. 444***	0. 588***	0. 673		
ξ6 社会规范压力	0. 343***	0. 287***	0. 428***	0. 475***	0. 561***	0. 658	
η1 负面刻板印象	0. 369***	0. 279***	0. 412***	0. 479***	0. 532***	0. 701***	0. 797

注：***表示 $P<0.001$；斜对角线数据为 AVE 平方根值。

5. 3. 3 结果分析

运用 SPSS 19. 0 对五个模型进行假设检验（见表 5-6）。模型 1 以自主品牌负面刻板印象为因变量，负面企业形象与负面国货形象为自变量；模型 2 以自主品牌负面刻板印象为因变量，负面政府形象为自变量；模型 3 以自主品牌负面刻板印象为因变量，媒介渲染为自变量；模型 4 以自主品牌负面刻板印象为因变量，国货意识淡漠为自变量；模型 5 以自主品牌负面刻板印象为因变量，社会规范压力为自变量。自变量和因变量均通过计算其测量问项的均值得到。

表 5-6 回归分析结果

因变量（自主品牌负面刻板印象）	模型 1	模型 2	模型 3	模型 4	模型 5
	回归系数 T 值（P）	回归系数 T 值（P）	回归系数 T 值（P）	回归系数 T 值（P）	回归系数 T 值（P）
常数项	2. 007*** （10. 994）	1. 909*** （11. 052）	1. 789*** （11. 536）	1. 544*** （10. 028）	1. 120*** （9. 278）
负面企业形象	0. 324*** （5. 741）				
负面国货形象	0. 115* （2. 141）				
负面政府形象		0. 462*** （9. 266）			

续表

因变量（自主品牌负面刻板印象）	模型 1	模型 2	模型 3	模型 4	模型 5
	回归系数 T值（P）	回归系数 T值（P）	回归系数 T值（P）	回归系数 T值（P）	回归系数 T值（P）
媒介渲染			0.509*** (11.163)		
国货意识淡漠				0.560*** (12.866)	
社会规范压力					0.666*** (120.117)
R^2	0.145	0.170	0.229	0.283	0.491
调整 R^2	0.141	0.168	0.227	0.281	0.490
F	35.510***	85.864***	124.605***	165.357***	404.680***

注：* 表示 P<0.05；** 表示 P<0.01；*** 表示 P<0.001。

由表5-6可知，负面企业形象、负面国货形象与自主品牌负面刻板印象变量之间的相关系数（回归系数）分别是0.324和0.115；负面政府形象与自主品牌负面刻板印象变量之间的相关系数是0.462；媒介渲染与自主品牌负面刻板印象变量之间的相关系数是0.509；国货意识淡漠与自主品牌负面刻板印象变量之间的相关系数是0.560；社会规范压力与自主品牌负面刻板印象变量之间的相关系数是0.666。从显著性来看，除负面国货形象与自主品牌负面刻板印象之间的相关系数在95%的置信条件下（P<0.05）显著外，其余变量的相关系数均在99%的置信条件下（P<0.001）显著。这表明，负面企业形象、负面国货形象、负面政府形象、媒介渲染、国货意识淡漠和社会规范压力6个主范畴对公众自主品牌负面刻板印象的生成均有显著的正向影响。

5.4 研究结论

本研究首先以受众跟帖为例，运用扎根理论研究方法，厘清了导致自主品牌负面刻板印象生成的影响因素，包括不利的认知合理化因素（负面企业形象、负面政府形象和负面国货形象）和不利的情感/环境因素（国货意识淡漠、社会规范压力和媒体渲染）。前者是自主品牌负面刻板印象生成的客观因素和根本原因；后者是自主品牌负面刻板印象生成的主观因素，会放大受众或消费者对负面的企业形象、政府形象和国货形象的选择性注意、可接近—可诊断性，从而进一步强化或确认其自主品牌负面刻板印象。其次，将范畴作为测量问项，将主范畴作为潜变量，通过问卷调查和实证分析证实，6 个主范畴均对自主品牌负面刻板印象存在显著的正向影响。本研究为后续提炼自主品牌形象提升的关键驱动因素（详见“10 自主品牌形象提升的关键驱动因素及其影响效应”），探讨关键驱动因素之间的影响效应关系奠定了理论基础。

第三部分

传播效果分析

6　自主品牌形象提升的媒介宣传现状与问题分析

6.1　研究对象

目前，各类媒体明显增强了自主品牌形象宣传的意识和行动。比如，自2015年5月以来，中央电视台连续策划、播出了多期《超级工程》《大国工匠》以及大批优秀中国企业的创新创业故事宣传片。2016年11月，央视启动了“国家品牌计划”，为入选的20余家品牌企业定制宣传片和企业品牌故事，在央视各频道高频次播出。同时，主流网络媒体也明显加大了以“高端制造崛起、技术突破、创新创业”等为框架的自主品牌宣传和跟帖。高端制造宣传、“国家品牌计划”以及企业创新创业故事宣传的传播效果如何？是否对自主品牌形象的提升产生了明显的溢出效应？公众的来源国刻板印象是否有显著改变？回答这些问题，是改进报道策略、提升框架建构水平、避免战略偏差的重要基础。

（1）高端制造宣传

制造业是国民经济主体，是立国之本、兴国之器、强国之基。高端制造业是制造业的高端领域，“高端”主要表现在三个方面：第一，技术含量高，表现为知识、技术密集，体现多学科和多领域高精尖技术的继承；第二，处于价值链高端，具有高附加值的特征；第三，在产业链中占据核心部位，其发展水平决定产业链的整体竞争力。近年来，中国的通信设备、高铁装备、核电装备、工程器械等行业在全球竞争中崛起。党的十九大报告提出，加快建设制造业强国的步伐，将装备制造向中高端迈进。近年来，C919大型客机成功首飞、全球首颗量子卫星成功发射、长江三峡升船机刷新世界纪录，多轴精密重型机床、数控冲压生产线、北斗系统、“天河二号”超级计算机、FAST射电望远镜等产品跻身世界先进行列，以及天宫二号和神舟十一号载人飞行任务圆满完成、长征五号首飞成功、首艘国产航母正式下水等系列成就让世界再一次瞩目中国。随着中国高端制造业的迅速崛起，中国媒体加大了相关新闻报道和宣传力度，有必要深入分析这些宣传报道对提升中国高端制造形象、改善公众认知与态度的效果，揭示存在的主要问题，这对改进和完善媒介框架的建构水平具有重要意义。

（2）“国家品牌计划”宣传

2016年，央视重磅推出“国家品牌计划”，为入选的20余家品牌企业定制宣传片和企业品牌故事，在央视各频道高频次播出。“国家品牌计划”的广告招标模式全面转型升级。开创资源、权益与增值服务相结合的全新广告营销模式，通过为品牌量身定制宣传方案，助力中国各行业顶尖品牌的形象培育与塑造。因此，非常有必要从“国家品牌计划”的宣传现状入手，通过对入选“国家品牌计划”的“TOP合作伙伴”和“行业领跑者”受众品牌形象认知的前后变化，以及其他企业与入选企业的受众品牌形象认知的效果对比，从认知、态度和行动三个层面来厘清自主品牌形象的现状，为合理配置媒介资源，调整不同渠道的宣传力度，使用有限的成本达到宣传效益的最大化，同时研究央视“国家品牌计划”所采用的宣传策略，找到存在的主要问题、战略偏差，提出改进方向。

（3）《大国工匠》《超级工程》和优秀中国企业创新创业故事宣传

在2014年夏季达沃斯论坛上，李克强总理发表致辞时指出，“只要大力破除对个体和企业创新的种种束缚，形成‘人人创新’、‘万众创新’的新局面，中国发展就能再上新水平”。在全新的政策环境下，媒体加大了对大国工匠、超级工程以及大批优秀企业创新创业故事的宣传力度。这些宣传报道对公众的自主品牌认知产生了怎样的影响效果，又是如何改进和提高的，有必要针对这些宣传报道，对主流媒体的宣传方式、宣传内容和宣传平台及其对提升自主品牌形象的有效性进行分析总结。

6.2 信息搜集

6.2.1 高端制造宣传的信息搜集

（1）明确主体

重点探讨高铁、隐形战机、电磁弹射、量子、空间站、航母六大高端制造领域的宣传效果。

（2）明确搜索范围

将上述六个高端制造产品名称作为关键词，从近年来各大新闻客户端用户量数据的搜索结果来看，腾讯新闻、今日头条、网易新闻在新闻客户端用户量排行榜上占据优势地位，同时用户数额也在急速上升。从新闻客户端的种类和性质上看，腾讯新闻和网易新闻属于门户类新闻平台，今日头条属于聚合类新闻平台；聚合类新闻客户端搜集受众评论相较于门户类困难。为了获得较高的受众评论量，本研究主要使用门户类新闻客户端进行数据采集。

（3）受众评论初步整合

在腾讯新闻、网易新闻、搜狐新闻三个不同的新闻客户端，搜集有关“高铁”“隐形战机”“电磁弹射”“量子”“空间站”“航母”的受众评论，然后逐一把关键词输入各新闻客户端的检索栏，下载相关新闻的受众评论，整合得到每个关键词的总受众评论数 400 多条，并对这些受众评论进行积极态度和消极态度的分类。

（4）受众评论的态度分析

按照积极和消极两种态度，提取受众评论，然后逐条对受众评论的关键词、主要态度、心理倾向进行标注，获得具体态度的百分比。

6.2.2 “国家品牌计划”宣传的信息搜集

（1）议程及议题安排

央视“国家品牌计划”包括“国家品牌计划 TOP 合作伙伴”和“国家品牌计划行业领跑者”两个项目。“国家品牌计划”整合了央视、企业以及行业专家等各方面的资源，服务入选企业。入选企业可以得到《新闻联播》《焦点访谈》《新闻直播间》《朝闻天下》《东方时空》等强力栏目的高价值广告时间。同时，央视还为入选企业定制“国家品牌计划 TOP 合作伙伴”及“国家品牌计划行业领跑者”宣传片和企业品牌故事，在央视各频道高频次播出。

2017 年“国家品牌计划”入选企业共有 35 家，包括格力、京东、海尔、洋河、碧桂园、茅台、华为、美的、广汽传祺、海航集团等国内知名企业。2017 年 1—5 月，平均每家“国家品牌计划”成员企业在央视播出广告次数约 4500 次，共计 9.6 亿观众收看了这些广告，其中 7.6 亿人看过 3 次以上，广告总收视点达到 2500。

（2）宣传框架构建策略

①推广目标。寻找一批实力雄厚、关系国计民生的自主品牌，通过一系列的宣传活动，塑造良好的企业形象，培养一批能在未来代表中国参加全球商业竞争和文化交流的国家级品牌，实现中国制造向中国创造转变、中国产品向中国品牌转变。

②项目定位。根据市场现状和央视特点，将项目定位分为两大板块，“国家品牌计划 TOP 合作伙伴”及“国家品牌计划行业领跑者”。

A. 市场定位：影响范围广、持续时间长、宣传力度强的品牌整体形象塑造计划。

B. 形象定位：大众传媒的品牌服务开创者和领导者。

③目标客户群。所在行业关系到国计民生，有一定规模的成熟产业生态，且居于行业领先地位，能够在市场营销方面投入较多资源的企业客户。

④框架核心竞争力。

A. 媒体资源。a. 固定资源：入选企业可选择《新闻联播》《焦点访谈》《新闻直播间》等强力栏目的高价值媒体资源进行签约，全年固定不做变更，占据黄金广告位。b. 配套资源：入选企业可根据行业特性、销售淡旺季分布等实际需求，在央视媒体资源池中实现个性化配置。c. 整合传播资源：入选企业可以获得一系列整合服务。在 CCTV-1《晚间新闻》前播放品牌故事和经营之道纪录片。在央视全频道播出的“国家品牌计划”宣传片中标注企业元素。在央视网定制品牌传播专区。

B. 权益。a. 享受央视其他媒体资源的优先购买权。b. 参与央视广告经营管理中心主办的各类线下活动宣传。

C. 增值服务。a. 专家团队为入选企业提供定制化品牌策略咨询以及培训服务。b. 协助企业举办行业论坛。c. 媒体传播团队助力企业开展大型活动。d. 对接企业国际传播需求，统筹国际媒介购买，扩展全球影响力。e. 为企业设立专属快速通道，快速响应企业需求。

6.2.3 《大国工匠》和《超级工程》宣传的信息搜集

（1）明确主体

以央视独家播出的系列故事宣传片《大国工匠》《超级工程》作为研究对象。

（2）明确搜索范围

《大国工匠》《超级工程》系列故事宣传片均采用央视独家播出的形式，因此搜索范围就锁定为央视 CCTV 官网，主要根据宣传片的具体内容和评论情况进行收集。

6.2.4 优秀企业创新创业故事宣传的信息搜集

（1）创新企业调查对象的选择

本研究主要以大疆创新科技有限公司（DJI-Innovations，DJI）为例。该公司于 2006 年由香港科技大学毕业生汪滔等人创立，是全球领先的无人飞行器控制系统及无人机解决方案的研发和生产商，客户遍布全球 100 多个国家。通过持续创新，大疆致力于为无人机工业、行业用户以及专业航拍应用提供性能最强、体验最佳的革命性智能飞控产品和解决方案。

2015 年 2 月，美国商业杂志《快公司》评选出的 2015 年十大消费类电子产品创新型公司中，大疆创新科技有限公司是唯一的中国本土企业，在谷歌、特斯拉之后位列第三名。2015 年 12 月，大疆创新科技有限公司推出一款智能农业喷洒防治无人机——大疆 MG-1 农业植保机，正式进入农业无人机领域。截至 2016 年，大疆创新在全球已提交专利申请超过 1500 件，获得专利授权 400 多件，涉及领域包括无人机各部分结构设计、电路系统、飞行稳定、无线通信及控制系统等。

在科技飞速发展的今天，唯有技术上的创新才是企业能够持续发展的活力源泉，而无人机经过了 20 世纪漫长的发展过程，伴随着电子产业、材料科学、控制、通信技术以及 21 世纪初的反恐战争和数次局部冲突，终于迎来了其产业发展的高速成长期。进入 21 世纪，无人机的研制投入和采购需求呈爆炸性增长。例如，20 世纪 90 年代美国无人机领域的投入合计只有 34 亿美元，而 2010 年的全年投入就达到 44 亿美元，过去 10 年年均增速高达44%。因此，据专业从事航空工业市场研究的Teal集团预测，未来10年，全球无人机市场的容量将达到890亿美元。成立于2006年的大疆创新科技有限公司，在国外无人机品牌已发展多年的竞争形势下，一举打开国内外市场，迅速成为行业领头人。主流媒体对该企业进行大量宣传报道，对受众的认知产生了怎样的效果，又对企业发展起到了什么样的影响，本研究希望透过对大疆创新科技的传播效果分析，揭示主流媒体的宣传报道对本土创新企业自主品牌认知的影响。

（2）新闻选择以及编码方案

①新闻选择。以大疆无人机的相关报道为搜索词，重点以2015年央视《新闻联播》对大疆无人机的相关报道的受众评论为主要数据来源。鉴于央视对于新闻联播报道评论的限制，仅能在其官方微博搜集到500多条评论，为了保证数据的全面可靠，本研究同时选取了其他4家主流媒体关于大疆无人机的报道，并对其受众评论进行搜集整理和分析。由于大疆无人机的消费群体为无人机拍摄爱好者，并且需要一定的经济实力，导致关注的受众人数并不多。为此，将6篇新闻报道的所有受众跟帖全部复制，去掉语言不文明、意思表达不清楚、重复提交、文不对题、表述过于简单的评论，保留那些表述详细、有支持性证据或观点的评论。通过这种方式，共得到用于分析的有效评论562条（见表6-1）。

表6-1 样本来源与资料搜集情况

编号	新闻题目	来源网址	跟帖数	提取数	提取比例/%	帖子面向		用途
						正面	负面	
1	大疆无人机：创业成功的核心思维模型	http://mp.weixin.qq.com/s/6-3Vb08G3yoCqSrx3m85qw	234	68	29.06	54	14	建模
2	如何评价DJI大疆创新的小型无人机「晓」Spark	https://www.zhihu.com/question/57835306/answer/174110295	172	81	47.09	43	38	建模
3	闯完白宫大疆无人机又现身汪峰求婚现场	http://tech.qq.com/a/20150208/010069.htm	186	37	19.89	15	22	建模

续表

编号	新闻题目	来源网址	跟帖数	提取数	提取比例/%	帖子面向		用途
						正面	负面	
4	大疆无人机：从创客到全球行业领跑者	https://weibo.com/2656274875/Cg0XF1p8U?refer_flag=1001030106_&type=comment#_rnd1511534904609	589	252	42.78	214	38	建模
5	汪滔：成功留给有梦想的人	https://weibo.com/3775048831/CjwaXdvGi?refer_flag=1001030106_&type=comment#_rnd1511700845684	160	40	25.00	27	13	建模
6	仅仅十年，大疆无人机如何让世界瞩目	https://www.bilibili.com/video/av14691510/	235	84	35.74	65	19	建模

②编码方案。在所有的有效评论中，凡是具有购买意向，对自主品牌态度好并且有着良好认知效果的，都将归为具有正面效果的帖子；反之，不具有购买意向，对自主品牌态度差，以及具有负面认知效果的评论，则被归类为反面。根据上述分类原则，得到正面评论 418 条，占总评论数的 74.38%，反面评论 144 条，占比 25.62%。

A. 行为效果的编码方案。行为效果是指受众接收到有关自主品牌宣传后的购买意向。按照愿意购买的原因，将受众的购买意向划分为“价格原因”和“产品质量”；对于无购买意向的受众则按照其理由进行相关分类。

B. 态度效果的编码方案。态度效果是指受众对主流媒体宣传的自主品牌所产生的主观情感。按照主观情感产生的原因，将对自主品牌持积极态度划分为“给大疆成就点赞”“支持这样的创新企业”“祝大疆越来越好”“想去大疆工作”四类；将消极态度划分为“觉得在吹牛”“技术不好”“质量不好”“服务太差”四类。

C. 认知效果的编码方案。认知效果是指受众对自主品牌的主流媒体宣传内容（如企业文化、员工特质、产品优劣等）的认知情况。将积极、正面认知细分为“对大疆员工高度认同”“对大疆创新的认同”“对大疆市场份额的认同”“对‘中国制造’的肯定”“行业标杆”“大疆产品的技术领先的认同”六类；将消极、负面认知细分为“机器续航时间太短”“价格太高”“只在民用领域厉害”“外形和内存有问题”“广告宣传太过”“根本就是遥控飞机或玩具飞机”六类。

6.3 信息资料分析

6.3.1 高端制造宣传的传播效果分析

（1）基于受众跟帖的传播效果分析

①高铁。中国高铁技术在过去十年的发展突飞猛进，高铁建设频频刷新世界纪录，取得了举世瞩目的成就。目前，已经拥有世界先进的高铁集成技术、施工技术、装备制造技术和运营管理技术。以“高铁”为关键词在腾讯新闻、网易新闻、搜狐新闻客户端中共搜索到400条受众评论，其中积极评论数量187条（见表6-2）、消极评论数量54条（见表6-3）、不相关评论数量159条。在不相关评论中，由于评论态度模糊并且对本次调查无意义，所以对不相关评论予以剔除。同时，剔除了那些评论意思简单、重复、极端反动倾向、有谩骂侮辱性言语的评论。

表6-2 “高铁”积极态度情况数据

积极态度		具体态度情况及出现次数较高词语							
		骄傲	肯定	自豪	便利	点赞	第一	速度	赞扬科学工作者
评论量	187	33	85	19	9	25	13	10	9
占比/%	46.75	17.65	45.45	10.16	4.81	13.37	6.95	5.35	4.81

表6-3 “高铁”消极态度情况数据

消极态度		具体态度情况及出现次数较高词语				
		怀疑	不相信	吹牛	嘲讽	没必要
评论量	54	21	12	7	18	6
占比/%	13.50	38.89	22.22	12.96	33.33	11.11

②隐形战机。目前，中国经过近些年的高速发展，已经成功地独立研发出三款世界先进的隐形战机，分别是“利剑”“歼-20”“歼-31”隐形

战机。“利剑”隐身无人攻击机是中国第一款飞翼式隐身飞机，于2013年首次亮相。歼-20隐形战斗机是中国研发的一款隐身战斗机，于2011年1月11日在成都实现首飞。歼-31隐形战斗机是中国沈飞研发的一款中型隐身战斗机，于第十届中国珠海航展上亮相。

以“隐形战机”为关键词在腾讯新闻、网易新闻、搜狐新闻客户端中共搜索到400条受众评论，其中积极评论数量144条（见表6-4）、消极评论数量50条（见表6-5）、不相关评论数量206条。不相关评论中，由于评论态度模糊并且对本次调查无意义，所以对不相关评论予以剔除。同时，剔除了那些评论意思简单、重复、极端反动倾向、有谩骂侮辱性言语的评论。

表6-4 “隐形战机”积极态度情况数据

积极态度		具体态度情况及出现次数较高词语						
		致敬	肯定	赞美	缅怀	自豪	点赞	霸气
评论量	144	25	81	56	33	27	6	5
占比/%	36.00	17.36	56.25	38.89	22.92	18.75	4.17	3.47

表6-5 “隐形战机”消极态度情况数据

消极态度		具体态度情况及出现次数较高词语							
		质疑	不自信	否定	嘲讽	浪费	吹牛	无脑黑	贬低
评论量	50	21	5	25	25	2	5	6	9
占比/%	12.50	42.00	10.00	50.00	50.00	4.00	10.00	12.00	18.00

③电磁弹射。央视科技频道罕见首曝中国自行研制的电磁拦阻装置与电磁弹射器，这两项关键技术是由海军工程大学马伟明院士团队研制，而且已经进入工程化样机阶段，并经过无数次的地面弹射与阻拦试验，已经达到装舰水平。马伟明院士于2015年11月荣获“科技与技术成就奖”，并且在接受媒体采访时表示，在军委、总部和海军首长的高度关注和支持下，现今的电磁弹射技术已经突破了全部关键技术，实现了与世界最先进技术的同步发展。

电磁弹射技术的能量利用率比蒸汽弹射更高，而且更加节约淡水资源。电磁弹射加速更可控、更平稳，可大幅度减小对舰载机和各部件的冲击，有利于飞机结构的设计，并可使机体的使用寿命延长31%，也能缓解飞行员的身心压力。

以“电磁弹射”为关键词在腾讯新闻、网易新闻、搜狐新闻客户端中共搜索到348条相关受众评论，其中积极评论数量288条（见表6-6）、消极评论数量60条（见表6-7）。不相关评论中，由于评论态度模糊并且对本次调查无意义，所以对不相关评论予以剔除。同时，剔除了意思简单、重复、极端反动倾向、有谩骂侮辱性言语的评论。

表6-6　“电磁弹射”积极态度情况数据

积极态度		具体态度情况及出现次数较高词语										
		安全	称赞	支持	自信	期待	回击	祝福	激动	理智	致敬	霸气
评论量	288	23	98	131	30	13	100	13	10	9	9	9
占比/%	82.76	7.99	34.03	45.49	10.42	4.51	34.72	4.51	3.47	3.13	3.13	3.13

表6-7　“电磁弹射”消极态度情况数据

消极态度		具体态度情况及出现次数较高词语						
		贬低	不自信	质疑	嘲讽	浪费	吹牛	无脑黑
评论量	60	12	8	21	17	7	19	6
占比/%	17.24	20.00	13.33	35.00	28.33	11.67	31.67	10.00

④量子。据报道，中国在量子领域已经研制出世界上最先进的量子计算机和量子通信卫星。2016年8月16日，中国成功发射世界首颗量子科学实验卫星“墨子号”。中国科学家发射世界首颗“量子卫星”，这有助于建立一个极其安全的全球通信网络，且这项技术表明了中国在量子技术方面已经走在了世界最前沿。依托这些前沿技术，有助于中国掌握未来战争的主动权。2017年5月，中国宣布光量子计算机研制成功。这台光量子计算机的问世，被誉为“2017年可以改变世界的科技新成果之一”。同时，这台计算机能够创造10个超导量子比特的操纵，而美国最多只能保持9个，这项技术比美国领先了整整10年。

据法国《世界报》2017年8月15日报道，中国实现了两个第一，一是肯定了中国的“墨子号”量子通信在世界未来通信技术上的至高地位；二是中国科学技术大学潘建伟所带领的团队完成的三大实验：量子隐形传态、量子纠缠分发和量子密钥分发。

以“量子”为关键词在腾讯新闻、网易新闻、搜狐新闻客户端中总共搜索到315条相关受众评论，其中积极评论数量270条（见表6-8）、消极评论数量45条（见表6-9）。不相关评论中，由于评论态度模糊并且对本次调查无意义，所以对不相关评论予以剔除。同时，剔除了意思简单、重复、极端反动倾向、有谩骂侮辱性言语的评论。

表6-8 “量子”积极态度情况数据

积极态度		具体态度情况及出现次数较高词语									
		赞扬	深奥	期待	支持	反击	自信	佩服	解释	祝贺	致敬
评论量	270	81	79	35	45	18	18	5	29	9	6
占比/%	85.71	30.00	29.26	12.96	16.67	6.67	6.67	1.85	10.74	3.33	2.22

表6-9 “量子”消极态度情况数据

消极态度		具体态度情况及出现次数较高词语				
		贬低	嘲讽	质疑	浪费	不屑
评论量	45	17	8	12	7	5
占比/%	14.29	37.78	17.78	26.67	15.56	11.11

⑤空间站。2017年4月27日19时07分，“天舟一号”与“天宫二号”首次推进剂补加顺利完成。这是中国实施的首次太空推进剂补加试验，标志着空间室飞行任务全部完成，中国载人航天工程“三步走”发展战略第二步全面收官，空间站时代的大门向中国人豁然打开。从无人飞行到载人飞行，从一人一天到多人多天，从舱内实验到太空行走，从单船飞行到组合体稳定运行……中国航天用25年时间，跨越了发达国家近半个世纪的路程。“空间实验室任务完成后，我国将开始建造空间站。”目前，我国空间站研制进展顺利。根据计划，中国可在2022年前后建成载人空间站。如果国际空间站按计划在2024年退役，那么届时中国将成为唯一拥有空间站的国家。

以“空间站”为关键词在腾讯新闻、网易新闻、搜狐新闻客户端中总共搜索到382条相关受众评论，其中积极评论数量304条（见表6-10）、消极评论数量78条（见表6-11）。不相关评论中，由于评论态度模糊并且对本次调查无意义，所以对不相关评论予以剔除。同时，剔除了意思简单、重复、极端反动倾向、有谩骂侮辱性言语的评论。

表 6-10 “空间站”积极态度情况数据

积极态度		具体态度情况及出现次数较高词语											
		赞扬	感谢	期待	支持	自豪	鼓励	反击	激动	祝贺	威武	理智	致敬
评论量	304	87	19	33	27	132	32	10	6	20	28	4	3
占比/%	74.51	28.62	6.25	10.86	8.88	43.42	10.53	3.29	1.97	6.58	9.21	1.32	0.99

表 6-11 “空间站”消极态度情况数据

消极态度		具体态度情况及出现次数较高词语							
		贬低	嘲讽	质疑	否定	负面	贬低	浪费	不自信
评论量	78	6	11	29	22	13	6	18	6
占比/%	19.12	7.69	14.10	37.18	28.21	16.67	7.69	23.08	7.69

⑥航母。航母是中国的实力标志。中国军事问题专家李杰告诉《环球时报》记者，这艘001A国产航母对中国的巨大意义，在于中国得以掌握设计和建造大中型航母的全套经验和技术，为未来更大型的航母建造奠定基础。俄罗斯卫星通讯社援引军事专家瓦西里·卡申的分析称，该航母型号为001A，是首艘中国完全自主研制的航母。在中国航母项目向前发展的过程中，这将是最重要的一步。根据辽宁舰的运行经验，001A在相当多的小地方得到了完善，这将使艇员的工作和生活更为简单，并且航母舰体内更为合理的布局，也许可装载更多的飞行器。001A非常适合在第一岛链内作战，在围绕台湾的任何冲突情境下，可以大大扩展中国海军的实力，从而更加有效地在南海地区维护中国的核心利益。

以“航母”为关键词在腾讯新闻、网易新闻、搜狐新闻客户端中总共搜索到414条受众评论，其中积极评论数量230条（见表6-12）、消极评论数量84条（见表6-13）、不相关评论100条。不相关评论中，由于评论态度模糊并且对本次调查无意义，所以对不相关评论予以剔除。同时，剔除了意思简单、重复、极端反动倾向、有谩骂侮辱性言语的评论。

表 6-12 “航母”积极态度情况数据

积极态度		具体态度情况及出现次数较高词语								
		鼓励	自豪	激动	期待	支持	致敬	反击	感动	进步
评论量	230	7	79	13	24	60	18	24	7	5
占比/%	55.56	3.04	34.35	5.65	10.43	26.09	7.83	10.43	3.04	2.17

表 6-13 “航母”消极态度情况数据

消极态度		具体态度情况及出现次数较高词语					
		贬低	抱怨	嘲讽	否定	吹牛	质疑
评论量	84	21	2	36	19	14	15
占比/%	20.29	25.00	2.38	42.86	22.62	16.67	17.86

（2）基于微博平台的传播效果分析

选择电磁弹射、航母、空间站、隐形战机、高铁、量子计算机、中国工程七个具有代表性的“中国高端制造”的相关热门微博，利用 Python 抓取相关微博下的评论，做出初步的情感态度分类，再利用图悦工具抓取积极和消极两种评论中的关键词。分析发现，积极态度的关键词较为统一，大致为骄傲、厉害等；而消极评论的表达则五花八门，所以对消极评论的分类主要归结为几个较集中的消极表达。利用 Python 抓取数据，取得有效评论数 4139 条，积极态度 3269 条，消极态度 870 条，总体情感倾向为积极，表明网友对我国高端制造的情感倾向总体上呈积极趋势，普遍认为厉害，持骄傲态度。

利用 Python 实现微博评论情感分析的步骤如下：首先，将 500 万条微博语料利用 SnowNLP 进行分类，大于 0.8 分的归类为积极，小于 0.3 分的归类为消极，分类后再用 SnowNLP 进行训练得出相应训练文件。其次，利用 Python 抓取所选微博的评论数据存入数据库，剔除无关评论（回复用户、转发微博等）后利用训练文件对抓取出的评论数据进行情感分析，分为“消极”“积极”“中性”三类。最后，对所得结果进行了归类整理（见表 6-14），其中提取评论中包含积极态度的关键词，统计结果如表 6-15 所示。

表 6-14 “中国高端制造”微博评论情感分析

中国高端制造	情感态度					
	积极	占比	消极	占比	总计	消极态度关键词
电磁弹射	185	0.70	81	0.30	266	不相信、夸大事实
航母	833	0.75	279	0.25	1112	质疑技术、民生问题、难批量生产，耗费国力
空间站	400	0.88	52	0.12	452	批判社会、投入大
隐形战机	329	0.75	110	0.25	439	飞机数量少、难量产、质量差、发动机非自主研发、骗经费、标题党
高铁	385	0.84	74	0.16	459	抢不到票、票价高
量子计算机	890	0.79	241	0.21	1131	看不懂、骗人、质疑能否挖比特币
中国工程	247	0.88	33	0.12	280	腐败问题仍未解决、反应大；煤改电、供暖成问题、民生问题
总计	3269	0.79	870	0.21	4139	

表 6-15 积极态度关键词统计

积极态度关键词	厉害	威武	加油	牛气	骄傲	不明觉厉	憧憬
数量	266	75	57	42	45	45	21
占比/%	48.28	13.61	10.34	7.62	8.17	8.17	3.81

6.3.2 “国家品牌计划” 宣传的传播效果分析

（1）受众自主品牌形象认知的影响效果

“国家品牌计划”由中央电视台发起，主要传播渠道为电视媒体，目标受众有以下特征：①男性收视高于女性。②构成主体为中老年观众，65岁以上观众收视率达 7.58%，显著高于平均收视率（3.89%）。③中等收入观众占比最高（数据来源：CSM 全国及部分重点城市主要电视栏目收视率调查）。“国家品牌计划”的媒介（电视广告）受众样本数量与范围虽然很庞大，但真正有意愿填写网络问卷的目标受众较少，网络问卷和直接访谈等调查形式难以覆盖，故本调查没有选取直接从目标受众获取数据的调查方式。

本研究主要通过搜集宏观数据，整理品牌热度趋势、品牌关注度、行业关注品牌排名、关注方式排序、品牌受众评价及品牌经营状况等信息，分析“国家品牌计划”对受众自主品牌认知的效果影响（包括认知效果、态度效果和行为效果及其强度）。

（2）“国家品牌计划”对认知效果的影响

为了直观反映“国家品牌计划”对受众认知效果的影响，我们选取大数据背景下的关注度与热度趋势两个指标，将“国家品牌计划”入选企业的品牌关注度、品牌热度趋势和所在行业总体关注度与热度趋势进行比较。我们选取了房地产行业与碧桂园这一对具有代表性的研究对象。由关注热度趋势指数进行对比可知，在2017年房地产行业总体关注热度呈下降趋势的情况下，碧桂园依旧维持了高于行业总体水平的受关注度。作为“国家品牌计划”的入选企业，2017年碧桂园投入大量资源在央视投放电视广告。广告投放覆盖了CCTV-1、CCTV-2、CCTV-3、CCTV-4、CCTV-8、CCTV-9、CCTV-新闻共七个频道，包括《新闻联播》《焦点访谈》黄金段位，《天气预报》《黄金档剧场》两大收视焦点，囊括央视多个频道的顶级资源。央视的广告投放为碧桂园的品牌形象提升起到了重要的拉动作用。根据碧桂园的内部统计，目前400电话咨询消费者中，有80%来自央视渠道。

（3）“国家品牌计划”对态度效果的影响

碧桂园在入选“国家品牌计划”后受关注度不断提升，2017年6月，行业关注指数显著低于排名第一位的万科集团，至2017年11月已与万科集团基本持平（见图6-1）。

（4）“国家品牌计划”对行为效果的影响

2015年，碧桂园销售收入1400亿元，居全国第七位，2016年加入央视“国家品牌计划”后，全年销售收入3088亿元，蹿升至全国第三名。2017年年初房地产市场销售降温，碧桂园1月销售额却逆势上涨4倍，达486亿元，居全国第一位，并于2017年继续加入央视“国家品牌计划”。其90%的电视广告都集中在央视投放，在CCTV-1循环播放的海外地产马来西亚“森林城市”综合产业体广告更是持续掀起购房热潮。

2017年11月，碧桂园累计销售额突破5000亿元，提前完成全年业绩目标。虽然多数房企受到热点城市的“四限政策”影响，但碧桂园在城市布局上较均衡，产品线丰富，受到的影响比较有限；此外，由于三四线城市的持续发力，作为在三四线城市布局项目较多的房企，碧桂园也收益明显。

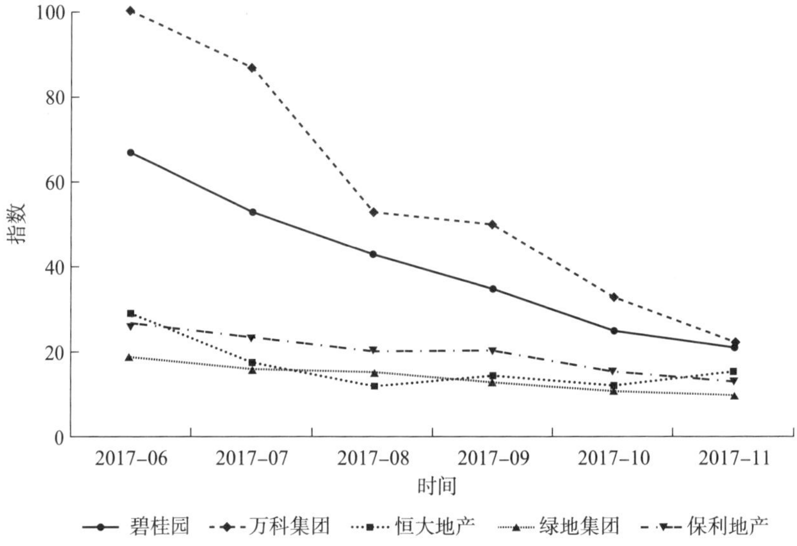

图 6-1 房地产行业关注企业排名

6.3.3 《大国工匠》和《超级工程》的传播效果分析

(1)《大国工匠》的内容简介

《大国工匠》第一集 大勇不惧

川藏铁路属于国家“十三五”规划的重点项目，铺设难度创造了新的世界之最。中铁二局二公司隧道爆破高级技师彭祥华从 1994 年 7 月参加工作以来，二十年如一日坚守在工程建设一线，参加了横南铁路、朔黄铁路、菏日铁路、青藏铁路、川藏铁路（拉林段）等 10 余项国家重点工程建设。他多年战斗在祖国偏远地区，不畏艰辛，为祖国建设付出了青春与热血。

《大国工匠》第二集 大术无极

坦克集群在辽阔的大地上风驰电掣、一往无前，现在中国的坦克制造能力已经跻身世界第一方阵了。装甲是坦克的第一要件。中国兵器工业集团首席焊工卢仁峰的工作就是负责把坦克的各种装甲钢板连缀为一体。这个左手残疾，仅靠右手练就一身电焊绝活的焊接工人，其手工电弧焊单面焊双面成型技术堪称一绝。

《大国工匠》第三集 大巧破难

传统 POEM 手术容易损伤患者食管，周平红另辟蹊径，在患者的食道管壁夹层中，建造一条隐形隧道，不仅减少了患者痛苦，也让中国的消化内镜微创切除技术领先世界。

木船是很多渔民赖以生存的工具。为了让乡亲们安全远航，排船师傅张兴华独创造船工艺，手工打制的渔船滴水不漏。

FAST 工程开启了人类探索宇宙新的可能，但施工难度超乎想象。起重工周永和经过反复探索，利用“墨子圆规”的古人思想和顺势而为的东方智慧，完美拼接四千多块面板，成就了能与星星对话的大型球面镜。

《大国工匠》第四集 大艺法古

“薄如蝉翼洁如雪”，这是宣纸工艺的至高境界。为了让极品宣纸再现于世，毛胜利依循古法，采用更为传统的擦焙方式，终于再续传奇。

孟剑锋依照从古錾子上得到的启示路径，在厚度只有 0.6 毫米的银片上錾出细致的纺织纹理，以假乱真。

王津参悟古法，谨遵先人教诲，终于让历史瑰宝双马驮钟扫尽尘封，再度惊艳于世。

《大国工匠》第五集 大工传世

地宫出土的古代织物一触即碎，入水就溶，王亚蓉用绝学复织还原，让丝绸文化传承代代精神。

汝瓷被视为中国瓷器烧制技艺巅峰，曾绝迹 800 年，朱文立使珍品瓷重现。

李仁清利用拓印技术让历史经典变得灵动可亲。

《大国工匠》第六集 大技贵精

心细如发，探手轻柔。李峰高倍显微镜下手工精磨刀具，5 微米的公差也要“执拗”返工。

心有精诚，手有精艺。顾秋亮仅凭一双手捏捻搓摸，便可精准感知细如发丝的钢板厚度。

蒙眼插线，穿插自如。李刚方寸之间也能插接百条线路，成就领先世界的“中国制造”。

《大国工匠》第七集 大道无疆

裴永斌是哈尔滨电机厂车工，30多年来主要加工水轮发电机的弹性油箱。他用手指触摸测量就像可以透视一般，在挑战数控机床时，下刀依然完美精准。

方文墨的工作是为歼-15舰载机加工高精度零件。他自制改进工具数百件，加工精度近零公差。

马荣是人民币人像雕刻的顶尖高手，在从传统雕刻工艺向现代数字化雕刻制版转变的过程中，她出色完成了雕刻制版任务，使刀成圣同样可换笔夺魁。

《大国工匠》第八集 大任担当

高凤林是航天科技集团一院焊工，国家特级技师。他心怀梦想，心平手稳，焊接飞天神箭。

马宇是秦始皇帝陵博物院文物修复师，他能在毫厘之间把握分寸，重现旷世兵马俑。

中国高飞集团高级钣金工王伟，在肉眼难辨的误差里，用手工打造精美弧线，托举中国大飞机翱翔蓝天。

（2）《超级工程》（第三季）的内容简介

超级工程Ⅲ 第一集 食物供应

这是人类历史上史无前例的挑战，用全球7%的耕地养活22%的人口，在这个庞大的食物供应链背后到底隐藏着怎样的秘密，这一集就探寻全球人口最多的国家如何解决自己的吃饭问题。

超级工程Ⅲ 第二集 能量之源

是什么让我们的车辆可以飞驰，在冬天我们为什么可以享受温暖的房间，巨大的工厂为什么可以不停地高速运转。这一切都依靠能源，没有它一切都将停止，能源是我们享受现代舒适生活的基石，这一集进入了一个前所未见的领域，揭示能源如何驱动中国经济的高速发展，同时面对环境的巨大压力，中国该如何面对挑战。

超级工程Ⅲ 第三集 交通网络

中国作为世界第二大经济体，同时也是全球交通最为发达的国家之一，这里拥有世界最大的高速公路网络，全球最大的高速铁路网，227 个机场编织起一个庞大的空中运输系统，在中国的海岸线上有 7 个港口居全球前十位，庞大的交通网络正在支撑着中国经济的高速运转，这还不是终点，中国人将再次用智慧挑战运输的极限。

超级工程Ⅲ 第四集 中国制造

制造从来都是一个国家智慧和发展的动力，“中国制造”一个全球认知度最高的品牌，从服装到高铁列车，从芯片到北斗卫星，今天我们生活的每一个部分都和制造紧密相连。这一集走入从未到达过的生产线，去看中国制造正在经历的一场蜕变，它早已开始，而且必将影响深远。

（3）传播效果及存在问题分析

《大国工匠》《超级工程》是央视近年来推出的大型系列故事宣传片。其中，《大国工匠》通过讲述中国各个制造领域平凡人物不平凡的故事向社会广泛传递正能量；而《超级工程》是从食物供应、能量之源、交通网络、中国制造四个方面向广大民众介绍并宣传中国高端制造领域如今所达到的高度和成就，彰显出中国国力并提升民族自豪感和自信心。客观来说，播放大型系列故事宣传片有助于提升民众对高端制造领域所获成就以及在国际上所处地位的充分认知，这样的想法及出发点是正确的，但在实际调查过程中也发现，由于央视网对《大国工匠》《超级工程》宣传片的独家播放限制，导致难以获得直接的受众跟帖情况。这表明《大国工匠》《超级工程》两大系列故事宣传片的网络传播缺乏，使得传播效果和影响力有所局限。

6.3.4 优秀企业创新创业故事宣传的传播效果分析

（1）行为效果的框架效应

由表 6-16 可知，受众针对主流媒体宣传的行为效果中“有意向”主要有两个方面：一是因为价格在接受范围内愿意购买，占比 26.39%；二是因为大疆无人机的技术好，愿意购买（这是大多数受众有意向的原因），占比 73.61%。“无意向”的也有两类：一是因为价格超出能够承受范围，占比 60%；二是因为售后服务的原因，占比 40%。横向比较来看，“有意向”的人数为 72 人，占比 78.26%，“无意向”的人数为 20 人，占比 21.74%。

表 6-16 行为效果的框架效应

有意向	频次	占比/%	无意向	频次	占比/%
A1. 1 价格可以接受，想买	19	26. 39	B1. 1 觉得贵了	12	60
A1. 2 因为大疆机器好，想买	53	73. 61	B1. 2 售后服务不行	8	40

（2）态度效果的框架效应

由表 6-17 可知，绝大多数持积极态度的受众是因为大疆的成就、取得的行业领先地位，占 70. 39%；“支持这样的创新企业”占 13. 82%；“祝大疆越来越好”占 9. 21%；因为这些而产生“想去大疆工作”占 6. 58%。在消极的态度效果中，绝大多数来源于产品问题：一是“觉得在吹牛”占 45. 16%；二是“技术不好”占 22. 58%；三是“质量不好”占 19. 35%；四是“服务太差”占 12. 90%。横向比较来看，持积极态度效果的受众有 152 人，占 83. 06%，持消极态度效果的受众有 31 人，占 16. 94%。

表 6-17 态度效果的框架效应

积极态度效果	频次	占比/%	消极态度效果	频次	占比/%
A2. 1 给大疆成就点赞	107	70. 39	B2. 1 觉得在吹牛	14	45. 16
A2. 2 支持这样的创新企业	21	13. 82	B2. 2 技术不好	7	22. 58
A2. 3 祝大疆越来越好	14	9. 21	B2. 3 质量不好	6	19. 35
A2. 4 想去大疆工作	10	6. 58	B2. 4 服务太差	4	12. 90

（3）认知效果的框架效应

由表 6-18 可知，在受众的正面认知效果方面，“对大疆产品的技术领先的认同”占了一半以上，达到 51. 60%；“对大疆员工高度认同”占 9. 57%；“对大疆创新的认同”占 16. 49%；“对大疆市场份额的认同”占 7. 45%；“对‘中国制造’的肯定”占 7. 98%；“行业标杆”占 6. 91%。由此可见，主流媒体的宣传报道极大地提升了受众对大疆自主品牌的正面认知，尤其对发展成就和创新非常肯定。

在负面认知效果方面，产品原因占大多数，其中“续航时间太短”占 16. 70%，“价格太高”占 7. 29%，“外形和内存有问题”占 14. 58%。认知极差的有“根本就是遥控飞机或玩具飞机”占 28. 12%，“广告宣传太过”占 22. 91%，“只在民用领域厉害，军用领域不行”占 10. 41%。

表 6-18　认知效果的框架效应

正面认知效果	频次	占比/%	负面认知效果	频次	占比/%
A3. 1 对大疆员工高度认同	18	9. 57	B3. 1 续航时间太短	16	16. 70
A3. 2 对大疆创新的认同	31	16. 49	B3. 2 价格太高	7	7. 29
A3. 3 对大疆市场份额的认同	14	7. 45	B3. 3 只在民用领域厉害，军用领域不行	10	10. 41
A3. 4 对“中国制造”的肯定	15	7. 98	B3. 4 外形和内存有问题	14	14. 58
A3. 5 行业标杆	13	6. 91	B3. 5 广告宣传太过	22	22. 91
A3. 6 大疆产品的技术领先的认同	97	51. 60	B3. 6 根本就是遥控飞机或玩具飞机	27	28. 12

6. 4　研究结论

6. 4. 1　高端制造宣传的传播效果分析结论

（1）高端制造的受众态度情况

正面态度远高于反面态度。从受众评论的数据来看：“高铁”的正面评论占 46. 75%；“隐形战机”的正面评论占 36. 00%；“电磁弹射”的正面评论占 82. 76%；“量子”的正面评论占 85. 71%；“空间站”的正面评论占 74. 51%；“航母”的正面评论占 55. 56%。“高铁”的负面评论占 13. 50%；“隐形战机”的负面评论占 12. 50%；“电磁弹射”的负面评论占 17. 24%；“量子”的负面评论占“14. 29%”；“空间站”的负面评论占 19. 12%；“航母”的负面评论占 20. 29%（见表 6-19）。由此，可得出如下结论：广大网友对中国高端制造宣传的评论反馈呈现好的态势。

表 6-19　高端制造业六大领域的受众态度情况

	高铁	隐形战机	电磁弹射	量子	空间站	航母
正面态度占比/%	46. 75	36. 00	82. 76	85. 71	74. 51	55. 56
反面态度占比/%	13. 50	12. 50	17. 24	14. 29	19. 12	20. 29

（2）高端制造的媒体宣传情况

国内媒体报道与外国媒体报道的结合。通过对国内各大新闻客户端平台的查找与搜索，发现高端制造宣传和报道不仅出自国内媒体，而且引用和转载外国媒体的报道，利用国内和国外媒体两种不同的视角看待中国高端制造业的发展情况，是比较客观的。

（3）高端制造的媒体宣传质量及覆盖情况

从国内各大新闻客户端平台上有关高端制造的宣传报道来看，大众媒体对高端制造的媒体宣传程度是不够的。主要表现在报道不及时，报道雷同、重复等。这可能与媒体重视程度不够有关，从而导致有关新闻报道存在质量问题，引发公众信任问题。

（4）高端制造业的受众评论空间

通过在各大新闻客户端展开有关高端制造的调查，发现一些新闻存在无受众评论或者受众评论极少的情况。这可能是因为相关新闻客户端未开放受众评论空间。

6.4.2 “国家品牌计划” 宣传的传播效果分析结论

虽然“国家品牌计划”的宣传成效显著，但也出现了较大偏差。主要问题是中央电视台“国家品牌计划”及其相关广告违反了《中华人民共和国广告法》。根据“央视2017年黄金资源广告招标暨国家品牌计划签约仪式”可以发现：①“国家品牌计划”是央视广告经营管理中心推行的广告招商新策略，其目的是吸引大额广告投放的企业，为广告资源的售卖和发布服务。②“国家品牌计划”声称“国家平台成就国家品牌”，入选企业在央视播出广告时会出现品牌商标和“国家品牌”组合的标识和字样，向广大观众传递了广告所示的品牌就是国家推荐品牌的严重误导。中央电视台“国家品牌计划”中大量宣传用语涉嫌违反《中华人民共和国广告法》第九条第二款规定：广告不得有下列情形，使用或变相使用国家机关、国家机关工作人员的名义或形象；第九条第三款规定：广告不得有下列情形，使用“国家级”“最高级”“最佳”等用语。中央电视台作为《中华人民共和国广告法》第一章第二条所明确规定的广告发布者（为广告主或者广告主所委托的广告经营者发布广告的机构），通过“国家品牌计划”的方式，以“国家”的名义为在央视投放广告的品牌背书，其行为涉嫌违法，发布不合规定的商业广告理应受到广告法的约束。

6.4.3 《大国工匠》和《超级工程》的传播效果分析结论

央视推出的大型系列故事宣传片的播放来源只在央视网才能搜索到高清视频，如《大国工匠》在腾讯视频、搜狐视频中有相关视频资源但评论极少。《超级工程》在其他视频平台基本没有正当资源，大多是说明视频资源的预告片，缺乏完整性。总体来看，央视的大型系列故事宣传片的视频资源扩散途径单一且视频资源不完善，制约了高端制造宣传片的宣传效果和影响力。另外，由于对受众评论的限制，导致对网友反馈情况的资料缺失，从而难以对高端制造的媒体宣传和受众感知进行对比分析。

6.4.4 优秀企业创新创业故事宣传的传播效果分析结论

（1）权威性强的媒体宣传具有更好的受众影响

《新闻联播》报道和其他报道的受众跟帖正反比例表明，媒体的权威性和可信度越高，其宣传越有利于增强受众的正面认知。

（2）对自主品牌形象具有显著提升作用

大疆无人机从默默无闻到行业领头者，不仅有企业自身发展的原因，主流媒体的宣传报道也功不可没。在主流媒体的宣传下，受众对无人机产业以及大疆品牌从零认知到高度认同，可以说主流媒体的宣传报道极大地提升了受众对大疆品牌的认同感。

7 自主品牌形象宣传的传播过程建模与传播效果分析

本部分将在前述受众框架分析的基础上，运用 SI 传染病模型、MATLAB 仿真软件和传播效果评价指标体系，分析典型案例宣传的传播过程和传播效果，比较不同宣传对象（如高端制造、“国家品牌计划”、企业创新创业故事等）的传播效果差异及其原因，从而进一步厘清自主品牌形象宣传的传播效果，揭示存在的主要问题，为后续对策研究（如改进现有宣传策略，提升框架建构水平，避免战略偏差）奠定理论基础。

目前，有关自主品牌形象的新闻报道、媒介宣传信息主要有以下四类：一是高端制造（如高铁、核电、航空航天、载人深潜、北斗卫星、航母、量子通信、大型装备制造等）；二是“国家品牌计划”；三是《大国工匠》《超级工程》；四是企业创新创业故事。因此，为了比较全面且独立地分析自主品牌形象宣传的传播效果及存在问题，本研究将按照以下问题独立选取分析案例，通过多重效应检验以期为现有宣传策略的优化和改进提供更可靠的依据。问题 1：选取有关高端制造的新闻报道，探讨其传播过程模型和传播效果；问题 2：选取“国家品牌计划”宣传中的典型品牌，探讨其传播过程模型和传播效果；问题 3：从《大国工匠》《超级工程》或企业创新创业故事宣传中选取一个案例，探讨其传播过程模型和传播效果；问题 4：运用双因子方差分析法，验证上述典型案例的传播效果差异，揭示存在的主要问题。

7.1　案例选择与分析思路

针对问题1：选取“西成高铁12月6日正式开通”的新闻报道，首先利用简化后的SI传染病模型，建立相关微分方程并求解；然后利用MATLAB工具模拟出信息传播过程，得出宣传信息从“产生到消亡”各阶段的不同特点，分析其传播效果和溢出效应。

针对问题2：在问题1的基础上，同样运用简化后的SI模型和MATLAB程序描述传播过程。选取茅台、华为、京东三个品牌，首先对数据进行标准化处理，然后运用主成分分析法对变量进行分类处理，并对不同指标赋予权重，比较分析不同品牌的传播效果。

针对问题3：问题3与问题1、问题2有一定相似性，同样采用SI模型和主成分分析法，分别选取《大国工匠》《超级工程》“阿里巴巴创新创业故事”为案例，确定指标，赋予权重，描绘图形，比较传播效果。

针对问题4：拟根据问题1中设置的新闻传播理论模型，对新闻传播的总关注度、持续时间、峰值大小、传播速度及关注人数等特点进行定量分析，以此刻画随着时间的变化，这些特点对新闻传播的影响程度，进一步解释新闻传播内在规律。同时，运用对比分析方法与控制变量法，比较不同类型的宣传报道或信息在网络媒体上的传播效果差异。

7.2　高端制造形象宣传的传播效果分析

7.2.1　研究目的

在问题1中，选取一条与高端制造相关的新闻报道，以此建立在网络媒体平台上传播的数学模型。我们通过收集相关数据及分析，选择采集“西成高铁12月6日正式开通”这条新闻的相关指数。在进一步的数据分析中，我们发现新闻的传播过程类似于传染病模型，因此选择以SI传染病模型为基础来说明。

SI 传染病模型，假设在一个环境中只剩下健康者和已感者，在 t 时刻这两类的人数分别为 $y(t)$、$g(t)$。如果不考虑人口的死亡和出生，这个环境的人口不发生变化，即人口数量为 N，则单位时间内病人的增加率为 $\beta * y(t) * g(t)$，有

$$\frac{dg}{dt}=\beta * y(t) * g(t)$$

$$g(t)=g_1$$

在 t 时刻，已知健康者和已感者满足下列关系式：

$$y(t)+g(t)=N$$

此模型满足 Logistic 模型，可通过相关程序求得相关解。

基于以上模型，可以将新闻传播过程划分为五个阶段，即新闻产生期、新闻爆发期、新闻过渡期、新闻蔓延增长期和新闻衰退期。

假设 t 时刻关注该新闻的人数占总人数的比率为 $x(t)$，不关注该新闻的人数占总人数的比率为 $y(t)$，新闻的传播率为 A，退化率为 B。

7.2.2 模型建立与求解

假设传播率 A 与退化率 B 在某时间内(t)为定值，新闻传播 t 时间后增加的关注人数占总人数的比率为 $Ax(t)y(t)$，而取消关注的人数占总人数的比率为 $Bx(t)$。由此，可以得到关注这条新闻的总人数 N 为

$$N=x(0)+Ax(t)y(t)-Bx(t)$$

而新闻传播的增加率 Z 为

$$Z=Ax(t)y(t)-Bx(t)$$

由此，可以得到关注这条新闻的媒体和人们的增加率为

$$x(t) = (A-B)/(A-exp(-(A-B)*t)*\frac{\frac{-A+B+x_0*B}{x_0}}{A-B}*A+exp(-(A-B)*t)*\frac{\frac{-A+B+x_0*B}{x_0}}{A-B}*B)$$

由于函数公式中存在（$A-B$），因此需要对（$A-B$）是否为 0 进行分析

讨论，整理得

$$x(t)=\begin{cases}\dfrac{1}{\left[\dfrac{A}{A-B}+\left(\dfrac{1}{x_0}-\dfrac{A}{A-B}\right)e^{-A(A-B)t}\right]},\ (A\neq B)\\[2ex]\left[\dfrac{1}{x_0}+At\right]^{-1},\ (A=B)\end{cases}$$

当时间 t 趋向于无穷，$e^{-(A-B)t}$趋向于零时，有以下两种情况：

$$\begin{cases}A\neq B\text{ 时，}x\to\dfrac{A}{A-B}\\[2ex]A=B\text{ 时，}x\to 0\end{cases}$$

通过案例分析，假设时间趋向于无穷大，但在实际生活中，新闻传播是有时效性的，新闻的传播时间不可能趋向于无穷大。因此，需要对实际生活中的新闻传播进行研究分析。

在这个过程中，需要考虑 A、B 和 x_0的关系：在新闻产生期和新闻爆发期，相关事件将会被媒体、网络大面积扩散，这个时候 $A>B$；而在一段时间后，人们对该新闻的新鲜感逐渐消失，或者出现其他热点新闻导致人们的关注点转移等因素，都会引起该新闻的传播进入衰退期，这个时候 $A<B$。

下面通过 MATLAB 软件分析得出新闻产生期、新闻爆发期及新闻衰退期的关注者所占总人数的比率随时间变化的图像。同时，为了避免事件发生的偶然性，拟采取控制变量法对 A、B 和 x_0的取值和影响关系进行研究。

新闻产生期：$A>B$，$A=0.20$，$B=0.10$，分别取 $x_0=0.05$、0.10、0.15、0.20、0.25、0.30，可得到图 7-1。由图 7-1 可知，对上述的多条曲线进行比较，可以知道新闻产生时，新闻关注者占总人数比率 x_0的变化，除了在具体数值上有所变化外，整体走势大致相同，差异性较小。由此，可得出如下结论：在 $A>B$ 的情况下，接收到新闻传播的人数总是以不匀速的方式在增加，在 $x(t)$到达一定的值后，走势开始趋于平稳，也就是新闻关注者的比率达到稳定状态。

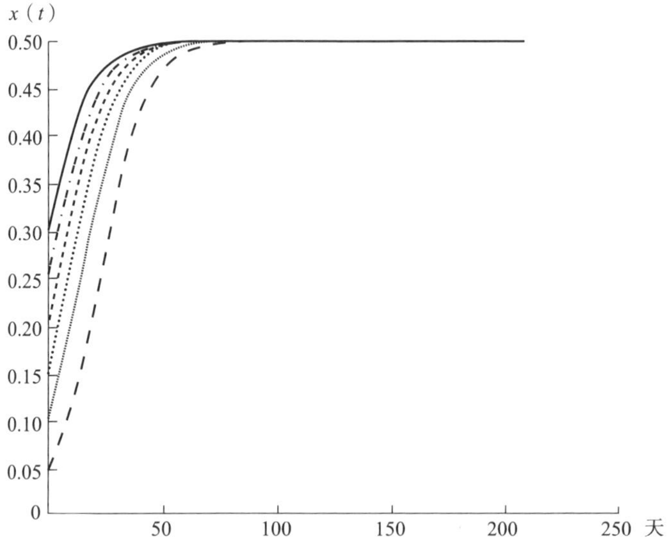

注：纵轴为 t 时刻新闻关注率 x(t)、新闻传播率 A、退化率 B；横轴为新闻传播持续时间，以天为单位；后同。

图 7-1　改变取值的关注度变化图

在新闻产生期和新闻爆发期，设 $x_0=0.05$，$A=0.50$，$B=0.30$；在新闻衰退期，设 $x_0=0.30$，$A=0.09$，$B=0.10$，由此得到新闻爆发期和新闻衰退期的数据变化图（见图 7-2）。

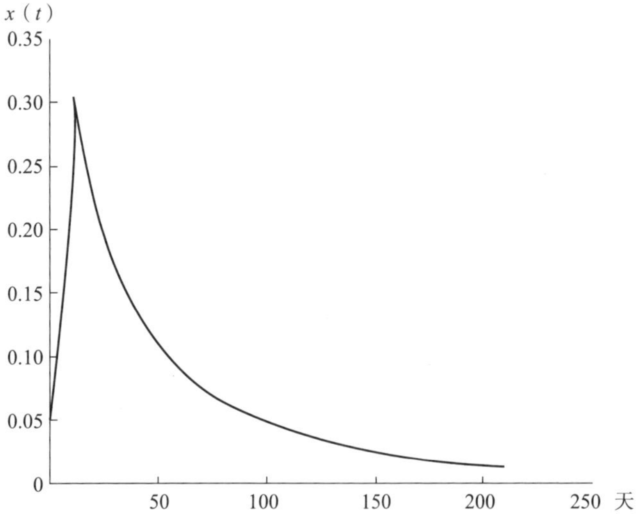

图 7-2　新闻爆发期与新闻衰退期关注变化图

7.2.3 模型的验证与分析

为提高模型的分析能力，我们采用控制变量法对 A、B 进行灵敏度分析。在 x_0 取一定值的情况下，A 不变，B 的取值发生变化时，究竟新闻关注度的图像会发生怎样的变化；在 x_0 取一定值的情况下，B 不变，A 的取值发生变化时，图像又会发生什么变化。下面就这两种情况分别进行分析：

① $x_0=0.05$，$B=0.20$，A 分别等于 0.25、0.30、0.35、0.40、0.45、0.50，由此得到在新闻产生期和新闻爆发期，A 取不同值时，新闻传播过程的关注度变化图像（见图 7-3）。通过图 7-3 可知，A 的取值越小，新闻传播的速度就越慢，并且在达到平衡时新闻关注者的峰值也较少，由此推断出新闻衰退时，A 值越小，新闻传播的衰退速度越快（新闻传播持续的时间越短）。

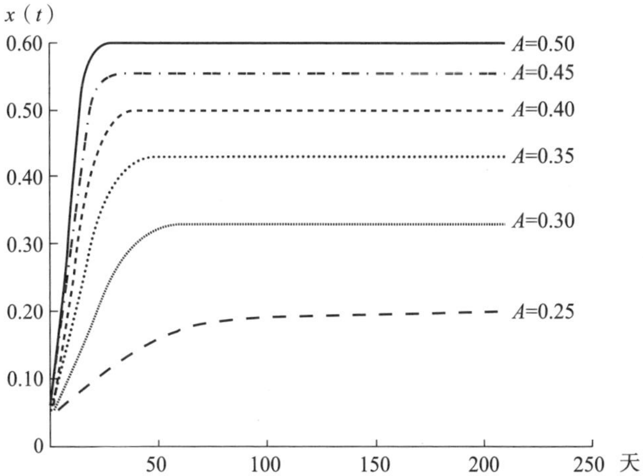

图 7-3 改变 A 值后的关注度变化图

② $x_0=0.05$，$A=0.30$，B 分别等于 0.05、0.10、0.15、0.20，由此得到新闻产生期和新闻爆发期，B 取不同值时，新闻传播过程的关注度变化图像（见图 7-4）。通过图 7-4 可知，B 的取值越大，新闻传播的速度越慢，并且在达到平衡时新闻关注者的峰值越少，由此推断出在新闻衰退时，B 值越大，新闻传播的衰退速度越快（新闻传播持续的时间越短）。

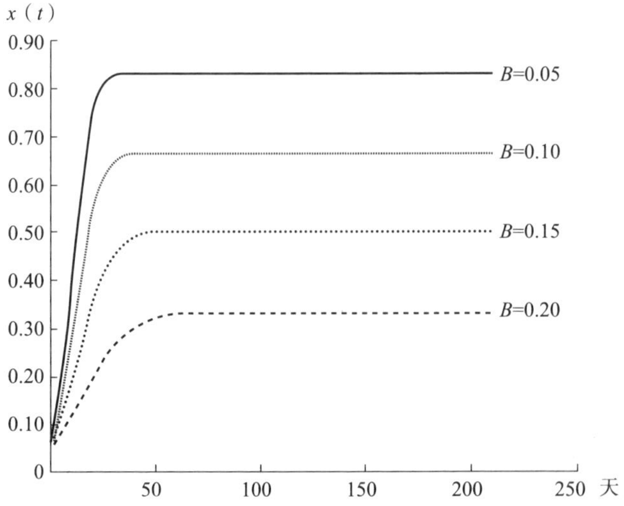

图 7-4 改变 B 值后的关注度变化图

基于上述分析，可得出如下结论：在新闻产生期和新闻爆发期，*A* 和 *B* 的取值相差越大，新闻传播的速度越快，新闻传播的持续时间越长；而在新闻传播衰退期，*A* 和 *B* 的取值相差越大，新闻传播衰退的速度越快，新闻传播的持续时间越短。新闻类型不同，*A* 和 *B* 的取值也不同。

为了验证上述数学模型的适用性，拟选取“西成高铁 12 月 6 日正式开通”作为高端制造相关的新闻报道。通过网上数据搜集和整理，得到该新闻的热度数据表（见表 7-1）。

表 7-1 “西成高铁 12 月 6 日正式开通”新闻热度数据表

日期	热度/k	日期	热度/k	日期	热度/k
0	0	8	214. 5	16	17. 1
1	447. 9	9	67. 3	17	228. 9
2	167. 9	10	234. 4	18	5. 0
3	347. 7	11	153. 9	19	11. 8
4	174. 6	12	61. 6	20	8. 1
5	189. 6	13	66. 4	21	13. 9
6	197. 6	14	10. 1		
7	176. 4	15	25. 3		

注：表中的日期 1 代表实际日期 2017 年 12 月 5 日，以此类推。

对表 7-1 的数据进行标准化处理，可得“西成高铁 12 月 6 日正式开通”新闻热度数据标准化值（见表 7-2）。

表 7-2　“西成高铁 12 月 6 日正式开通”新闻热度数据标准化表

日期	热度/k	日期	热度/k	日期	热度/k
0	0.00	8	0.140	16	0.010
1	0.30	9	0.050	17	0.150
2	0.11	10	0.160	18	0.003
3	0.23	11	0.100	19	0.008
4	0.12	12	0.040	20	0.005
5	0.13	13	0.040	21	0.009
6	0.13	14	0.006		
7	0.12	15	0.020		

注：表中的日期 1 代表实际日期 2017 年 12 月 5 日，以此类推。

由此，可绘制出新闻传播关注度模拟图（见图 7-5）与实际图（见图 7-6）。通过对图 7-5 和图 7-6 进行比较可知，在不考虑特殊情况下，本研究所建立的数学模型与实际情况的走势大致相符，可以作为新闻传播的预测模型。因此，可得出如下结论：有关高端制造的新闻报道，如“西成高铁 12 月 6 日正式开通”的传播过程，在 2017 年 12 月 5 日，人们对该新闻的关注度达到峰值，然后随着时间的延长，人们对该新闻的关注度在波动中减少，并逐渐趋于 0。

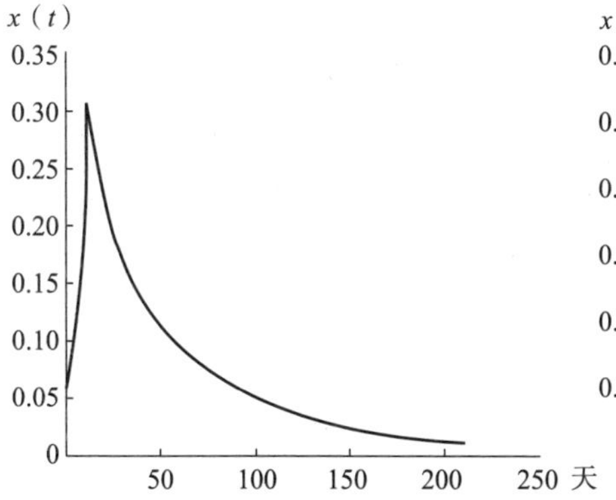

图 7-5　新闻传播关注度模拟图

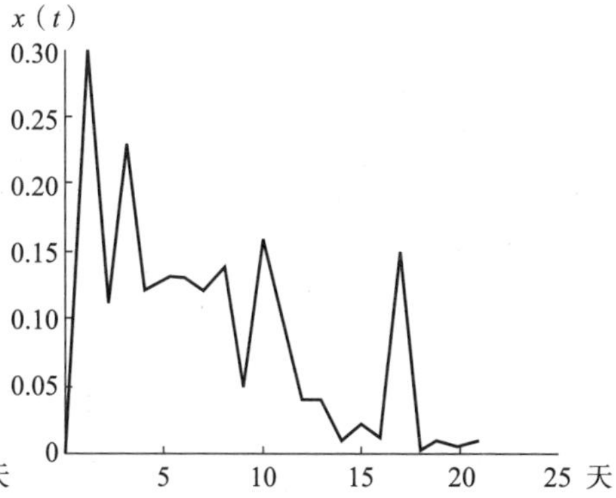

图 7-6　新闻传播关注度实际图

7.2.4 传播效果分析

新闻的传播价值反映在该新闻的传播效果上。新闻传播效果是指新闻对受众人群的认知、态度、行为所产生的具体影响，可分为业务效果和社会效果。其中，业务效果是指新闻产生传播后，该新闻在受众中产生的影响与结果，是新闻编辑者想要达到的直接目的；而社会效果是指该新闻传播给社会带来的影响（包括正面影响和负面影响）。为探讨新闻传播的效果，在综合考虑新闻的业务效果和社会效果，以及网民和媒体两个接收层的基础上，对选择的指标进行了多样化处理，得到新闻传播效果评价模型（见图 7-7）。

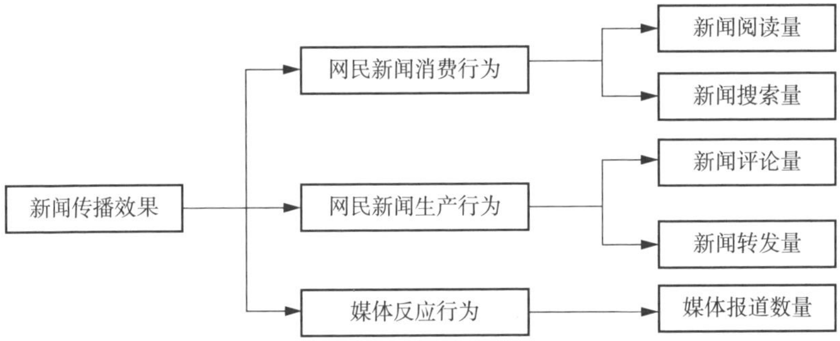

图 7-7 新闻传播效果评价模型

将新闻传播效果评价指标分为网民新闻消费行为、网民新闻生产行为及媒体反应行为。网民新闻消费行为是指人们接收到新闻后所表现出的行为，有利于反映人们对新闻的关注程度。网民新闻消费行为包括新闻阅读量和新闻搜索量两个指标。网民新闻生产行为是指新闻产生传播后，人们通过转发或分享链接等方式对新闻发表自己的看法，完成新闻的再生产，促进新闻的进一步传播。网民新闻生产行为包括新闻评论量和新闻转发量两个指标。媒体反应行为是指一条新闻产生传播后，由于对内容的认可度或其他因素被其他媒体进一步转发，使该新闻的传播范围扩大、持续时间延长。因此，将媒体反应行为具体为媒体报道数量指标。

拟选取“西成高铁 12 月 6 日正式开通”“C919 大型客机第二架首飞成功”“中国一箭三星发射成功”这三条新闻，重点就新闻阅读量、新闻搜索量、新闻评论量、新闻转发量及媒体报道数量五个指标进行数据收集和比较分析（见表 7-3）。

表 7-3　效果评价指标数据表

特征向量	新闻阅读量 x_1	新闻搜索量 x_2	新闻评论量 x_3	新闻转发量 x_4	媒体报道数量 x_5
西成高铁 12 月 6 日正式开通	4460000	29280	2899	2079	30
C919 大型客机第二架首飞成功	3450000	27830	3456	1904	24
中国一箭三星发射成功	4230000	24534	3423	2451	18

注：数据来源于新浪微博、百度指数和相关网页。

假设新闻阅读量为 x_1，新闻搜索量为 x_2，新闻评论量为 x_3，新闻转发量为 x_4，媒体报道数量为 x_5。由于研究指标所包含的信息可能有所重合，具有相关关系，因此我们选择主成分分析法对数据进行分析处理。主成分分析法，也称主分量分析，主要是利用降维的思想将多个指标转化为少数综合指标，其中每个综合指标都能够对原始数据的大部分信息进行解释，并且这些综合指标之间的信息互不重复，能够有效地反映数据信息。

下面利用 MATLAB 软件对五个评价指标进行主成分分析，得到相关系数矩阵的前几个特征根及其贡献率（见表 7-4）。由表 7-4 可知，前两个特征根的累计贡献率达到 100%，说明主成分分析效果很好。下面选择前两个主成分（累计贡献率达到 100%）进行综合评价分析。前两个特征根对应的特征向量如表 7-5 所示：

表 7-4　主成分分析结果

主成分	特征根	贡献率/%	累计贡献率/%
新闻阅读量 x_1	3.1468	62.9360	62.9360
新闻搜索量 x_2	1.8532	37.0640	100.0000
新闻评论量 x_3	0.0000	0.0000	100.0000
新闻转发量 x_4	0.0000	0.0000	100.0000
媒体报道数量 x_5	0.0000	0.0000	100.0000

表 7-5 标准化变量的前两个主成分对应的特征向量

特征向量	新闻阅读量 x_1	新闻搜索量 x_2	新闻评论量 x_3	新闻转发量 x_4	媒体报道数量 x_5
第 1 特征向量	0.1047	0.7218	0.6434	-0.1096	0.2050
第 2 特征向量	0.5537	-0.1378	-0.2056	-0.1141	0.7868

由此，可得到以下两个主成分评价模型：

$Y_1=0.1047x_1+0.7218x_2+0.6434x_3-0.1096x_4+0.2050x_5$

$Y_2=0.5537x_1-0.1378x_2-0.2056x_3-0.1141x_4+0.7868x_5$

再以两个主成分的贡献率为权重，构建如下主成分综合评价模型：

$Z=0.62936Y_1+0.37064Y_2$

最后把三条新闻的两个主成分代入上式中，可以得到各条新闻传播效果的排序结果是："西成高铁 12 月 6 日正式开通"第 1、"C919 大型客机第二架首飞成功"第 2、"中国一箭三星发射成功"第 3。这表明，"西成高铁 12 月 6 日正式开通"的新闻传播效果最好，人们对该新闻的接受度最高。这是因为高铁与人们的日常生活贴近，便利了人们的外出旅行、出差等，相对于其他高端制造类新闻，人们对其有更高的关注度。因此"西成高铁 12 月 6 日正式开通"的新闻传播效果最好。

品牌推广的溢出效应一般体现在其属性、产品、品牌符号三个方面，同时溢出效应分为正向溢出效应和负向溢出效应。当一个好的品牌为人所知时，尽管消费者未使用过这个品牌的产品，对品牌的真实质量并不知情，但也会因其过往消费经验及品牌口碑对该品牌产品产生好的印象，从而增加往后消费的可能性（正向溢出效应）。

以本题选取的新闻为例，当媒体对"西成高铁 12 月 6 日正式开通"进行报道时，新闻受众人群通过报道对高铁有了一定程度的了解，而西成高铁将中国西北与西南的秦岭天堑贯通，将中国古典诗词中"蜀道难"变成历史，使得西安至成都的列车运行时间大大缩短，其施工难度与通车后的效益在新闻中都有极大体现。在新闻传播过程中，读者潜移默化地将对西成高铁的好印象迁移到中国高铁，这就是新闻宣传对消费者认知的溢出效应。

7.3 “国家品牌计划”宣传的传播效果分析

7.3.1 研究目的

以问题 1 的新闻传播过程数学模型为基础，选择“茅台”品牌来验证数学模型是否适用。同时，选取“华为”“京东”两个品牌，运用主成分分析法，对自主品牌传播效果进行比较分析。

7.3.2 模型建立与求解

在头条指数上，我们搜集到关于“茅台”品牌宣传报道的相关热度数据（见表 7-6）。

表 7-6　“茅台”品牌宣传报道的相关热度数据表

日期	热度/k	日期	热度/k	日期	热度/k
1	136502.9	8	46579.7	15	54071.1
2	50278.3	9	58075.7	16	58429.8
3	19355.0	10	6262.7	17	65415.8
4	3445.3	11	28560.5	18	28628.8
5	85261.7	12	45662.8	19	11680.9
6	27140.4	13	36043.4	20	74451.8
7	16345.1	14	40682.6	21	46562.0

注：表中的日期 1 代表 2018 年 8 月 3 日，以此类推。

对表 7-6 数据进行了标准化处理，如表 7-7 所示。

表 7-7　标准化数据表

日期	热度/k	日期	热度/k	日期	热度/k
1	0.300	8	0.102	15	0.119
2	0.110	9	0.128	16	0.128
3	0.043	10	0.014	17	0.144
4	0.008	11	0.063	18	0.063

续表

日期	热度/k	日期	热度/k	日期	热度/k
5	0.187	12	0.100	19	0.026
6	0.060	13	0.079	20	0.163
7	0.036	14	0.089	21	0.102

注：表中的日期1代表2018年8月3日，以此类推。

通过MATLAB软件进行数据处理，可得到“茅台”品牌宣传报道的实际传播过程图（见图7-8）与问题1所构建的新闻传播虚拟图（见图7-9），对这两个图进行差异比较。

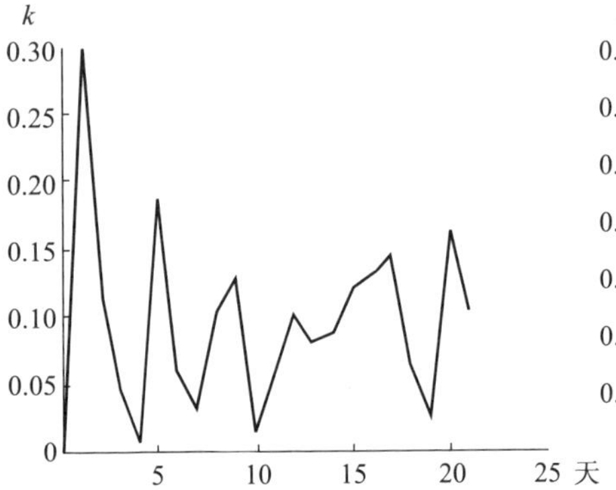

图7-8　实际传播过程图

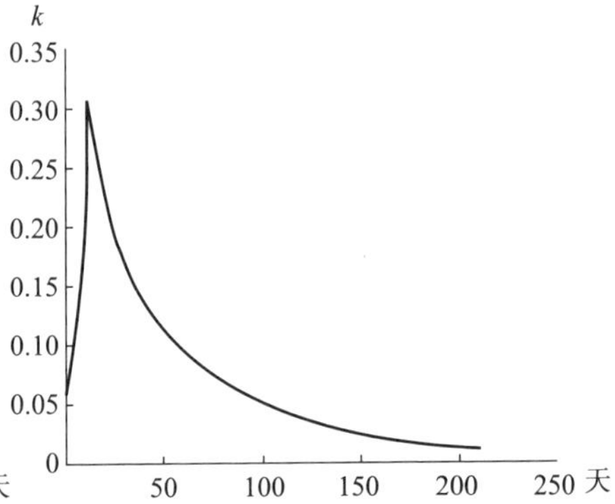

图7-9　新闻传播虚拟过程图

通过图7-8和图7-9的对比可知，“茅台”品牌宣传报道的实际传播过程与新闻传播数学模型构造的传播过程走势大体一致，都是在报道的产生期与爆发期达到关注度的最高峰，尔后随着时间的延长，受众对报道内容的关注度虽逐渐减少，但仍然会出现小峰值。这是因为“茅台”品牌的宣传报道是一个长期性的报道，需要及时吸收人群对品牌的认知度和新鲜感，才能使一个品牌历久弥新。但该宣传报道总的趋势符合我们设置的模型，即新闻传播数学模型的虚拟过程仍然可以用于预测传播过程。

在问题2中，我们选择了“茅台”“华为”“京东”三个品牌进行比较分析。通过对新浪微博、百度指数、头条指数和相关网页搜集相关数据，并将这些数据划分为五个指标，分别是新闻阅读量x_1、新闻搜索量x_2、新闻评论量x_3、新闻转发量x_4、媒体报道数量x_5（见表7-8）。

表 7-8 效果评价指标数据表

品牌	新闻阅读量 x_1	新闻搜索量 x_2	新闻评论量 x_3	新闻转发量 x_4	媒体报道数量 x_5
茅台	2340000	18903	3425	2341	20
京东	6340000	45032	6044	5342	42
华为	5350000	23421	4534	4231	29

利用 MATLAB 软件对五个指标进行主成分分析，相关系数矩阵的前几个特征根及其贡献率如表 7-9 所示。

表 7-9 主成分分析结果

主成分	特征根	贡献率/%	累计贡献率/%
新闻阅读量 x_1	4. 7587	95. 1740	95. 1740
新闻搜索量 x_2	0. 2413	4. 8260	100. 0000
新闻评论量 x_3	0. 0000	0. 0000	100. 0000
新闻转发量 x_4	0. 0000	0. 0000	100. 0000
媒体报道数量 x_5	0. 0000	0. 0000	100. 0000

由表 7-9 可知，前两个特征根的累积贡献率达到 100%，说明主成分分析效果好，传播效果显著。选取前两个主成分进行综合评价分析，则前两个特征根对应的特征向量如表 7-10 所示。

表 7-10 标准化变量的前两个主成分对应的特征向量

特征向量	新闻阅读量 x_1	新闻搜索量 x_2	新闻评论量 x_3	新闻转发量 x_4	媒体报道数量 x_5
第 1 特征向量	0. 4369	-0. 6159	0. 3826	0. 1409	0. 5134
第 2 特征向量	0. 4326	0. 6741	0. 5983	0. 0208	-0. 0110

由此，可建构如下两个主成分模型：

$$\begin{cases} Y_1 = 0.4369x_1 - 0.6159x_2 + 0.3826x_3 + 0.1409x_4 + 0.5134x_5 \\ Y_2 = 0.4326x_1 + 0.6741x_2 + 0.5983x_3 + 0.0208x_4 - 0.0110x_5 \end{cases}$$

再以两个主成分的贡献率为权重，可构建如下主成分综合评价模型：

$$Z = 0.95174Y_1 + 0.04826Y_2$$

将三个品牌的两个主成分带入上式，可得到品牌宣传效果的排序结果是：“华为”第 1、“茅台”第 2、“京东”第 3。这表明，“华为”的宣传报道效果好于“茅台”，接受度和关注度最高，这是因为“茅台”属于高档酒品，不是普通白酒爱好者能消费的；而“华为”属于手机品牌，在当今社会，每个人几乎都离不开手机，人们对手机品牌的宣传报道更有兴趣。因此，对“茅台”品牌的宣传报道的关注度低于“华为”品牌。

7.4 创新创业故事宣传的传播效果分析

7.4.1 研究目的

选择与《大国工匠》相关的新闻来验证问题 1 中的数学模型是否适用。同时，引入《超级工程》和“阿里巴巴创新创业故事”与前者进行传播效果的比较分析。

7.4.2 模型建立与求解

在头条指数上，搜集到关于《大国工匠》相关热度数据（见表 7-11）。

表 7-11 《大国工匠》报道的相关热度数据表

日期	热度/k	日期	热度/k	日期	热度/k
1	70.9	5	0.0	9	0.0
2	7.7	6	7.0	10	0.0
3	0.0	7	0.0	11	8.0
4	5.5	8	3.8	12	0.0

注：表中的日期 1 代表 2018 年 7 月 3 日，以此类推。

对表 7-11 的数据进行标准化处理，得到《大国工匠》报道的相关热度标准化值（见表 7-12）。

表 7-12 《大国工匠》报道的相关热度标准化数据表

日期	热度/k	日期	热度/k	日期	热度/k
1	0.300	5	0.000	9	0.000
2	0.033	6	0.030	10	0.000
3	0.000	7	0.000	11	0.034
4	0.023	8	0.016	12	0.000

注：表中的日期 1 代表 2018 年 7 月 3 日，以此类推。

运用 MATLAB 软件进行数据处理，得到《大国工匠》的实际传播过程（见图 7-10）与问题 1 所构建的新闻传播虚拟过程（见图 7-11）。通过比较两个图可知，《大国工匠》相关新闻实际传播过程与问题 1 中所构建的新闻传播虚拟过程非常相符，由此可以推断，如果细化时间节点，将会得到与新闻传播虚拟过程大致相符的图像。这是因为《大国工匠》的新闻报道更符合人们心中的新闻故事传播概念，此类报道通俗易懂，人们更容易接受，并且能给社会带来积极的影响和正面效应。在新闻产生期和新闻爆发期，关注度上升速度快，易达到峰值，尔后随着时间推移，其他社会热点事件进入人们视角，该新闻的关注度逐渐下降，直至趋于 0。

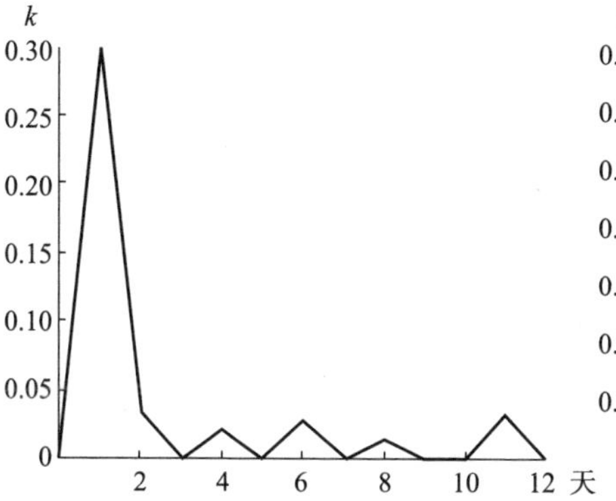

图 7-10　实际传播过程图

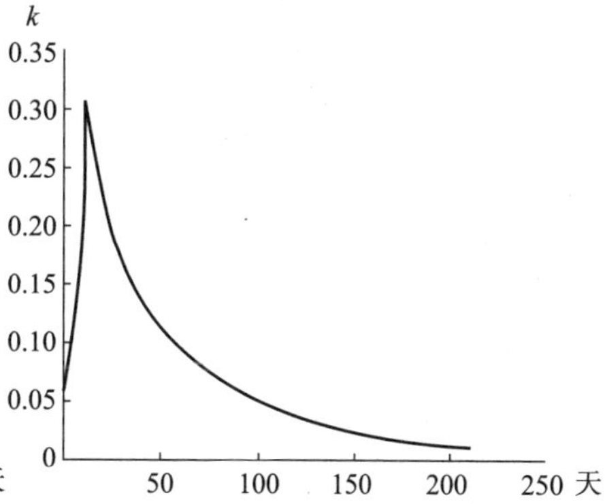

图 7-11　新闻传播虚拟过程图

以“大国工匠”“超级工程”“阿里巴巴创新创业故事”为关键词进行热度搜索，并按照新闻阅读量、新闻搜索量、新闻评论量、新闻转发量及媒体报道数量五个指标进行数据整理（见表 7-13）。

表 7-13　效果评价指标数据表

关键词	新闻阅读量 x_1	新闻搜索量 x_2	新闻评论量 x_3	新闻转发量 x_4	媒体报道数量 x_5
大国工匠	970000	1340	1297	1350	24
超级工程	1140000	2371	1432	1409	21
阿里巴巴创新创业故事	6890000	34231	3216	5782	45

利用 MATMAB 软件对五个指标进行主成分分析，可得到相关系数矩阵的前几个特征根及贡献率（见表 7-14）。

表 7-14 主成分分析结果

主成分	特征根	贡献率/%	累计贡献率/%
新闻阅读量 x_1	4.9814	99.6275	99.6275
新闻搜索量 x_2	0.0186	0.3725	100.0000
新闻评论量 x_3	0.0000	0.0000	100.0000
新闻转发量 x_4	0.0000	0.0000	100.0000
媒体报道数量 x_5	0.0000	0.0000	100.0000

由表 7-14 可知，前两个特征根的累计贡献率达到 100%，主成分分析效果较好。选择前两个主成分进行综合评价分析，可得到前两个特征根对应的特征向量（见表 7-15）。

表 7-15 标准化变量的前两个主成分对应的特征向量

特征向量	新闻阅读量 x_1	新闻搜索量 x_2	新闻评论量 x_3	新闻转发量 x_4	媒体报道数量 x_5
第 1 特征向量	0.4479	-0.1652	-0.4489	-0.4181	0.6291
第 2 特征向量	0.4479	-0.1823	-0.5713	0.2283	-0.6226

由此，可建构如下两个主成分模型：

$$Y_1 = 0.4479x_1 - 0.1652x_2 - 0.4489x_3 - 0.4181x_4 + 0.6291x_5$$

$$Y_2 = 0.4479x_1 - 0.1823x_2 - 0.5713x_3 + 0.2283x_4 - 0.6226x_5$$

再以两个主成分的贡献率为权重，构建如下主成分综合评价模型：

$$Z = 0.996275Y_1 + 0.003725Y_2$$

最后将三个关键词的两个主成分代入式中，可得出新闻传播效果的排序结果是：“阿里巴巴创新创业故事”第 1、“超级工程”第 2、“大国工匠”第 3。这表明，“阿里巴巴创新创业故事”的宣传报道效果比较好，而“大国工匠”的宣传报道效果居于最后一位。这可能是人们越来越关注现代经济的发展，“阿里巴巴创新创业故事”更符合现代经济人的金钱观念，而与“大国工匠”相关的宣传报道对人们的吸引力在逐渐减弱，因为工匠相关报道往往涉及高科技专业知识，人们有时候难以理解。因此，对于创新创业故事类的新闻报道，人们有更高的关注度，其传播效果也就越好。

7.5　传播效果比较

7.5.1　研究目的

为了比较分析上述不同类型的宣传报道或信息在网络媒体上的传播效果差异，我们根据问题 1 中设置的新闻传播理论模型，对总关注度（S）、持续时间（t）、峰值大小（M）、传播速度（V）及关注人数（P）进行定量分析，以此反映随着时间的变化，这些特点对新闻传播的影响程度，进一步解释新闻传播内在规律。

运用对比分析方法与控制变量法。首先，根据相关系数比较分析不同类型的宣传报道或信息在网络媒体上的传播效果差异。我们选择了“西成高铁 12 月 6 日正式开通”“茅台品牌宣传”“大国工匠”这三类不同类型的新闻报道进行分析，由于选择同一数据平台（头条指数）搜集数据，因此数据无须标准化，可以直接进行相关系数分析。

7.5.2　模型建立及求解

相关系数计算公式：

$$r = \sum_{i=1}^{n}(X_i - X_{均})(Y_1 - Y_{均}) / \sqrt{\sum_{i=1}^{n}(X_i - X_{均})^2}\sqrt{\sum_{i=1}^{n}(Y_i - Y_{均})^2}$$

式中，X_i表示在 i 时刻 X 信息的关注热度；Y_i表示在 i 时刻 Y 信息的关注热度；$X_{均}$表示 X 信息的关注热度均值；$Y_{均}$表示 Y 信息的关注热度均值。

在这个问题中，我们共采用了三类新闻“西城高铁”“茅台”“大国工匠”21 天的热度指数数据（见表 7-16）。

表 7-16　不同类型新闻传播热度指数表

日期	西成高铁	茅台	大国工匠	日期	西成高铁	茅台	大国工匠
0	0	0	0	11	153.9	28560.5	8.0
1	447.9	136502.9	70.9	12	61.6	45662.8	0.0
2	167.9	50278.3	7.7	13	66.4	36043.4	0.0

续表

日期	西成高铁	茅台	大国工匠	日期	西成高铁	茅台	大国工匠
3	217.7	19355.0	0	14	10.1	40682.6	0.0
4	174.6	3445.3	5.5	15	25.3	54071.1	0.0
5	189.6	85261.7	0	16	17.1	58429.8	0.0
6	197.6	27140.4	7	17	228.5	65415.8	0.0
7	176.4	16345.1	0	18	5.0	28628.8	0.0
8	214.5	46579.7	3.8	19	11.8	11680.9	0.0
9	67.3	58075.7	0	20	8.1	74451.8	0.0
10	234.4	6262.7	0	21	13.9	46562.0	0.0

对表7-16中数据进行处理，得到与新闻传播有关的四个特点指标（见表7-17）。

表7-17 特点指标对比表

事件/指标	传播速度（V）	峰值大小（M）	总关注度（S）	持续时间（t）
西成高铁	212381	447.9	4460000	21
茅台	78000	136502.9	2340000	30
大国工匠	97000	70.9	970000	10

运用MATLAB软件进行数据处理，得到不同类型新闻的传播过程（见图7-12）。由相关系数可知，“西成高铁”与“茅台”之间的相关系数为0.2611，与“大国工匠”之间的相关系数为0.6276，“茅台”与“大国工匠”之间的相关系数为0.6486。可见，不同类型的新闻报道传播过程存在一定差异。由图7-12可知，在新闻产生期和新闻爆发期，“茅台”和“大国工匠”的热度明显高于“西成高铁”；而在新闻衰退期，不同类型的新闻报道热度均在波动下降，但“西成高铁”的新闻热度在大部分时间都高于其他两类新闻。这表明，新闻报道类型不同，其传播过程和传播特点存在差异（主要是传播速度、峰值大小、持续时间等）。

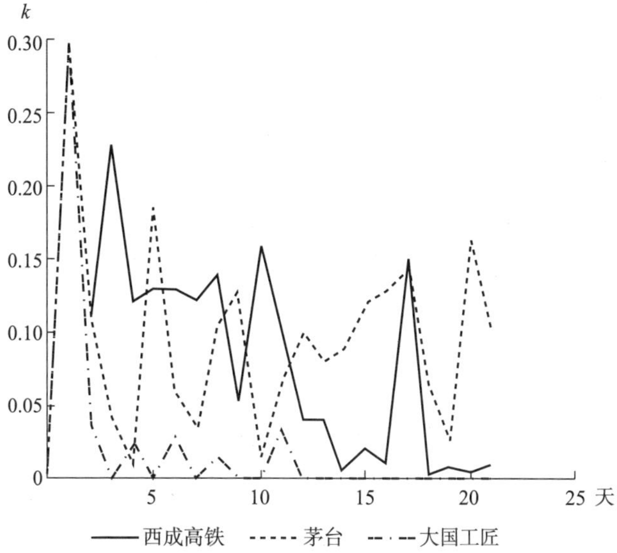

图 7-12　不同类型新闻的传播过程图

为了比较《西成高铁 12 月 6 日正式开通》《茅台品牌宣传报道》《大国工匠》这三类宣传报道或信息在网络媒体上的传播效果是否理想，拟采用主成分分析方法得到三类报道的新闻阅读量、新闻搜索量、新闻评论量、新闻转发量、媒体报道数量五大效果评价指标值（见表 7-18）。

表 7-18　效果评价指标数据表

指标	新闻阅读量 x_1	新闻搜索量 x_2	新闻评论量 x_3	新闻转发量 x_4	媒体报道数量 x_5
西成高铁	4460000	29280	2899	2079	30
茅台	2340000	18903	3425	2341	20
大国工匠	970000	1340	1297	1350	24

利用 MATLAB 软件，对五个指标进行主成分分析，得到相关系数矩阵的前几个特征根及其贡献率（见表 7-19）。

表 7-19　主成分分析结果

主成分	特征根	贡献率/%	累计贡献率/%
新闻阅读量 x_1	3.5046	70.0926	70.0926
新闻搜索量 x_2	1.4954	29.9074	100.0000
新闻评论量 x_3	0.0000	0.0000	100.0000

续表

主成分	特征根	贡献率/%	累计贡献率/%
新闻转发量 x_4	0.0000	0.0000	100.0000
媒体报道数量 x_5	0.0000	0.0000	100.0000

由表 7-19 可知，前两个特征根的累计贡献率达到 100%，说明主成分分析效果很好。因此，选择前两个主成分进行综合评价分析（见表 7-20）。

表 7-20 标准化变量的前两个主成分对应的特征向量

特征向量	新闻阅读量 x_1	新闻搜索量 x_2	新闻评论量 x_3	新闻转发量 x_4	媒体报道数量 x_5
第 1 特征向量	0.4900	0.3256	0.2711	-0.3296	0.6869
第 2 特征向量	0.5290	0.1131	0.5898	0.2263	-0.5552

得到以下两个主成分公式：

$$Y_1 = 0.4900x_1 + 0.3256x_2 + 0.2711x_3 - 0.3296x_4 + 0.6869x_5$$

$$Y_2 = 0.5290x_1 + 0.1131x_2 + 0.5898x_3 + 0.2263x_4 - 0.5552x_5$$

再以两个主成分的贡献率为权重，可构建如下主成分综合评价模型：

$$Z = 0.700926Y_1 + 0.299074\ Y_2$$

最后将这三类新闻的两个主成分代入上式，可得到新闻传播效果的排序结果是："西成高铁"第 1、"茅台"第 2、"大国工匠"第 3。这表明，《西成高铁 12 月 6 日正式开通》新闻的传播效果最好；其次是《茅台品牌宣传报道》；最后是《大国工匠》。这是因为高铁的开通与人们的日常生活十分贴近，代表着人类出行方式的进步，代表着人们出行将会更加便利快捷。因此，人们更加关注该新闻，即该新闻的传播效果最为理想。

在一系列的问题分析中，我们也发现新闻传播的不足之处。比如，由于地区网络信息系统不完善，导致信息接收不及时甚至接收不到，或者有些媒体或网络大 V 故意扭曲新闻，导致新闻失实等，这些都会导致模型预测信息传播的过程存在误差。

8　高端制造形象宣传效果及其对提升自主品牌形象的溢出效应

8.1　研究目的

高端制造业是衡量一个国家科技创新、核心竞争力的重要标志。2015年，国务院发布的《中国制造2025》中明确指出，当前新一轮科技革命和产业变革与中国加快转变经济发展方式形成历史性交汇，国际产业分工格局正在重塑，必须实施制造强国战略，把中国建设成为引领世界制造业发展的制造强国。通过长期努力，中国高端制造业近年来迅速崛起，自主品牌产品质量也大幅提升。城乡居民（尤其是中产阶层）的消费层次和品牌意识也显著提高，他们对“洋品牌”的偏爱和对自主品牌的偏见依然根深蒂固（刘进平等，2018），频频爆出的海外“抢购”“血拼”“爆买”“海淘”现象更是引发全球关注。可以说，“自主品牌偏见（负面形象）”极大地削弱了自主品牌的社会使用和消费动力，造成购买力的海外流失，对本土企业发展、民族产业振兴以及国家经济安全产生了非常不利的影响（张燚等，2018；刘进平，2016）。因此，提升自主品牌形象是当前扩大自主品牌消费市场所面临的重大现实命题。

目前，各类媒体明显加强了对高端制造形象进行宣传的意识和行动。但是，关于高端制造形象宣传传播效果的相关文献较少。究竟这些报道的传播效果如何？是否对自主品牌形象的提升产生了溢出效应？公众的来源国刻板印象是否有改变？回答这些问题，是改进报道策略、提升框架建构水平、避免战略偏差的重要基础。为此，本研究采用问卷调查法，定量分析近年来大众媒体对中国高端制造报道的累积传播效果及其对提升自主品牌形象的溢出效应。

8.2 文献综述与假设推导

8.2.1 媒介作用与传播效果

在信息化时代的今天，人们对媒介的依赖达到了前所未有的程度；媒介通过决定信息的生产、流动和对世界的解释，塑造着大众头脑中的图景，已成为塑造认知和形象的一种主宰性权力（郭庆光，2011；林永年，2012）。框架理论是媒介内容分析的重要基础（何俊涛等，2006），由媒介框架和个人框架构成（Scheufele，1999）。媒介框架是指组织新闻素材的中心理念或新闻故事的叙事方式，它为未经加工的事实提供意义，框架表明故事的冲突和事件的精髓（Gamson，1989；Scheufele，1999）。媒介框架由新闻议程、新闻主题倾向、新闻话语方式等构成（臧国仁，1999；郭庆光，2011；胥琳佳等，2009）。具体而言，媒介框架决定着人们是否觉察到某些信息，怎样理解并记住这些信息，同时影响人们怎样对世界做出评估并以框架作为行为的参考；媒介框架影响受众框架的过程包括发现问题、解释原因、道德判断以及提出解决方案（Entman，1993）。框架的核心是凸显，即通过将事件的部分信息放大，同时忽略其他方面，以此抓住和保持受众的注意，并根据架构过程对受众的认知做出可预测的判断（Entman，1993）。框架分析就是研究这些被凸显和被排除的信息（Gamson，1989）。当然，受众对现实的建构不是被动地受其固有认知框架或媒介的影响，而是一个文本和受众的互动过程（Entman，1991），即人们是从丰富的拟态环境中建构意义。

由此可见，媒介传播效果取决于媒介框架与受众框架之间的互动。一方面，媒介框架是通过对客观现实的选择与定义，影响受众对现实的理解；另一方面，受众是否接受以及如何接受媒体的报道，影响和控制着受众对媒介现实和客观现实的理解和认知（雷鸣，2013）。在构建社会事件中，新闻媒介和受众都启动了主观诠释，并透过选择机制强调事件中的某一部分，这种构建意义和转换符号是新闻框架形成的主要依据（罗坤瑾等，2012）。传播效果是受众接受传播信息后，在认知、态度和行为等方面发生的变化。其中，在认知方面，就是当受众看完媒介报道后，具有是否接受和赞成大众传媒所传达的信息，即“认知接受度”；在态度方面，就是当受众看完媒介报道后，其内心想法是否受到影响，心理是否出现改变，态度是否也随之发生改变，即“态度改变度”；在行为方面，就是当受众看完媒介报道后，是否会有行为改变和决策改变，即“行为卷入度”（Defleur，1990；李永健，2008）。

8.2.2 高端制造形象宣传效果

高端制造业是衡量一个国家核心竞争力的重要标志，中国发展高端制造产业的目标是通过产业升级，实现核心技术自主化、高端产品国产化、出口产品高附加值化。近年来，中央电视台连续策划、播出了多期《大国工匠》《超级工程》以及大批优秀中国企业的创新创业故事宣传片。大众媒体（包括传统媒体和新媒体）围绕高端制造发展成就、功勋专家、大国工匠等进行了常态化、高密度的报道、转载及创新扩散。中国高端制造的进步和成就正在改变关于中国制造的固有认知和评价，提升中国自主品牌的知名度、认可度和接受度（宋玉书等，2018）。《中国国家形象全球调查报告 2015》显示，61%的海外受访者对中国的科技创新能力表示认可，尤其是年轻消费群体对中国科技产品的信任度更高（中国网，2018）。大众传媒在基于实际报道的同时，通过标语设置、媒介框架和话语态度等加强引导公众对自主品牌刻板印象的扭转。例如，腾讯做的关于汽车网络调查显示，若领导干部带头使用自主品牌汽车，47%的网友表示会更加愿意购买自主品牌，24%的网友表示会提升对自主品牌的认可。华为的海外战略一开始就选择了自主品牌出口，通过华为人几十年的不懈努力，其产品和解决方案已经被应用于全球 170 多个国家和地区，带动了自主品牌形象的提升，提高了我国公众对自主品牌崛起的信心（舒咏平等，2015）。根据马斯洛需求层次理论提出了“上、下、侧旋传播”现象的研究角度，通过定性和定量的方法得出中国自主品牌虽未至较高层次，但是正在上旋中（李琳，2013）。可见，随着中国高端装备制造技术的快速崛起和大众传媒有意识的宣传报道，将有助于从认知、态度和行为等维度，改变公众心目中的高端制造形象。由此，可推导出以下研究假设：

H1：高端制造形象宣传能显著提升受众对中国高端制造形象的正面和积极认知。

H2：高端制造形象宣传能显著提升受众对中国高端制造形象的正面和积极态度。

H3：高端制造形象宣传能显著提升受众对中国高端制造形象的正面和积极行为。

8.2.3 高端制造形象宣传对自主品牌形象提升的溢出效应

溢出效应是指组织进行某项活动时，通过间接途径对组织外产生影响的现象（Ahluwalia 等，2000）。溢出效应源于联想网络理论，即记忆作为连接网络的节点，一组节点会导致人们联想到其他相关节点，这一过程被称为激活扩散过程（Anderson，1983）。当本土企业出现产品负面危机事件时，它会对中国品牌形象产生负面外溢效应（江红燕，2014）。有关三聚氰胺的研究表明，该事件对中国消费者的国家形象感知以及本土品牌偏好均具有显著的负向影响（王鹏等，2010）。同样的，当外国品牌出现负面危机事件时，也会对反转来源国刻板印象、改变自主品牌负面形象具有溢出效应（姚曦等，2014）。具体而言，当呈现外国品牌负面信息时，被试对具体外国品牌的品质评价、态度偏好和购买意愿均低于具体本土品牌，表明外国品牌负面信息对消费者具体外国品牌偏好和具体本土品牌偏见具有显著的抑制作用；在本土/外国品牌质量接近的行业，外国品牌质量危机事件能够促使消费者反转品牌来源国刻板认知（张燚等，2016）。又如，北京奥运会的成功举办提升了国家形象，激发了国民的民族自豪感和爱国情怀，从而提高中国消费者的国货意识（王鹏等，2010；Yue，2014）。

高端制造是自主品牌的组成部分，两者之间具有紧密联系（Keller，2011）。首先，自主品牌作为高端制造次级联想的重要来源，能为高端制造提供信誉担保；其次，高端制造反过来会影响自主品牌联想，公众依据他们了解的高端制造来推断自主品牌质量和形象（Keller，2011）。因此，高端制造的相关宣传报道会对自主品牌形象产生溢出效应。有关研究证实，中国媒体特别是主流媒体对高端制造的广泛报道，引发公众的广泛跟帖和回复，提高了对中国自主品牌的认知（章立东，2016）。例如，在高铁建设领域，中国在和欧盟、日本竞争发展中国家高铁网络建设大单中屡次夺得头筹，正带动自主品牌形象的扭转（高歌，2017）。可见，高端制造形象和自主品牌形象为彼此信息的联结节点，大众传媒对中国高端制造的宣传报道，会对公众自主品牌形象感知产生迁移或溢出效应，即提高对自主品牌形象的正面/积极认知、态度和行为。由此，可推导出以下假设：

H4：高端制造形象宣传能显著提升受众对自主品牌形象的正面和积极认知。

H5：高端制造形象宣传能显著提升受众对自主品牌形象的正面和积极情感。

H6：高端制造形象宣传能显著提升受众对自主品牌形象的正面行为卷入度。

8.2.4 心理距离对高端制造形象传播效果及其溢出效应的调节作用

现有关于传播倾向和传播效果的研究认为，传受之间的心理距离越近，越容易产生正向的传播倾向，传播效果越强（张晓君等，2017；邱新有，2010）。当传播内容涉及国家形象或涉及被反映对象“是否爱国”时，受众认知将受到自身在情感或心理上的国族心理距离影响。对此，有研究证实，在消费行为领域，品牌来源国联结体现了品牌所拥有的民族特性，这种民族特性能够引发公众的品牌联想，激发他们的国家、民族认同，产生国货偏爱与忠诚；当涉及民族利益时，有的公众会通过一定的消费行为来表达爱国热情。当年法国拒绝参加由美国主导的伊拉克战争时，许多美国公众通过抵制法国葡萄酒，增加对本国葡萄酒的购买量来表达他们的不满（Swaminathan 等，2007）。这种出于民族利益或爱国热情而采取的抵制外国货和支持国货行为，正是公众获悉“法国拒绝参加美国主导的伊拉克战争”的新闻报道后，在情感或心理上对国家、民族心理距离“近”的重要表现。“国族心理距离”是影响其信息加工偏好、增强国货支持行为的内在原因。相反，对于其他一些美国人来说，他们在获悉该报道后，倾向于认为法国是一个独立主权国家，它有权做出是否参加伊拉克战争的决定，这类公众的爱国主义情感和国货意识就不会被激活，表现出对国家、民族的心理距离“远”，故他们不会选择抵制法国产品，仍坚持原有的品牌态度。有关研究表明，出于对国家的自豪感或热爱，从而产生对本土企业和品牌的认同和推崇，因此消费者的爱国主义和民族主义与基于自豪感的国货意识呈正相关（王鹏等，2012）。可见，心理距离可能是导致高端制造形象宣传效果及其溢出效应的受众认知差异的根本原因。

本研究将受众在情感或心理上对爱国情感或国家自豪感的启动程度定义为“国族心理距离”。当这些情感被启动时，表明受众的国族心理距离“近”；反之，国族心理距离“远”。国族心理距离越近，受众越关注国家发展成就，会选择性注意此类信息，由于符合他们的心理需要，因此接受和理解程度高，传播效果更好。由此，推导出以下研究假设：

H7：国族心理距离对高端制造形象传播效果具有显著的正向调节作用，即受众国族心理距离越近（爱国情感和国家自豪感越强），高端制造形象宣传的传播效果越好。

H7-1：受众国族心理距离越近，高端制造形象宣传越能提升高端制造的正面和积极认知。

H7-2：受众国族心理距离越近，高端制造形象宣传越能提升高端制造的正面和积极态度。

H7-3：受众国族心理距离越近，高端制造形象宣传越能提升高端制造的正面和积极行为。

根据联想网络模型（Anderson，1983），高端制造形象与自主品牌形象为彼此联结的信息节点，而“国族心理距离”相当于联结二者的“激活器”。当心理距离近时，公众对中国高端制造的心理认同会扩散到整体的自主品牌形象上，所以心理距离对高端制造形象传播的溢出效应具有显著的正向调节作用。从另一角度来看，当高端制造传播效果溢出到自主品牌形象上时，根据情感迁移模型会产生迁移机制。“国族心理距离”越近的公众，中国高端制造传播越激发了他们民族自豪感的内在需要，通过心理要素及其机能对自主品牌形象进行感知反应，同时激活了头脑中储存的关于中国高端制造的技术先进性、质量保证等正面认知活动、知觉经验与自主品牌形象相联系，经过联想、判断、推理和思维等认知活动，逐渐形成将高端制造迁移到自主品牌形象上的正面认识。当人们对外部的信息进行信息加工时，引起了知觉、注意、记忆、思维等认知过程的变化，从而对整体自主品牌形象的属性认知效果，如技术、质量等方面也会更加正面积极，如认为中国制造已经走出低端，中国自主品牌正在不断崛起等；由于认知层面效果的深化与扩大引起受众态度转变，会使其对高端制造传播所产生的主观情感更加积极，从而流露出对中国自主品牌的支持，自主品牌信任度提高，未来自主品牌前景广阔等正面情感；最后在行为层面，行为效果是受众接受对于高端制造的相关宣传后对中国自主品牌的购买意向，在多数领域更愿意支持国货，加大对国内消费的购买力。由此，推导出以下研究假设：

H8：国族心理距离对高端制造形象传播的溢出效应具有显著的正向调节作用，即心理距离越近（爱国情感和国家自豪感越强），则高端制造形象宣传对提升自主品牌形象的溢出效果越显著。

H8-1：受众国族心理距离越近，高端制造形象宣传对自主品牌认知的正向溢出越显著。

H8-2：受众国族心理距离越近，高端制造形象宣传对自主品牌情感的正向溢出越显著。

H8-3：受众国族心理距离越近，高端制造形象宣传对自主品牌行为的正向溢出越显著。

根据上述研究假设，可以建构研究框架模型，如图 8-1 所示。

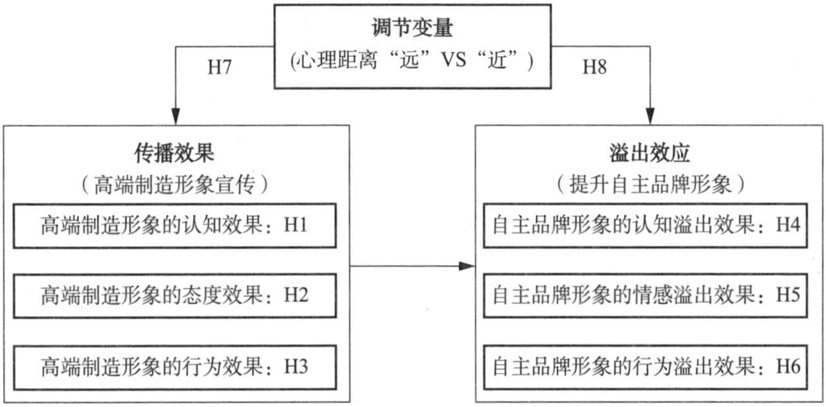

图 8-1　研究框架模型

8.3 研究方法

8.3.1 问卷设计

本研究的测度变量包括传播效果、溢出效应、心理距离。为了保证测量问项的内容效度，本研究将参照并修改现有的成熟量表。

①传播效果主要由认知效果、态度效果、行为效果构成。其中，认知效果是指外部信息作用于人们的视觉和记忆系统，引起人们知识量的增加和知识结构的变化，表现为受众对高端制造品牌属性的认知，主要参照马兵等（2017）的品牌属性量表；态度效果是指受众的情绪变化，参照并修改邓恩（2015）的研究；行为效果是认知、态度的累积，深化到受众的言行，主要参照 Ajzen（2002）的行为意图量表。

②溢出效应是指受众对大众消费类自主品牌的态度变化，主要从认知性品牌态度、情感性品牌态度和品牌行为意图三个方面进行测量。其中，认知性品牌态度参照马兵等（2017）的研究；情感性品牌态度参照并修改 Bagozzi 等（2001）以及 Lafferty（2007）的研究；行为意图参照借鉴 Lafferty（2007）和 Keller（1993）的研究。

③心理距离主要测量爱国情感、国家自豪感。其中，爱国情感的测项主要参照 Kosterman（1989）、张燚等（2018）的研究；国家自豪感的测项主要参照张燚等（2018）的研究。由此，编写了一个由 32 个问项构成的初始问卷（见附录 3），其中“传播效果”有 12 个问项，10 个来自文献，2 个自行设计；“溢出效应”有 11 个问项，全部来自文献；“心理距离”有 9 个问项，7 个来自文献，2 个自行设计。为避免重复，问项内容将在信效度检验中列出，此处省略。问项采用 5 点量表，1 表示“非常不同意”、5 表示“非常同意”。

8.3.2 问卷前测及修正

为了使填答者能明确作答，避免误解问项的表达意思，进而影响问卷填答的正确性，在正式问卷发放之前进行了前测。通过向特定对象发放

100 份问卷，然后利用 SPSS 19.0 进行可靠性分析，计算出所有问项题目的分项对总项相关系数均大于 0.5。因此，所有问项均予以保留。

8.3.3　问卷调查与样本特征

为了克服调查的空间限制，提高调查效率，本研究采取了线上问卷调查的方式进行数据收集。首先，在“问卷网”上将调查问卷开发成网络问卷（www.wenjuan.com/s/jAfuEn/）；其次通过课题研究者在微信朋友圈中“一对一”发出调查邀请，时间从 2018 年 6 月 30 日到 10 月 20 日，共收到线上调查问卷 956 份。由于线上调查设置了问项必答和答案唯一性，因此所有完成提交的问卷均为完整填答，不存在缺省值。本研究只将看过“高端制造的报道”的受众（样本量为 897）作为研究对象，问卷采纳率 93.8%。运用 SPSS 19.0 的描述性统计方法对问卷资料进行了数据处理，得到被调查者的人口统计特征如表 8-1 所示。

表 8-1　样本的人口统计特征

统计变量	细分变量	合计	占比/%	统计变量	细分变量	合计	占比/%
性别	男	469	52.3	教育程度	高中及以下	156	17.4
	女	428	47.7		大专	92	10.3
年龄	18 岁以下	62	6.9		大学本科	435	48.5
	18~29 岁	478	53.3		硕士研究生及以上	214	23.8
	30~45 岁	188	21.0	职业	公务员	25	2.8
	46~60 岁	166	18.5		教师	134	14.9
	60 岁以上	3	0.3		全日制学生	405	45.1
月收入（月生活费）	3000 元以下	453	50.5		企业普通职员	99	11.0
	3000~5999 元	213	23.8		企业中高层管理或技术人员	75	8.5
	6000~8999 元	118	13.1				
	9000~11999 元	57	6.4		个体户/私营业主	60	6.7
	12000 元及以上	56	6.2		其他	99	11.0

8.4 结果分析

8.4.1 量表的信效度检验

（1）信度检验

利用 SPSS 19.0 进行可靠性分析，计算出潜变量的 Cronbach's α 值以及所有问项的分项对总项相关系数，得到信度分析结果（见表 8-2）。表 8-2 显示，所有潜变量的 Cronbach's α 值均大于 0.8，表明潜变量的测量问项具有较高的内部一致性；所有问项的分项对总项相关系数均大于 0.5，表明问项的信度可以接受。

表 8-2 量表的信效度检验结果

潜变量	显变量（问项）	分项对总项相关系数	标准化因素负荷	P 值
认知效果（X1） Cronbach's α = 0.865 CR = 0.8649 AVE = 0.6173	x1 我认为，中国高端制造产品的技术已显著提升	0.731	0.831	0.000
	x2 我认为，中国高端制造产品的质量已显著提高	0.734	0.848	0.000
	x3 我认为，中国高端制造产品的安全性已显著提升	0.746	0.778	0.000
	x4 我认为，中国高端制造的发展速度较快	0.646	0.674	0.000
态度效果（X2） Cronbach's α = 0.867 CR = 0.8686 AVE = 0.6880	x5 看到有关高端制造发展成就的大量宣传报道，使我对中国高端制造的态度由“不太看好”转变为“看好”	0.727	0.797	0.000
	x6 看到有关高端制造发展成就的大量宣传报道，显著增强了我对中国高端制造发展的乐观态度	0.771	0.865	0.000
	x7 看到有关高端制造发展成就的大量宣传报道，使我对中国高端制造的态度从“否定”转变为“肯定”	0.745	0.825	0.000

续表

潜变量	显变量（问项）	分项对总项相关系数	标准化因素负荷	P 值
行为效果（X3） Cronbach's α = 0.873 CR = 0.8741 AVE = 0.5824	x8 我喜欢看中国高端制造发展成就的新闻报道	0.614	0.662	0.000
	x9 我有时会转发中国高端制造发展成就的相关信息	0.746	0.801	0.000
	x10 我特别关注高端制造发展的成就	0.726	0.786	0.000
	x11 我有时会和身边亲朋同事谈论高端制造发展成就	0.691	0.760	0.000
	x12 我有时会将中国高端制造发展成就的宣传报道信息推荐给别人阅读	0.726	0.798	0.000
认知溢出效果（Y1） Cronbach's α = 0.904 CR = 0.9053 AVE = 0.6574	y1 我认为自主品牌的产品品质正在逐步提升	0.788	0.834	0.000
	y2 我认为自主品牌的服务质量正在逐步提高	0.692	0.737	0.000
	y3 我认为自主品牌的产品安全性正在逐步提升	0.806	0.864	0.000
	y4 我认为自主品牌的表现正逐渐符合我的期望	0.791	0.842	0.000
	y5 我认为多数自主品牌能够满足我的消费需要	0.726	0.770	0.000
情感溢出效果（Y2） Cronbach's α = 0.868 CR = 0.8386 AVE = 0.6361	y6 我更加喜欢中国自主品牌	0.708	0.815	0.000
	y7 我更加信赖中国自主品牌	0.740	0.874	0.000
	y8 在同类产品中，我对中国自主品牌更感兴趣	0.632	0.693	0.000
行为溢出效果（Y3） Cronbach's α = 0.883 CR = 0.8864 AVE = 0.7234	y9 在崛起的多数产品领域中，我会支持中国品牌产品	0.713	0.757	0.000
	y10 在崛起的多数产品领域中，我会优先购买中国品牌产品	0.814	0.910	0.000
	y11 在崛起的多数产品领域中，我会主动向他人推荐中国品牌产品	0.795	0.877	0.000

续表

潜变量	显变量（问项）	分项对总项相关系数	标准化因素负荷	P 值
爱国情感（M1） Cronbach's α=0.913 CR=0.9142 AVE=0.6825	m1 中国在维护国家安全、捍卫国家利益的能力显著提升	0.788	0.825	0.000
	m2 我很幸运自己是一个中国人	0.837	0.901	0.000
	m3 中国的国家安危会牵动我对国家的情感	0.824	0.879	0.000
	m4 看到有关中国高端制造发展成就的宣传报道，会引发我的爱国情感	0.797	0.830	0.000
	m5 在我心目中，中国的位置不可以被其他国家替代	0.659	0.677	0.000
国家自豪感（M2） Cronbach's α=0.922 CR=0.9204 AVE=0.7437	m6 我对中国当前在政治、经济、军事、社会发展等领域取得的进步感到自豪	0.780	0.815	0.000
	m7 我对中国在国际上获得的好评、尊重和应有的地位感到自豪	0.853	0.842	0.000
	m8 对于中国高端制造的崛起，我有自豪感	0.849	0.795	0.000
	m9 我认为高端制造的崛起意味着中国在捍卫国家利益和保卫国家安全能力上显著提高	0.721	0.829	0.000

（2）效度检验

①内容效度。本研究问卷是以理论为基础，参考部分学者的问卷内容及衡量项目，并针对研究对象的特性加以修改。因此，本研究所使用的衡量问项和潜变量符合内容效度的要求。

②建构效度。对于收敛效度，本研究首先运用 AMOS 19.0 进行验证性因素分析（CFA），得到各潜变量和显变量间的标准化因素负荷，然后计算各潜变量的 CR 值（组合信度值）、AVE 值（平均提炼方差值）（见表 8-2），全部问项的标准化因素负荷均大于 0.5；各变量的 CR 值介于 0.8386~0.9204，大于临界值 0.8；各变量的 AVE 值介于 0.5824~0.7437，大于临界值 0.5，符合 Fornell 等（1981）提出的 3 个验证标准。因此，

该量表具有较好的收敛效度。对于区别效度，当变量的 AVE 值大于变量与其他变量的相关系数的平方时，量表具有良好的判别效度（Fornell 等，1981）。由表 8-3 可知，各变量的 AVE 值平方根均大于变量与其他变量的相关系数，区别效度较好。综上，本研究所用量表具有良好的效度。

表 8-3 潜变量之间的 Pearson 相关系数

构念	X1	X2	X3	Y1	Y2	Y3	M1	M2
认知效果 X1	1							
态度效果 X2	0.697***	1						
行为效果 X3	0.597***	0.609***	1					
认知溢出效果 Y1	0.681***	0.576***	0.595***	1				
情感溢出效果 Y2	0.562***	0.501***	0.526***	0.750***	1			
行为溢出效果 Y3	0.495***	0.486***	0.534***	0.679***	0.718***	1		
爱国情感 M1	0.444***	0.435***	0.406***	0.595***	0.621***	0.610***	1	
国家自豪感 M2	0.522***	0.561***	0.463***	0.595***	0.537***	0.508***	0.764***	1
AVE 平方根	0.786	0.829	0.763	0.811	0.798	0.856	0.826	0.862

注：***表示 P 在 0.001 水平（双侧）上显著。

8.4.2 假设检验

（1）高端制造形象的传播效果分析

问卷首先设置了问项“您在电视或网络上看过有关高端制造的宣传报道吗?”。其中，表示“看过”的人数占 93.8%，这说明受众对高端制造形象宣传报道的知晓度非常高，主要得益于电视、网络等媒介的高频次广泛传播。运用 SPSS 19.0 的描述性统计分析（Descriptive Statistics）和单样本 T 检验（One-Sample T Test）分别对高端制造形象的传播效果进行数据处理，计算出传播效果各维度的整体均值，再进行单样本 T 检验（见表 8-4）。由表 8-4 可知，受众对高端制造形象的传播效果中的每一个维度，与中立态度相比，均有显著性差异。这表明，中国高端制造的进步和成就正在改变受众关于中国制造的固有认知和评价，从而转变了消费者的偏见态度或者强化受众对高端制造形象的正面态度，从而激发了正面行为，即受众对高端制造形象产生了显著的正面和积极认知、情感和行为卷入。故假设 H1、H2、H3 成立。

表 8-4 高端制造形象宣传的传播效果及自主品牌形象的溢出效应一览表

高端制造形象宣传的传播效果			自主品牌形象的溢出效应		
变量	均值	与中值比较	变量	均值	与中值比较
认知效果 X1	5.5588	42.750（0.000）	认知溢出效果 Y1	5.4401	39.103（0.000）
态度效果 X2	5.7800	47.737（0.000）	情感溢出效果 Y2	5.2646	30.493（0.000）
行为效果 X3	5.3498	34.504（0.000）	行为溢出效果 Y3	5.4389	35.122（0.000）

（2）高端制造形象宣传对提升自主品牌形象的溢出效应

由表 8-3 可知，传播效果中的认知效果、态度效果、行为效果与溢出效应中的认知溢出效果、情感溢出效果、行为溢出效果之间的相关系数均显著大于 0.4。表 8-4 也显示，溢出效应中的认知溢出效果、情感溢出效果、行为溢出效果的均值与中值 4 之间存在显著差异。可见，受众在接触到广泛传播的高端制造形象信息后，对自主品牌形象的认知、情感都有显著改观，并且表示更愿意支持自主品牌。这表明高端制造形象宣传对提升自主品牌形象具有溢出效应。

为了更充分地验证高端制造形象宣传对提升自主品牌形象的溢出效应，本研究运用 SPSS 19.0 的相关分析（Analysis of Correlation），将传播效果各维度的均值（认知效果 X1、态度效果 X2、行为效果 X3）作为自变量；溢出效应中的每一个维度分别作为因变量，即认知溢出效果 Y1（模型一）、情感溢出效果 Y2（模型二）、行为溢出效果 Y3（模型三）进行线性回归分析（见表 8-5）。回归模型一（F = 327.614，P = 0.000）、模型二（F = 180.783，P = 0.000）和模型三（F = 156.482，P = 0.000）的回归系数均显著，表明受众对高端制造质量、技术等方面的正面认知、态度和行为迁移到自主品牌形象上，显著提升了人们对自主品牌的正面和积极认知、情感和行为卷入，即高端制造形象宣传对提升自主品牌形象具有显著的正向溢出效应，故假设 H4、H5、H6 成立。

表 8-5　回归分析结果

因变量	模型一 认知溢出效果 Y1 回归系数（T 值、P 值）	模型二 情感溢出效果 Y2 回归系数（T 值、P 值）	模型三 行为溢出效果 Y3 回归系数（T 值、P 值）
常数项	0. 997 （T=6. 794；P=0. 000）	0. 998 （T=5. 208；P=0. 004）	1. 433 （T=7. 445；P=0. 000）
认知效果 X1	0. 460 （T=13. 488；P=0. 000）	0. 370 （T=8. 427；P=0. 000）	0. 219 （T=4. 919；P=0. 000）
态度效果 X2	0. 096 （T=2. 857；P=0. 004）	0. 127 （T=2. 917；P=0. 004）	0. 167 （T=3. 794；P=0. 000）
行为效果 X3	0. 248 （T=8. 639；P=0. 000）	0. 278 （T=7. 510；P=0. 000）	0. 341 （T=9. 077；P=0. 000）
R^2	0. 524	0. 378	0. 345
调整 R^2	0. 522	0. 376	0. 342
F 值	327. 614***	180. 783***	156. 482***

注：***表示 P<0. 001。

（3）心理距离对高端制造形象传播效果及其溢出效应的调节作用

①作为连续变量的心理距离对高端制造形象传播效果及溢出效应的调节作用。为了问卷调查的便利性，本研究以爱国情感与国家自豪感的内涵来衡量“国族心理距离”的远近，以此设计问项，并采用 7 点量表方式回答。其中，1 代表“非常不同意”，表示心理距离最远，7 代表“非常同意”，表示心理距离最近。首先，计算出心理距离 M 的综合得分（爱国情感 M1 与国家自豪感 M2 两个维度的均值）；运用 SPSS 19. 0 的 Descriptive Statistics 和配对样本 T 检验（Paired-Samples T Test），计算出调节变量与被调节变量之间均值差异的显著性水平（见表 8-6）。由表 8-6 可知，心理距离与传播效果中的认知效果、态度效果、行为效果的相关系数分别是 0. 513、0. 528 和 0. 462；受众对自主品牌的认知溢出效果、情感溢出效果、行为溢出效果的相关系数分别是 0. 634、0. 618 和 0. 597，均在 99. 9%的置信条件下显著正相关。这表明，心理距离对前述变量具有显著的正向调节作用，即受众的国族心理距离越近，其对高端制造形象的认知、态度和行为越正面和积极，对自主品牌形象的认知、情感和行为卷入等溢出效应越正面和积极。故假设 H7 和 H8 成立。

表 8-6 作为连续变量的心理距离调节的配对样本相关系数

		N	Correlation	Sig.
Pair 1	X1（均值）& M（均值）	390	0.513	0.000
Pair 2	X2（均值）& M（均值）	390	0.528	0.000
Pair 3	X3（均值）& M（均值）	390	0.462	0.000
Pair 4	Y1（均值）& M（均值）	390	0.634	0.000
Pair 5	Y2（均值）& M（均值）	390	0.618	0.000
Pair 6	Y3（均值）& M（均值）	390	0.597	0.000

②作为分类变量的心理距离对高端制造形象传播效果及溢出效应的调节作用。由于心理距离可以划分为心理距离“远”和“近”两种类型，因此可以把心理距离作为分类变量进行比较分析。有关研究表明，在爱国情感问项中，被试者可能出于社会期望反应和“应有之情”，使得相关问项的得分很少低于4。因此，对心理距离类型的划分是计算出心理距离的综合得分（爱国情感M1与国家自豪感M2两个维度的均值），然后以心理距离为基准变量，实施K-平均聚类分析，将样本分为A和B两个组。其中，A组样本（MA=4.16）的心理距离得分较低，表示心理距离远；B组（MB=6.33）的心理距离得分较高，表示心理距离近。

在此基础上，运用SPSS 19.0对数据进行分组并进行回归分析，其中自变量为高端制造传播效果的三个维度（认知效果、态度效果和行为效果），因变量为自主品牌形象的溢出效应（由认知溢出效果、情感溢出效果和行为溢出效果的均值计算得到）。由表8-7可知，A组样本和B组样本的回归方程均具有显著性（$P<0.001$），这表明心理距离的远近对高端制造的传播效果及其对自主品牌的溢出效应具有显著的调节效应。同时，运用SPSS 19.0的描述性统计分析和独立样本T检验，计算出A、B两组各潜变量的均值，并通过独立样本T检验测量其显著性（见表8-8）。由表8-8可知，心理距离近的B组受众对高端制造形象的认知效果、态度效果和行为效果以及对自主品牌形象的认知溢出效果、情感溢出效果和行为溢出效果都显著大于心理距离远的A组。这表明，心理距离对高端制造传播效果及其对提升自主品牌形象的溢出效应具有显著的调节作用。这是因为心理距离越近的受众，越倾向于对有关中国高端制造形象的宣传报道予以特别

关注和认知加工，从而加速激活高端制造与自主品牌之间的联结效应，使其对高端制造的正面认识，通过联想、判断等知觉活动迁移到自主品牌上，使高端制造形象的传播对提升自主品牌形象的溢出速度加快、溢出程度加深。故假设 H7 和 H8 成立。

表 8-7　受心理距离“远/近”调节的回归分析

因变量	A 组（心理距离远）的溢出效应回归系数（T 值、P 值）	B 组（心理距离近）的溢出效应回归系数（T 值、P 值）
常数项	1.487 （T=5.251；P=0.000）	1.728 （T=9.389；P=0.000）
认知效果 X1	0.266 （T=5.639；P=0.009）	0.330 （T=5.639；P=0.000）
态度效果 X2	0.162 （T=3.306；P=0.001）	0.074 （T=2.064；P=0.039）
行为效果 X3	0.238 （T=6.821；P=0.000）	0.280 （T=10.092；P=0.000）
R^2	0.425	0.400
调整 R^2	0.412	0.398
F 值	31.565***	169.383***

注：***表示 $P<0.001$。

表 8-8　心理距离“远/近”对传播效果及溢出效应的分组比较

分组序号	认知效果 X1	态度效果 X2	行为效果 X3	认知溢出效果 Y1	情感溢出效果 Y2	行为溢出效果 Y3
A 组（心理距离远）	4.5701	4.7449	4.3970	4.1909	3.9242	4.1869
B 组（心理距离近）	5.7294	5.9586	5.5142	5.6557	5.4959	5.6549
差异比较	-12.136***	-12.488***	-10.744**	-15.961***	-15.012***	-14.010***

注：***表示 $P<0.001$。

8.5　研究结论

本研究通过实证分析表明，随着高端制造的崛起以及媒体的有意识报道，受众对高端制造的负面刻板形象正在扭转，产生了对高端制造形象的正面认知，而且正面认知效果不断累积、深化，形成积极乐观的态度，并扩大到行为层面；高端制造形象宣传对提升自主品牌形象具有正面溢出效应。这表明，高端制造形象这一节点会激活扩散到自主品牌整体形象的结点，持续加强高端制造的正面宣传报道对提升自主品牌形象和反转来源国刻板印象起到积极作用。同时，受众心理距离对高端制造形象的传播效果及其对提升自主品牌形象的溢出效应具有调节作用，即当受众激发爱国情感和国家自豪感等心理时，高端制造形象的传播效果更有效，表现为受众对于高端制造传播的具体内容的认识更为正面积极。可见，随着受众体验和积极认知效果的不断积累，会进一步深化到态度、行为层面，表现为对自主品牌发展充满信心、愿意购买和支持性价比更高的自主品牌等。

9 自主品牌形象提升的实践效果：00后的自主品牌认知唤醒与态度改变视角

9.1 研究目的

近年来，本土品牌的负面偏见在年轻群体中出现了淡化现象。据《腾讯00后研究报告》显示：“支持国产是00后关心国家的一种方式”“国内品牌未必就比国外品牌差”“00后不偏好国外品牌”。在社会普遍存在国货偏见或国货意识淡漠的社会情境下，00后群体出现积极的自主品牌情感与消费意识是难能可贵的。那么，为什么00后的国货认知与来源国态度会发生积极变化？他们受到了哪些刺激信息的影响，唤醒了怎样的认知和情感？心理变量之间存在怎样的相关关系？揭示这些问题，将有助于为自主品牌情感与消费意识培养的对策研究明确重点和方向，同时验证自主品牌形象提升的关键驱动因素及其影响效应，因此具有十分重要的理论和现实研究意义。

00后（Post-2000s Generation），又被称为后千禧一代（Post-Millennial Generation），是指2000年1月1日至2009年12月31日出生的公民。据中国第六次人口普查结果数据，仅2000—2005年出生的00后就有8533万人，占总人口的6.4%。据统计，2018级大学新生中有超过2/3出生于2000年或之后。随着00后逐步成年并迈入大学校门，其由以家长代买为主的消费模式逐渐过渡到以自主消费决策为主的消费模式，他们将逐步成为社会主角和消费主角（张梦如，2016；高剑，2018）。因此，00后群体应成为学术界开展消费行为研究的重要对象。目前，国内外对00后群体的消费行为研究主要是一些掌握大数据的互联网公司、网络游戏企业、市场研究机构，相关学术研究还比较匮乏。本研究拟借助相关理论，实证00后自主品牌偏爱与消费意识形成的刺激信息来源及其心理变量之间的相关关系，以深化对这一消费行为的认识，并为相关对策研究奠定理论基础。

9.2 文献综述与假设推导

9.2.1 00后的消费行为研究现状

（1）成长环境对00后消费行为的影响研究

①网络环境。00后群体出生于互联网时代，在深度数字化的环境中长大，是PC互联网及移动互联网“原住民”，正成长为支撑移动互联网发展的中坚力量（百度，2015；红杉资本，2018；零点调查，2018）。对他们来说，互联网和移动互联网设备不仅是社交工具，也是生活方式，能够通过网络进行购物、学习和工作（魏霞，2018）。由于对便利支付、网络娱乐、快递经济、共享经济的适应，00后倾向于对品质产品、文化娱乐、创意类事务等进行网络化、便捷化消费（徐露霖，2017）。因00后获取互联网信息的便利性，他们会在父母的消费中提出对产品的见解，而父母在购买高科技产品时也会听取00后的建议（奥美，2015）。

②社会环境。00后成长在相对多元的社会环境中。城市化和国际化程度的提高，使他们在日常生活中接触到多元文化，既面临着传统文化的传承，又面临着外来文化的进入和网络文化的渗透。同时，由于国民生活水平持续提高、家庭教育投入增大、信息量扩充等原因，00后成长得更快，文化接受能力更强（张梦如，2016；魏霞，2018）。在民主的家庭教育方式下，00后习惯于接受平等的对话，乐于享有平等的价值观，关注个人幸福体验，对个人的消费需求直言不讳（魏霞，2018）。

③经济环境。00后成长在中国经济快速发展、居民家庭收入不断提高、消费能力逐渐增强的时代（Gage E，2015）。和90后相比，00后拥有零花钱的人数更多，数额更大（张旭东等，2017）。他们有较强的存款意识，并且愿意为特定消费目标储蓄。调查研究显示，00后所拥有的电子产品，呈现出数量多、种类多的趋势，拥有手机的比例是90后的8倍；拥有

个人电脑的比例是90后的3倍（张旭东等，2017）。

（2）00后的个性与消费行为关系研究

①自我意识与独立决策意识强。多数00后拥有优越的物质条件，对生活有更多的自主意识，以自我为中心，强调“自我标准”的重要性，不以别人的判断作为自己成功与否的标准（徐露霖，2017；红杉资本，2018；奥美，2015；Gage，2015；宫敏燕，2017；汪静，2018）。虽然00后有强烈的集体意识，但当集体意识与个人利益发生冲突时，多数00后不愿放弃个人利益。因为他们认为集体的价值在于包容和展现自我（红杉资本，2018；章正，2016）。00后具有较强的存款意识，对存款有绝对的话语权和支配权，可以购买自身感兴趣的物品（红杉资本，2018）。《中国00后群体研究报告》显示，00后受到媒体、市场以及互联网的影响，早已与成人世界无缝对接，能够参与家庭消费决策，摆脱家长所主导的消费模式，在家庭消费中拥有更多的话语权（零点调查，2018）。

②偶像崇拜与粉丝行为。社交媒体拉近了明星与粉丝的距离，作为网络“原住民”的00后追星更大胆，偏重于情感寄托与身份认同。00后存在显著的偶像崇拜行为和粉丝热忱驱动下的消费行为，他们对品牌的关注大多由偶像领导，消费需求也会随着偶像使用品牌的变化、潮流变化以及网络热推的变化而改变（奥美，2015；小迅，2018）。

③注重品质和消费体验。互联网环境下成长起来的00后能够以更快的速度、更客观的心态，获得更好的消费体验（汪静，2018）。他们在影视、网游、动漫秀、虚拟现实等新型网络文娱产品的消费上，并非简单的业余消遣放松，而是追求带入式的情感体验。在商品的选择上，价格不再是最重要的考虑因素，他们更加注重品质和体验，走心的设计和精细的做工都会成为他们选购高价产品的重要因素（徐露霖，2017）。

9.2.2 认知唤醒与自主品牌态度改变的刺激信息来源

根据态度改变理论（津巴多，2007）和国货意识形成的“大我—小我—国货”平衡理论（张燚，2018）可知，00后自主品牌偏爱与消费意识的形成既以情感为基础，又需要认知的合理化。认知合理化是指他们通过对客观环境和消费体验中有关品牌来源国反刻板化信息的认知加工，认识到自主品牌具有不逊于外国品牌的产品属性，从而增强对自主品牌功能与体验的认同度和满意感；认知合理化加工受到爱国情感知觉的影响（张燚等，2018）。因此，可以把00后自主品牌偏爱与消费意识形成的刺激信息归纳为两个方面：一是有助于激活“自主品牌象征性认知”的民族中心主义情感刺激信息；二是有助于提高“自主品牌功能与消费体验”的品牌来源国反刻板化信息（如本土品牌正面/外国品牌负面信息及消费体验等）。根据当前国家在思想政治教育、意识形态管理以及新闻舆论导向等方面的政策精神，可以把引起00后自主品牌态度改变的情感刺激信息归纳为爱国主义教育与文化自信培养、外部民族冲突信息以及国货意识引导信息三类；把引起00后自主品牌态度改变的认知合理化刺激信息归纳为自主品牌形象宣传信息、自主品牌功能与体验感知两类。

（1）爱国主义教育与文化自信培养

2016年1月26日，教育部颁发的《中共教育部党组关于教育系统深入开展爱国主义教育的实施意见》指出，要把爱国主义教育贯穿国民教育全过程，增强青少年对国家的认同。在全国高校思想政治工作会议上，习近平总书记指出，加强高校思想政治工作，要更加注重以文化人、以文育人。爱国主义教育与文化自信培养需要跟循时代发展，与时俱进；有效利用互联网思维，营造良好的爱国主义教育氛围，加强爱国主义教育（赵华珺，2018）。可见，爱国主义教育与文化自信培养已经成为中国各阶段人才培养方案的重要内容。由此，可提出如下研究假设：

H11：00后接受了大量爱国主义教育与文化自信培养。

（2）外部民族冲突信息

近年来，随着中国经济和科技发展水平以及综合国力的日益提升，以美国为首的一些西方国家抛出所谓的“中国威胁论”，对中国的领土主权、海洋权益、高技术发展进行阻挠，肆意抹黑中国的国际形象，妄图迟滞或阻断中国发展，以维持其世界霸权地位。为此，以美国为首的西方国家对中国的打压和封锁加剧，我们经常能够从媒体上看到大量的相关新闻报道。例如，美国对中国蛮横实施贸易制裁、干涉中国南海主权以及内部事务，对中国实施围堵和军事威胁，甚至对中国企业中兴公司进行巨额罚款并派驻合规员，联合其盟友阻止华为5G技术的应用等事件层出不穷。借助网络传播和社交媒体的优势，这些来自外族或外国的冲突或威胁信息能够被广泛传播，不仅成为学校加强爱国主义教育和文化自信培养的重要素材，而且在互联网时代00后群体可以很便利地获取这些信息，并引发其思考和相关的情感反应。由此，可提出如下假设：

H12：00后获悉了大量来自他国或外族冲突与威胁信息。

（3）国货意识引导信息

由于多方面的原因，国货偏见或国货意识淡漠是中国社会情境下的一种典型社会认知偏差或普遍现象，典型表现就是前几年中国游客海外“抢购”“爆买”“血拼”。这极大地削弱了自主品牌的社会使用和消费动力，造成购买力的海外流失，不利于本土企业发展。为此，2016年6月，国务院办公厅发布《关于发挥品牌引领作用　推动供需结构升级的意见》（国办发〔2016〕44号），明确提出“培养自主品牌情感，树立消费信心；倡导自主品牌消费，引导境外消费回流”。早在2012年，财政部就颁发了《关于加强中央预算单位政府采购管理有关事项的通知》，指出中央单位带头实施采购本国产品的政策，原则上国内产业已经成熟的产品不得采购进口产品。《中华人民共和国政府采购法》第十条中也明确规定，政府采购应当采购本国货物、工程和服务。中国之所以大力推进“一带一路”倡议，旨在促进国内优势装备和过剩产能“走出去”，是支持国货发展的重大举措。此外，中央高层以身作则大力推崇国货，如公务用车国产化、出访服饰国产化、外交礼品国产化等，在国内掀起追捧国货的热潮。可见，中央高层和政府部门在支持国货上作出了表率。这些信息将成为学校加强爱国主义教育和文化自信培养中有关国货意识引导的重要素材之一。由此，可提出如下假设：

H13：00后接收了大量有关支持国货意识方面的教育或引导性信息。

（4）自主品牌形象宣传信息

针对中国消费者普遍存在国货偏见，2015年3月，中央宣传部新闻局下发《关于加强中国品牌对内对外宣传工作方案的通知》，要求“中央媒体统筹策划、精心组织，突出宣传好中国品牌的科技含量、质量水平、创新创业故事、文化内涵、责任担当和成功经验等”。在中央文件精神下，各类媒体明显加强了自主品牌宣传的意识和行动。2015年5月以来，中央电视台连续策划、播出了多期《大国工匠》《超级工程》以及大批优秀中国企业的创新创业故事宣传片。2016 年 6 月，国务院办公厅在发布的《关于发挥品牌引领作用　推动供需结构升级的意见》中，进一步提出“加强自主品牌宣传和展示；坚持正确舆论导向，关注自主品牌成长，讲好中国品牌故事”。2016 年 11 月，央视启动了“国家品牌计划”；各主流网络媒体也明显加大了以“高端制造崛起、技术突破、创新创业”等为框架的中国制造或自主品牌形象宣传、报道、转载及创新扩散。在此背景下，00 后群体会接触到大量有关自主品牌形象的新闻报告和宣传信息。由此，可提出如下假设：

H14：00 后获悉了大量有关中国高端制造形象宣传和自主品牌形象的宣传信息。

（5）自主品牌功能与体验感知

随着经济全球化、对外贸易发展及移动互联网的普及，中国消费者能够充分体验外国品牌和国产品牌产品。《2018 年中国消费者的品牌好感度调查报告》显示，在“您对国产品牌的总体印象如何”问项上，有 87.5% 的受访者给予“很好”或“还可以”的评价。《腾讯 00 后人群调查研究报告》显示，00 后认为国产品牌产品并不比外国产品差，“洋货”在当下已不是稀罕物。2018 年 9 月，企鹅智库发布的《00 后 & 05 后研究报告：超新生代如何规划自己的未来十年》显示，在 00 后网友最喜欢的手机品牌中，华为手机以 56.5%的喜好度优势超越苹果，居排行榜第一位，其次是苹果（52.2%）和小米（40%），OPPO、vivo、荣耀、三星、魅族分列第四位至第八位；而在 00 后持有的手机品牌中，小米成了最受欢迎的手机，有 26.1%的 00 后持有小米手机，荣耀排在第二位，占比为 20.6%（企鹅智库，2018）。由此，可提出如下假设：

H15：00 后具有较为积极和正面的自主品牌功能与消费体验感知。

9.2.3　刺激信息、认知唤醒与自主品牌态度改变的相关关系

（1）刺激信息对认知唤醒的影响

内群体偏私理论指出，当内群体受到外群体威胁时，内群体成员出于自我保护或内群体利益，会产生外群体偏见和内群体偏好，表现出较强的

情绪成分和主观性（Mihalyi，1984）。比如，当人们认为其他国家对本国造成威胁时，偏爱自己国家的情绪反应更加强烈。有关研究证实，对群体内部的感知威胁与消费者民族中心主义（CET）呈现正相关关系（Olsen等，1993）。当前，大量有关西方国家（尤其是美国、澳大利亚、英国等）的外族威胁、敌视和干涉中国内政、领土主权、海洋权益、制裁或限制中国企业发展等方面的新闻报道，这些都会增强受众的国家集体自尊、国民身份认同、民族忧患意识以及爱国情感等。同时，中国外交部因外部冲突事件而发出的各种强力声明和采取的切实行动，也有助于增强受众的国家自豪感。研究表明，爱国主义教育的内容及途径选取对爱国情感内化具有影响，以多种形式对大学生进行爱国主义教育能够让多数学生具有积极向上的爱国主义品质及爱国情感体验，表现出对国家大事的关心和较强的国家自豪感（李海峰，2011；王丽，2014）。文化自信是爱国情怀的体现，树立文化自信，提高文化自觉，是加强爱国主义教育的有效举措（胡春湘，2018）。可见，爱国主义教育与文化自信培养以及来自外部的领土主权、经济发展威胁等方面的新闻报道，将有助于增强00后群体的国家自豪感和外来民族威胁感。由此，可提出如下假设：

H21：爱国主义教育与文化自信培养对国家自豪感与外来民族威胁感具有显著正向影响。

H22：外部民族冲突信息对00后的国家自豪感与外来民族威胁感具有显著正向影响。

（2）刺激信息与认知唤醒对自主品牌态度改变的影响

①国家自豪感与外来民族威胁感对自主品牌情感及消费意识的影响。有关研究表明，在国家自豪感与外来民族威胁感的移情作用下，消费者会启动对自主品牌的民族象征意义，激发其支持自主品牌的责任意识及购买意愿（张燚等，2018）。因此，中国消费者国货意识的形成大多来自现实冲突中国家自豪感、国家集体自尊、国民身份认同以及民族（经济）威胁的移情作用（周志民等，2010；庄贵军等，2006），使之产生支持和偏爱国货的强烈“大我”需要；“大我”作为一种情绪压力，会促使他们对品牌来源国反刻板化信息（如本土品牌正面/外国品牌负面信息及其消费体验）进行选择性注意和认知加工，并通过心理调控，改变“小我”需要与

"国货"态度，从而使支持和偏爱国货的"大我—小我—国货"达到态度平衡（张燚等，2018）。可见，00后的自主品牌情感与消费意识受到国家自豪感与外来民族威胁感的显著影响。由此，可提出如下假设：

H31：国家自豪感与外来民族威胁感对00后的自主品牌情感与消费意识具有显著正向影响。

②国货意识引导对自主品牌情感与消费意识的影响。研究表明，高民族中心主义（高国货意识）消费者会强调自主品牌的优势和积极方面，突出外国品牌的缺点、贬低优点等（Rawwas等，1996；刘进平等，2018），对国内产品购买意愿具有显著的正向影响（Han，1988；Herche，1992）。高国货意识消费者会在移情作用下产生支持自主品牌的强烈责任感，认为购买国外品牌产品的人在道德上对国内工人因国际竞争而失业的困境负有责任，购买国内品牌产品可被视为一种帮助国内工人就业的行为（Olsen等，1993）。可见，消费者处在政府、媒体对自主品牌的广泛宣传报道环境中，能够引起机体的情绪反应，从而产生对自主品牌的购买行为（万君等，2018）。在学校洋溢着爱国主义和文化自信教育的环境下，学校把国货意识引导作为爱国主义教育的一部分，中央高层和政府部门采购、使用国货的示范作用，以及有关支持国货的媒体引导，会引发00后群体或受众对自主品牌的情感反应，增强消费意识。由此，可提出如下假设：

H32：国货意识引导对00后群体的自主品牌情感与消费意识具有显著正向影响。

③自主品牌形象宣传对自主品牌情感及消费意识的影响。研究表明，品牌形象宣传可以提高品牌的知名度，让消费者对品牌形成清晰的认知，抢占消费者有限的记忆空间（薛缤勇，2014）；面对琳琅满目的商品，消费者凭借品牌宣传所造成的记忆痕迹来引导自身的消费决策，影响消费体验与消费行为（郑伯嘉，2013）。为此，有关研究证实，中国高端制造的进步和成就正在改变我国社会公众对中国制造的固有认知和评价，提升自主品牌的知名度、认可度和接受度（宋玉书等，2018），并对自主品牌形象提升产生显著的溢出效应。比如，央视推出的《大国工匠》《超级工程》、"国家品牌计划"以及大批优秀企业的创新创业故事宣传片等。这些都有利于减轻或转变国货偏见，提升自主品牌形象，产生自主品牌情感与

消费意识。由此，可提出如下假设：

H33：自主品牌形象宣传对 00 后群体的自主品牌情感与消费意识具有显著正向影响。

④自主品牌功能与体验感知对自主品牌情感及消费意识的影响。有关研究表明，优化品牌的感官体验与情感体验可以提高消费者对品牌的满意度，激发其消费意愿（马克态，2011）；消费者对品牌功能与体验的知觉会直接驱动品牌情感与品牌行为或品牌忠诚（于春玲等，2005；蒋廉雄等，2016）。随着近年来本土品牌产品功能、质量的提升（如家用电器、手机等产品领域），会显著改善消费者对本土品牌的使用体验，从而转变相关本土品牌的负面印象，提高本土品牌情感与消费意识（闫幸等，2013；陈洁等，2014）。研究证实，自主品牌功能和体验感知对自主品牌情感及其消费行为具有显著的正向影响（张燚、龚政，2018）。由此，可提出如下假设：

H34：00 后群体的自主品牌功能与体验感知对自主品牌情感及消费意识有显著正向影响。

9.2.4 认知唤醒与自主品牌态度改变的强度

有关调查显示，00 后越来越喜爱本土品牌，不再盲目崇拜国外品牌；2015 年，00 后关注的手机品牌更加年轻化，他们偏爱国外品牌，特别是苹果手机（百度，2015；缔元信，2015），但到了 2018 年，随着国产产品的品质不断提升，00 后把消费目标更多地锁定在国产品牌，产生了较强的国货意识；他们认为国产品牌不比国外品牌差，“进口产品”已不再是稀罕物，支持国产也是关心国家的一种方式（腾讯，2018）。同时，他们对当下中国的整体评价较高，超七成 00 后受访者认为“中国虽然不完美，但一直在进步”（腾讯，2018）。可见，在浓厚的爱国主义教育与文化自信培养、来自他国的威胁、国货意识引导、自主品牌形象宣传等教育环境和媒介信息环境下，伴随着积极的自主品牌功能与消费体验感知的大幅提升，00 后会形成较强的国家自豪感与外来民族威胁感以及自主品牌情感与消费意识。由此，可提出如下假设：

H41：00 后具有较强的国家自豪感与外来民族威胁感。

H42：00后具有较强的自主品牌情感与消费意识。

基于上述假设推导，可以构建如图9-1所示的研究模型。

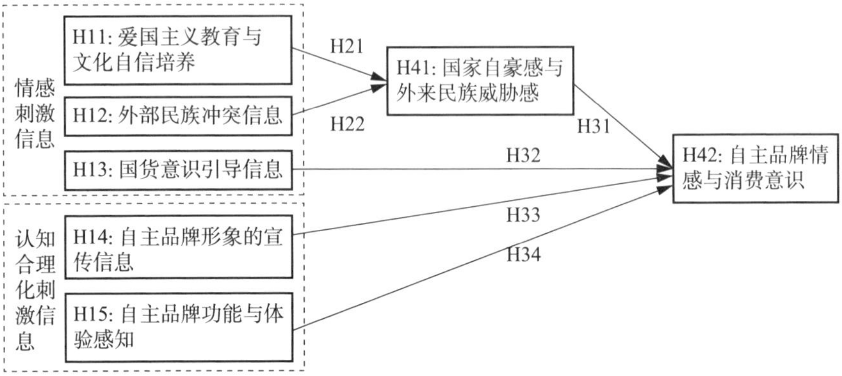

图9-1　自主品牌认知唤醒与消费态度改变的“刺激信息—认知唤醒—态度改变”模型

9.3　研究设计与数据收集

9.3.1　问卷设计

为确保测量问项的内容质量，本研究的刺激信息将根据社会现状进行自主设计，认知唤醒及态度与行为变量将参照成熟量表并进行适当修改。其中，“爱国主义教育与文化自信培养”主要测量00后群体接受爱国主义教育的情况，拟根据学校对学生进行爱国主义教育的形式进行自主设计。“外部民族冲突信息”主要衡量00后群体接受外部民族冲突信息的情况，根据有关领海争端事件、贸易制裁事件及干涉内政事件的报道进行自主设计。“国货意识引导信息”主要衡量00后群体接受政府、媒体的国货意识引导情况，主要根据政府部门优先采购国货、媒体宣传国货等方面进行自主设计。“自主品牌形象宣传信息”主要衡量00后对自主品牌宣传报道的接受情况，主要依照中央宣传部下发的通知，要求“中央媒体统筹策划、精心组织，突出宣传好中国品牌的科技含量、质量水平、创新创业故事、文化内涵、责任担当和成功经验等”进行自主设计。“自主品牌功能与体验感知”主要衡量自主品牌产品属性及满足00后消费者需求的能力，以及00后群体对自主品牌产品或服务的体验价值评价，拟参照并修改Sweeney（2001）的功能价值测量问项和张燚（2018）的自主品牌功能测量问项和自主品牌体验的测量问项。“国家自豪感与外来民族威胁感”主要衡量00后群体的国家自豪感、民族忧患意识，参照张燚（2018）的国家自豪感、民族忧患意识和国家集体自尊的测量问项。“自主品牌情感与消费意识”主要衡量00后群体对自主品牌的认可程度、情感联结度及消费倾向度，参照并修改Morhart（2015）的地位识别、社会识别及个体识别的测量问项和张燚（2018）有关自主品牌象征、自主品牌忠诚的测量问项。调查问卷见附录4，问项测量采用5点量表，即1代表“非常不同意”、5代表“非常同意”。

9.3.2 样本选择与数据收集

（1）问卷前测及修正

为了方便受访者填答问卷，避免误解问项的实际含义，从而影响问卷数据的有效性，所以在形成正式问卷之前进行预测。首先，研究人员向周围人群随机发放预测问卷；其次，利用SPSS 19.0对各问项进行可靠性分析。通过前测发现，所有研究构念的Cronbach's α 值均高于0.7的临界要求，但个别问项的分项对总项相关系数低于临界值0.5。为保证测量潜变量的问项数目，本研究拟于正式问卷形成后再决定进行问项调整。

（2）问卷调查与样本特征

在“问卷网”上制作网络问卷（www.wenjuan.com/s/ERBF32/），然后采用整体抽样和线上调查方式，对重庆和江苏共五所高校的大学一年级学生进行调查。通过与五所学校的部分教师沟通，对他们进行详细的问卷说明，让其在课前展示网络问卷的二维码，由学生扫码后进行网络问卷填答，收回问卷1359份。由于问卷设置了问项必答，不存在缺省值，因此有效问卷1359份，有效率100%。其中，男生627人，占比46.1%，女生732人，占比53.9%；出生年份为2000年的有704人，占比51.8%，1999年的有468人，占比34.4%，1998年及以前的有108人，占比7.9%，2001年的有74人，占比5.5%，2002年的有5人，占比0.4%。

9.4 结果分析

9.4.1 探索性因子分析

（1）因子适宜性分析

为了检验数据是否适合做因子分析，本研究通过 SPSS 的 KMO 样本适合性检验和 Bartlett 球形检验发现，本量表的 KMO 值为 0.957，说明数据非常适合做因子分析；Bartlett 球形检验的卡方值为 40461.662，df=741，P<0.001，说明球形检验差异显著，变量间存在相关性，存在共享因素结构的可能性，适合做因子分析。

（2）因子分析结果

运用主成分分析法和最大方差法对数据进行探索和分析，以特征根大于 1 为抽取因子的原则，确定因子的有效数目。采用以下筛选标准：一是剔除负荷值小于 0.4 的问项；二是删除在多个因子上有相近载荷且载荷值均较高的问项。由表 9-1 和表 9-2 可知，本量表共筛选出 7 个因子，分别是自主品牌情感与消费意识、自主品牌功能与体验感知、自主品牌形象宣传、爱国主义教育与文化自信培养、国家自豪感与外来民族威胁感、外部民族冲突信息、国货意识引导，其对所测内容的解释率分别是 16.216%、12.778%、10.733%、9.051%、8.318%、7.284%、5.922%。7 个因子共解释总变异的 70.301%，表明这 7 个因子对所测内容有较高的解释率。可见，抽取 7 个因子是比较合适的，表明因子命名比较好，具有可解释性。根据以上标准，39 个问项均保留。

表 9-1 因子解释原有变量总方差的情况

成分	初始特征值			提取平方和载入			旋转平方和载入		
	合计	方差的/%	累积/%	合计	方差的/%	累积/%	合计	方差的/%	累积/%
1	16.134	41.368	41.368	16.134	41.368	41.368	6.324	16.216	16.216
2	3.145	8.064	49.432	3.145	8.064	49.432	4.983	12.778	28.993
3	2.554	6.548	55.980	2.554	6.548	55.980	4.186	10.733	39.726
4	1.823	4.676	60.655	1.823	4.676	60.655	3.530	9.051	48.777

续表

成分	初始特征值			提取平方和载入			旋转平方和载入		
	合计	方差的/%	累积/%	合计	方差的/%	累积/%	合计	方差的/%	累积/%
5	1.494	3.831	64.487	1.494	3.831	64.487	3.244	8.318	57.095
6	1.224	3.138	67.624	1.224	3.138	67.624	2.841	7.284	64.379
7	1.044	2.677	70.301	1.044	2.677	70.301	2.310	5.922	70.301
……	……	……	……						
39	0.154	0.395	1000.000						

表 9-2　旋转后的因子载荷矩阵

因子 1		因子 2		因子 3		因子 4		因子 5		因子 6		因子 7	
问项	载荷	问项	载荷	问项	载荷	问项	载荷	问项	载荷	问项	载荷	问项	载荷
Y2.2	0.849	X5.2	0.751	X4.1	0.789	X1.1	0.812	Y1.1	0.828	X2.1	0.823	X3.1	0.539
Y2.3	0.811	X5.1	0.745	X4.2	0.786	X1.2	0.785	Y1.2	0.797	X2.2	0.806	X3.2	0.529
Y2.1	0.788	X5.5	0.730	X4.3	0.757	X1.3	0.771	Y1.3	0.767	X2.3	0.773	X3.3	0.462
Y2.5	0.778	X5.3	0.674	X4.4	0.714	X1.4	0.524	Y1.4	0.628				
Y2.4	0.743	X5.4	0.643	X4.5	0.639	X1.5	0.499	Y1.5	0.590				
Y2.6	0.683	X5.6	0.559	X4.6	0.545								
Y2.8	0.661	X5.7	0.546										
Y2.7	0.655	X5.8	0.505										
Y2.9	0.644												

9.4.2　量表的信效度检验

（1）量表的信度检验

首先，利用 SPSS 23.0 进行可靠性分析，计算出潜变量的 Cronbach's α 值以及所有测量问项的分项对总项相关系数，得出信度分析结果（见表 9-3）。由表 9-3 可知，所有潜变量的 Cronbach's α 均等于或大于 0.8，显著高于 0.6 的可接受值，表明此问卷所设测量问项能够反映相应的潜变量。此外，所有测量问项的分项对总项相关系数均符合高于 0.5 的要求，表明测量问项的信度可以接受。

表 9-3 量表的信效度检验

潜变量	显变量（问项）	分项对总项相关系数	标准化因素负荷	P 值
爱国主义教育与文化自信培养（ξ1） Cronbach's α=0.863	X1.1 在校期间，学校开展了大量有关中国发展成就的爱国主义教育	0.714	0.838	0.000
	X1.2 学校经常以开展政治课、主题班会、征文比赛、主题演讲、参观纪念馆、网上主题团课学习等形式进行爱国主义教育	0.739	0.865	0.000
	X1.3 学校对我们进行大量的关于文化自信和文化认同的教育	0.733	0.858	0.000
	X1.4 从媒体上经常能看到关于中国高端制造发展成就的宣传报道	0.614	0.562※	0.000
	X1.5 从媒体上经常能看到关于《大国工匠》的宣传报道	0.638	0.589※	0.000
外部民族冲突信息（ξ2） Cronbach's α=0.853	X2.1 从媒体上经常能看到西方国家粗暴干涉中国内部事务的新闻报道	0.743	0.847	0.000
	X2.2 从媒体上经常能看到西方国家粗暴干涉中国领土主权的新闻报道	0.743	0.846	0.000
	X2.3 从媒体上经常能看到西方国家限制中国企业发展的新闻报道	0.667	0.730	0.000
国货意识引导（ξ3） Cronbach's α=0.802	X3.1 近年来，政府部门在优先采购国货上作出了表率	0.653	0.780	0.000
	X3.2 从媒体上经常能看到关于支持国货的报道、论坛和跟帖等信息	0.693	0.860	0.000
	X3.3 经常能从网络上看到有关国货认知偏差及根源的跟帖	0.539	0.601	0.000
自主品牌形象宣传（ξ4） Cronbach's α=0.914	X4.1 从媒体上经常能看到关于自主品牌创新创业故事的宣传报道	0.781	0.830	0.000
	X4.2 从媒体上经常能看到关于自主品牌企业文化内涵的宣传报道	0.799	0.860	0.000
	X4.3 从媒体上经常能看到关于自主品牌责任担当的宣传报道	0.787	0.843	0.000
	X4.4 从媒体上经常能看到关于自主品牌发展成功经验的宣传报道	0.739	0.791	0.000

续表

潜变量	显变量（问项）	分项对总项相关系数	标准化因素负荷	P 值
	X4.5 从媒体上经常能看到关于自主品牌产品高质量形象的宣传报道	0.658	0.672	0.000
	X4.6 从媒体上经常能看到关于自主品牌产品高科技形象的宣传报道	0.728	0.742	0.000
自主品牌功能与体验感知（ξ5）Cronbach's α=0.931	X5.1 我对多数自主品牌的使用效果比较满意	0.730	0.749	0.000
	X5.2 多数自主品牌的服务过程让我感到比较舒适	0.763	0.783	0.000
	X5.3 多数自主品牌产品的售后服务比较完善	0.721	0.749	0.000
	X5.4 使用自主品牌产品会让我感到比较亲切	0.678	0.701	0.000
	X5.5 多数自主品牌产品值得信赖	0.798	0.828	0.000
	X5.6 我认为多数自主品牌产品的品质有保障	0.774	0.823	0.000
	X5.7 我认为多数自主品牌产品的性价比很高	0.737	0.785	0.000
	X5.8 我认为多数自主品牌产品的安全性可靠	0.781	0.828	0.000
国家自豪感与外来民族威胁感（η1）Cronbach's α=0.872	Y1.1 我厌恶西方国家对中国企业进行贸易制裁、技术封锁、市场准入限制	0.764	0.881	0.000
	Y1.2 我厌恶西方国家限制中国企业的经济和技术发展	0.677	0.815	0.000
	Y1.3 我厌恶外国政府粗暴干涉中国领土主权和内部事务	0.726	0.768	0.000
	Y1.4 我对中国在国际上获得好评、尊重和应有的地位感到自豪	0.669	0.643	0.000
	Y1.5 我对中国当前在政治、经济、军事、社会发展等领域取得的进步感到骄傲	0.642	0.624	0.000
自主品牌情感与消费意识（η2）Cronbach's α=0.943	Y2.1 消费自主品牌产品有助于体现我的爱国形象	0.776	0.817	0.000
	Y2.2 消费自主品牌产品可以体现我的爱国情怀	0.832	0.868	0.000
	Y2.3 消费自主品牌产品可以提升我的民族自尊	0.786	0.826	0.000
	Y2.4 我对多数自主品牌产品怀有较深的感情	0.813	0.837	0.000
	Y2.5 在多数产品领域，我会优先购买自主品牌产品	0.766	0.788	0.000

续表

潜变量	显变量（问项）	分项对总项相关系数	标准化因素负荷	P值
自主品牌情感与消费意识（η2）Cronbach's α=0.943	Y2.6 我会主动向他人介绍使用自主品牌产品的高质量和好的体验	0.715	0.724	0.000
	Y2.7 我会主动向他人推荐自主品牌产品	0.735	0.743	0.000
	Y2.8 我会持续性地购买自主品牌产品	0.741	0.753	0.000
	Y2.9 消费自主品牌产品可以体现我的国货偏爱	0.761	0.797	0.000

注：※表示信度或效度系数低于可接受的最低值，需要删除的问项。

（2）量表的效度检验

①内容效度。本研究所用调查问卷是以理论为基础，其中部分潜变量是在社会发展现状和媒体相关信息报道的基础上进行设置测量问项的，其余潜变量是在成熟量表的基础上根据研究对象的特性加以修改的。因此，本研究采用的内容效度良好。

②建构效度。对于收敛效度，本研究采用了验证性因素分析（CFA），得出各潜变量和显变量间的标准化因素负荷值，再根据得出的标准化因素负荷值计算潜变量的 AVE 值。由表 9-3 可知，X1.4、X1.5 两个问项的标准化因素负荷均小于 0.6，故予以删除，其余问项均达到可接受范围。在此基础上，计算出潜变量的 AVE 值，结果均大于 0.5，表示各问项的收敛效度较好。对于区别效度，本研究采用潜变量的双变量相关性分析，得出各潜变量之间的 Pearson 相关系数（见表 9-4）。由表 9-4 可知，各潜变量之间的 Pearson 相关系数均低于 0.8，且小于相应的 AVE 平方根，表明各潜变量所衡量的概念不同。可见，各个潜变量及相应测量问项的标准化因素负荷值和 Pearson 相关系数都处于可接受范围之内，表明测量问项的建构效度可接受。

表 9-4　潜变量之间的 Pearson 相关系数

构念	ξ1	ξ2	ξ3	ξ4	ξ5	η1	η2
爱国主义教育与文化自信培养（ξ1）	1						
外部民族冲突信息（ξ2）	0.380***	1					
国货意识引导（ξ3）	0.570***	0.451***	1				
自主品牌形象宣传（ξ4）	0.478***	0.411***	0.608***	1			

续表

构念	ξ1	ξ2	ξ3	ξ4	ξ5	η1	η2
自主品牌功能与体验感知（ξ5）	0.452***	0.357***	0.702***	0.696***	1		
国家自豪感与外来民族威胁感（η1）	0.498***	0.406***	0.501***	0.336***	0.460***	1	
自主品牌情感与消费意识（η2）	0.399***	0.362***	0.621***	0.546***	0.673***	0.453***	1
AVE 平方根	0.854	0.810	0.892	0.792	0.782	0.930	0.796

注：***表示 P<0.001。

9.4.3　假设检验

（1）认知唤醒和自主品牌态度改变的刺激信息分析

①刺激信息的整体差异比较。运用 SPSS 23.0 对爱国主义教育与文化自信培养（ξ1）、外部民族冲突信息（ξ2）、国货意识引导（ξ3）、自主品牌形象宣传（ξ4）和自主品牌功能与体验感知（ξ5）五个变量进行均值分析，并与中值3进行单样本T检验（见图9-2）。结果显示，五个变量的均值分别是4.1835、3.7996、3.8710、3.6317、3.7540，与中值3的单样本T检验的P值均小于0.001。这表明，五个变量的均值都显著大于中值3，说明00后受到了显著的爱国主义教育与文化自信培养、外部民族冲突信息、自主品牌形象宣传、国货意识引导的影响，具有比较正面和积极的自主品牌功能与体验感知。其中，爱国主义教育与文化自信培养的影响最大。这与国家、教育主管部门和各级学校高度重视学生爱国主义教育和文化自信培养密切相关。故假设H11、H12、H13、H14、H15成立。

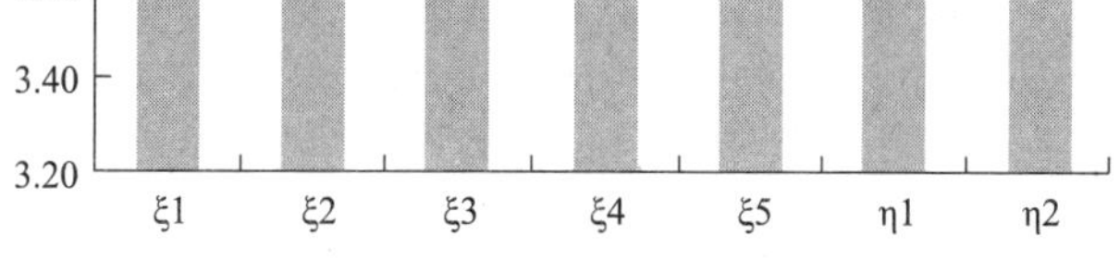

图9-2　所有潜变量的均值比较

②刺激信息及其测量问项的感知差异分组比较。运用 SPSS 23.0 对爱国主义教育与文化自信培养（ξ1）、外部民族冲突信息（ξ2）、国货意识引导（ξ3）、自主品牌形象宣传（ξ4）、自主品牌功能与体验感知（ξ5）的均值大于和小于中值 3 的情况进行分组统计（见图 9-3）。结果显示，五个潜变量的均值大于中值 3 的比例都高于 50%，小于中值 3 的比例均低于 10%。其中，爱国主义教育与文化自信培养（ξ1）为 90.90%，自主品牌功能与体验感知（ξ5）为 86.10%，国货意识引导（ξ3）为 83.80%。从测量问项的分组统计结果看（见图 9-4），五个潜变量的所有测量问项大于中值 3 的比例均高于 50%，其中 X1.1、X1.2、X1.3 高于 80%。总体上看，00 后群体受到了显著的爱国主义教育与文化自信培养、外来的民族威胁信息、自主品牌形象宣传、国货意识引导的影响，并有较高的自主品牌功能与体验感知。其中，受到影响最大的是爱国主义教育与文化自信培养，其次是自主品牌功能与体验感知以及国货意识引导。故假设 H11、H12、H13、H14、H15 得到进一步验证。

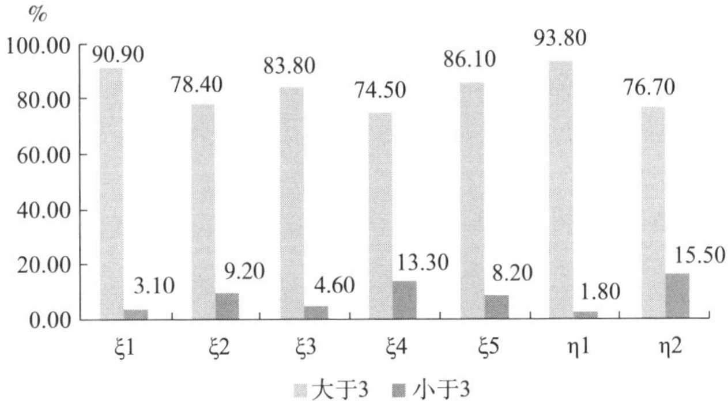

图 9-3　所有潜变量均值与中值 3 比较的百分比统计

（2）刺激信息、认知唤醒与自主品牌态度改变的相关性分析

运用 SPSS 23.0 对两个模型进行回归分析。其中，模型 1 以国家自豪感与外来民族威胁感为因变量，爱国主义教育与文化自信培养、外部民族冲突信息为自变量；模型 2 以自主品牌情感与消费意识为因变量，以自主品牌功能与体验感知、自主品牌形象宣传、国货意识引导、国家自豪感与民族威胁感为自变量。自变量和因变量通过计算其测量问项的均值得到。

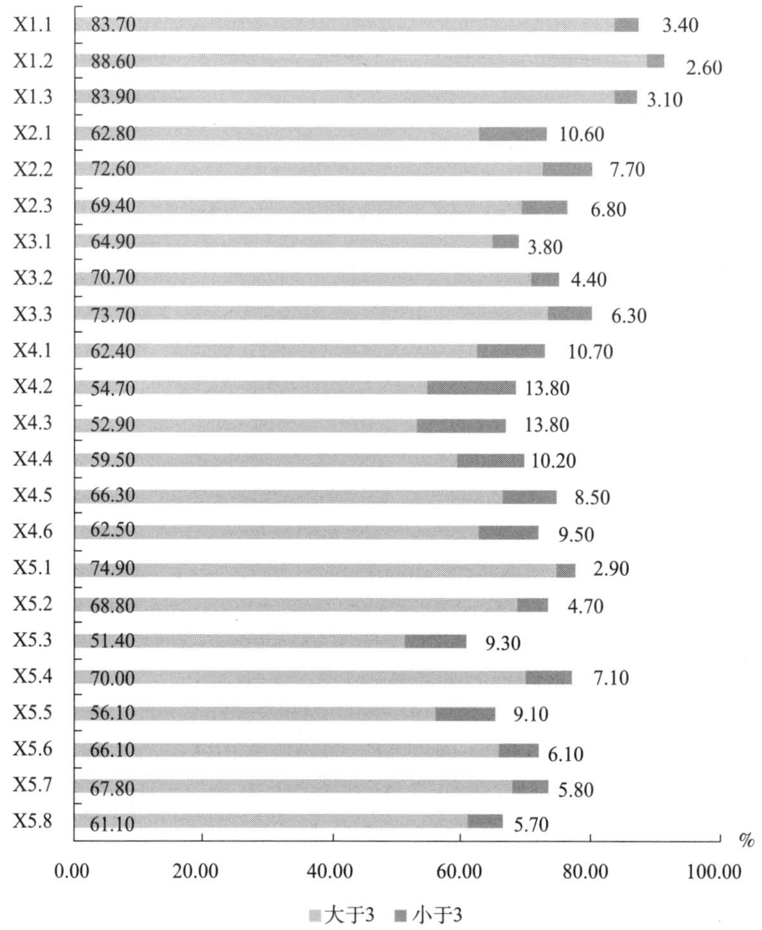

图 9-4 ξ1、ξ2、ξ3、ξ4 和 ξ5 的问项均值与中值 3 比较的百分比统计

①爱国主义教育与文化自信培养、外部民族冲突信息对国家自豪感与外来民族威胁感的驱动作用分析。由表 9-5 可知，爱国主义教育与文化自信培养、外部民族冲突信息与国家自豪感及外来民族威胁感之间的回归系数分别是 0.370、0.209，P 值均小于 0.001。这表明，爱国主义教育与文化自信培养、外部民族冲突信息对国家自豪感与外来民族威胁感有显著正向影响，即 00 后群体接受的爱国主义教育与文化自信培养越多，国家自豪感与外来民族威胁感越强；外部民族冲突信息越多，国家自豪感与外来民族威胁感越强。从回归系数大小可知，爱国主义教育与文化自信培养对国家自豪感与外来民族威胁感的正向影响要大于外部民族冲突信息。故假设 H21、H22 成立。

表 9-5 回归分析

因变量	模型 1	模型 2
	国家自豪感与外来民族威胁感（η1）	自主品牌情感与消费意识（η2）
常数项	1.945***（T=19.928，P=0.000）	-0.014（T=-0.125，P=0.681）
爱国主义教育与文化自信培养（ξ1）	0.370***（T=16.357，P=0.000）	
外部民族冲突信息（ξ2）	0.209***（T=10.336，P=0.000）	
国家自豪感与外来民族威胁感（η1）		0.154***（T=5.743，P=0.000）
国货意识引导（ξ3）		0.254***（T=7.919，P=0.000）
自主品牌形象宣传（ξ4）		0.098**（T=3.455，P=0.012）
自主品牌功能与体验感知（ξ5）		0.456***（T=12.674，P=0.000）
R^2	0.303	0.512
调整 R^2	0.301	0.511
F	294.082***	355.782***

注：***表示 P<0.001。

②国家自豪感与外来民族威胁感、国货意识引导、自主品牌形象宣传、自主品牌功能与体验感知对自主品牌情感与消费意识的驱动作用分析。由表 9-5 可知，国家自豪感与外来民族威胁感、国货意识引导、自主品牌形象宣传、自主品牌功能与体验感知和自主品牌情感与消费意识的回归系数分别是 0.154、0.254、0.098、0.456，除自主品牌形象宣传变量的 P 值小于 0.01 外，其余变量的 P 值均小于 0.001。这表明，国家自豪感与外来民族威胁感、国货意识引导、自主品牌形象宣传、自主品牌功能与体验感知对自主品牌情感与消费意识有显著正向影响，即 00 后群体的国家自豪感与外来民族威胁感越强，自主品牌情感与消费意识越强；自主品牌功能与体验感知越好，自主品牌情感与消费意识越强；接受的自主品牌形象宣传越多，自主品牌情感与消费意识越强；接受的国货意识引导越多，自主品牌情感与消费意识越强。同时，从回归系数的大小可知，自主品牌功能与体验感知对自主品牌情感与消费意识的正向影响最大，其次是国货意识引导、国家自豪感与外来民族威胁感，自主品牌形象宣传的影响相对最小。故假设 H31、H32、H33、H34 成立。

（3）认知唤醒与自主品牌态度改变的强度分析

①认知唤醒与自主品牌态度的整体状况分析。运用 SPSS 23.0 对国家自豪感与外来民族威胁感（η1）、自主品牌情感与消费意识（η2）两个变量进行了均值分析及其与中值 3 的单样本 T 检验分析（见图 9-2）。由图 9-2 可知，国家自豪感与外来民族威胁感（η1）、自主品牌情感与消费意识（η2）的均值分别是 4.2851、3.6972，且与中值 3 的单样本 T 检验的 P 值均小于 0.001。这表明，两个变量的平均值显著高于 3，即 00 后群体具有较高的国家自豪感与外来民族威胁感、自主品牌情感与消费意识，且国家自豪感与外来民族威胁感高于自主品牌情感与消费意识。故假设 H41、H42 成立。

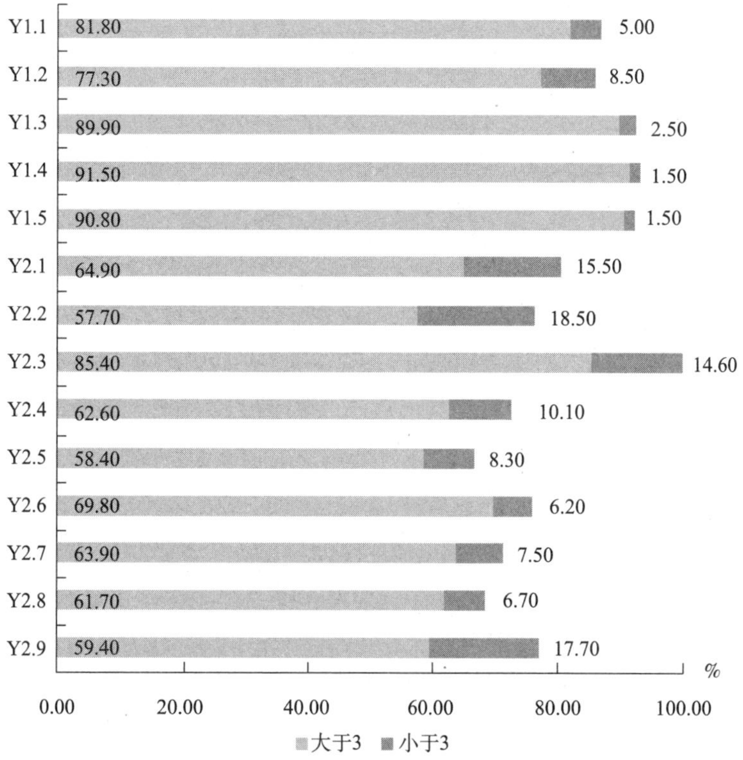

图 9-5 η1 和 η2 的问项均值与中值 3 比较的百分比统计

②认知唤醒与自主品牌态度及其测量问项的分组比较。运用SPSS 23.0 对国家自豪感与外来民族威胁感（η1）、自主品牌情感与消费意识（η2）的均值大于和小于中值 3 的情况进行分组统计（见图 9-3）。结果显示，国

家自豪感与外来民族威胁感的均值大于中值3的比例为93.8%；自主品牌情感与消费意识的均值大于中值3的比例为76.7%。从测量问项的分组统计结果看（见图9-5），两个变量的所有测量问项大于中值3的比例均高于50%，其中Y1.4、Y1.5高于90%，Y1.1、Y1.3、Y2.3高于80%。这意味着，受调查者对“Y1.4我对中国在国际上获得好评、尊重和应有的地位感到自豪”“Y1.5我对中国当前的政治、经济、军事、社会发展等领域取得的进步感到骄傲”“Y1.1我厌恶西方国家对中国企业进行贸易制裁、技术封锁、市场准入限制”“Y1.3我厌恶外国政府粗暴干涉中国领土主权和内部事务”“Y2.3消费自主品牌产品可以提升我的民族自尊”具有很高的认同度。总体上看，00后群体具有较强的国家自豪感与外来民族威胁感以及较高的自主品牌情感与消费意识。其中，国家自豪感与外来民族威胁感要远高于自主品牌情感与消费意识。这是旗帜鲜明地加强学校爱国主义教育和文化自信培养的结果。综上所述，假设H41、H42得到进一步验证。

9.5 研究结论

本研究通过实证分析得出如下结论：首先，揭示了00后认知唤醒与自主品牌态度改变的刺激信息来源，即爱国主义教育与文化自信培养、外部民族冲突信息、自主品牌形象宣传、国货意识引导以及自身积极的自主品牌功能与体验感知，假设H11、H12、H13、H14、H15成立。其次，证实了刺激信息与00后认知唤醒和自主品牌态度改变的相关关系，即00后群体所接受的爱国主义教育与文化自信培养以及外部民族冲突信息对其国家自豪感与外来民族威胁感具有显著的正向影响，假设H21、H22成立；00后的国家自豪感与外来民族威胁感、自主品牌功能与体验感知、自主品牌形象宣传、国货意识引导对其自主品牌情感与消费意识具有显著的正向影响，假设H31、H32、H33、H34成立。最后，验证了00后的认知唤醒与自主品牌态度改变的强度，即00后群体具有较强的国家自豪感与外来民族威胁感，以及较高的自主品牌情感与消费意识，假设H41、H42成立。

第四部分

对策研究

10 自主品牌形象提升的关键驱动因素及其影响效应

根据传播学的矫形—塑形理论可知，自主品牌负面刻板印象生成的影响因素实际上就是提升自主品牌形象的矫形内容。自主品牌形象的提升首先需要矫正和改变现有的负面形象（如负面企业形象、负面国货形象、负面政府形象）和不利的情感/规范因素（如媒体渲染、国货意识淡漠、社会规范压力）。“矫形”强调的是由差到好的形象矫正或重塑过程，是一个修正行为和改善公众关系状态的过程，解决的是“美誉度”问题（刘小燕，2005）。同时，依据自主品牌负面刻板印象生成的影响因素，可以反向设计自主品牌形象提升的塑形内容，包括正面的企业/国货新形象、政府新形象以及有利的情感/规范因素（如正确舆论导向、自主品牌情感、理性消费观和文化自信培养等）。“塑形”强调的是从无到有、从小到大、从无名到知名和美名的过程，解决的是“认知度”和“美誉度”问题（刘小燕，2005）。基于矫形和塑形内容，可以提炼出自主品牌形象提升的五大关键驱动因素，即企业形象驱动因素、政府形象驱动因素、媒介框架驱动因素、消费者情感驱动因素和社会规范驱动因素（见图 10-1）。由此，可提炼出自主品牌形象提升的五条战略路径，即企业形象提升、政府形象提升、自主品牌情感培养、媒体宣传引导以及改变社会规范等。自主品牌形象的提升需要遵循五大战略路径，以矫形—塑形内容为目标，充分发挥政府、媒体、企业、社会组织和公众的主体责任。

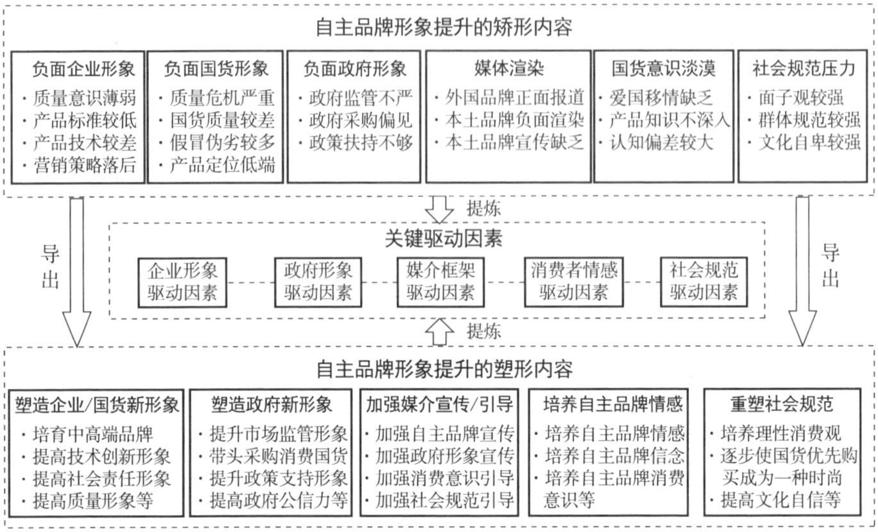

图 10-1 自主品牌形象提升的矫形—塑形内容及关键驱动因素提炼模型

10.1 企业形象因素及其影响效应

从“5 自主品牌负面刻板印象生成的影响因素研究”的范畴提炼可知，公众对自主品牌的负面刻板印象主要表现为：本土企业质量意识薄弱（A1）、产品质量标准较低（A2）、产品技术较差（A3）、营销策略落后（A4）、国货质量较差（A5）、质量危机严重（A6）、假冒伪劣较多（A7）和产品定位低端（A8）。这可以从受众跟帖的代表性言论看出。

在质量意识方面，如“3-1-2 很多奸商怎么赚钱怎么来，从来对质量控制都不严格”“3-9-1 更多的国货厂家只想到尽快赚钱，不愿投入，要么山寨，要么偷工减料，疏忽了品质，搞得大家认为国货=垃圾”“7-52-1 中国制造中不乏一些粗制滥造、偷工减料甚至造假的企业”“7-95-2 反正挖空心思就是省成本，质量也是不注重”等。

在产品标准方面，如“7-81-1 中国品牌，意味着中国标准，中国标准意味着不严格、不规范、不诚信、不可靠”“7-4-1 因为中国造给外国人的东西和造给本国人的东西，标准不同”“7-82-1 出口产品质量控制的那个严，但内销的就睁一只眼闭一只眼”等。

在产品技术方面，如“2-22-2 是不支持国产吗？是我们真做不出来”“2-15-1 有的技术跟不上”“3-25-1 科技落后，国内的人在这方面还需要积累”等。

在营销策略方面，如“1-24-1 国内企业对品牌价值、顾客利益丝毫不会去考虑”“2-21-1 其实好东西很多，可是宣传上招人反感”“7-118-1 宣传上的落后才是中国人爱买进口产品的主要原因”等。

在国货质量方面，如“1-3-1 国产垃圾太多”“3-18-1 只能说国货质量有待提高”“7-121-1 中国制造＝劣质商品”“4-37-1 国产货那么水，为什么要买”等。

在假冒伪劣方面，如“6-1-4 商品假货铺天盖地”“7-123-1 中国货就是假冒伪劣产品的代名词”“7-63-2 中国货真的是假冒伪劣”“7-96-3 国货假的超级多，所以说，不买国货不是不爱国，而是担心是假货”“7-80-1 生产出来的伪劣品伤了中国人的心”等。

在产品定位方面，如“1-12-1 定位太低，要直指高端”“3-3-1 现阶段国内产品只能拼个性价比”“7-106-1 中国人一想到高端，首先想到的是进口货，一想着省钱，就买国产货”“7-71-1 中国制造主要面向底层消费，便宜、质量一般、档次不高”“3-7-1 国产一直走性价比没有出路的”等。

可见，负面本土企业形象和负面国货形象是导致自主品牌负面形象的根本原因。要提升自主品牌形象就必须从矫正本土企业的质量意识薄弱、产品标准低、产品技术较差、营销策略落后，国货质量较差、假冒伪劣较多、产品定位低端等负面形象入手，采取矫形和塑形相结合的策略，切实提高本土企业或产业的品牌形象、技术创新形象、质量形象、社会责任形象等，逐步扭转自主品牌负面刻板印象，提高消费者对自主品牌的信任、满意感和认同度。从本质上讲，本土企业的崛起是提升自主品牌形象、减轻或转变自主品牌偏见的根本途径。不论是媒体的自主品牌宣传，还是消费者体验、产品属性评价，都是以本土企业或自主品牌发展为基础。

10.2 政府形象因素及其影响效应

从“5 自主品牌负面刻板印象生成的影响因素研究”的范畴提炼可知，受众将自主品牌负面刻板印象生成的原因归结于政府监管不严（A9）、政府采购偏见（A10）和政府扶持不够（A11）。

在政府监管方面，公众将国内市场的各种假冒伪劣归结于政府监管不严和能力缺乏，极大地影响其国货消费信心。这可以从受众跟帖的代表性言论看出。如“7-96-1 国内很多东西监管不严格”“7-86-1 尴尬的中国监管”“7-59-1 说明中国的监管太差了”“7-122-2 对政府监管的不信任”“7-137-1 政府监管缺失造成的”“7-123-3 政府部门的监管程度偏差导致了大量的假冒伪劣产品充斥着市场”等。

在政府采购方面，公众普遍将政府部门的国货采购偏见、政府官员的国货消费偏见作为理由，做出国货不值得支持、不值得信任的评价命题。这可以从受众跟帖的代表性言论看出。如“4-5-2 国家领导帮助宣传国货，让我们看到希望”“5-14-1 其实官方的态度和做法很重要，只要他们开国产车了老百姓就会跟着买，偏见就会少”等。因为中国社会长期存在较强的“官本位”思想，官员在中国倍受尊崇，并且成为老百姓（尤其是成功人士）争相效仿的对象。政府官员对待国货的态度，自然而然地会影响普通公众对本土品牌的态度和看法（张燚等，2016）。因此，要培养公众自主品牌情感和消费意识，政府部门和政府官员必须在国货采购和国货消费中起到示范和表率作用。

在政府扶持方面，公众普遍认为政府对本土企业，特别是民营企业的扶持力度不够，导致本土企业整体发展缓慢。既然自主品牌不能得到政府的扶持，凭什么要公众支持。这可以从受众跟帖的代表性言论看出。如“2-10-2大量引进外资，对国内民用级高科技产品扶植力度极低”“2-10-1 国货受排挤不是要看公众，而是要看国家政策”等。

可见，受众对政府监管、政府采购、政府扶持等方面的负面形象认知，是自主品牌负面刻板印象生成的重要因素之一。要提升自主品牌形象就必须从矫正政府监管不严、政府采购偏见、政府扶持不够等负面形象入手，采取矫形和塑形相结合的策略，改善政府形象。这既是增强公众自主品牌消费信心、重塑政府公信力的重要途径，也是规范和引导企业行为，构筑诚信营商环境，促进企业良性发展的重要举措。政府形象的提升不仅需要持续的政策支持和行为引导，也需要大众媒体的矫形和塑形传播，逐步在公众心目中形成值得信赖的政府监管形象、采购表率形象和政策支持形象，赢回公众对政府、市场和自主品牌的信任。

10.3 媒介框架因素及其影响效应

在网络信息化时代的今天，人们对媒介的依赖达到了前所未有的程度。媒介通过决定信息的生产、流动和对世界的解释，塑造大众脑中的图景，已成为塑造认知和形象的一种主宰性权力。当前，中国自主品牌负面刻板印象的形成与传统媒体和网络媒体建构的拟态环境和话语体系有关。如近年来，国内媒体（广电报刊等传统媒体和网络、移动、社交媒体等新媒体）大量曝光了本土品牌质量危机事件（如毒奶粉、染色馒头、黑心作坊等），并进行“质量低劣、不负责任”等议题的过度渲染。受众会根据描述与偏见之间的相似程度来判断其代表性。这种报道方式对受众的影响促进了代表性和易得性偏差的产生，并使受众进一步确认其本土品牌偏见；相反，国内媒体缺乏报道外国品牌质量问题的自觉意识，无法使受众产生对外国品牌也存在“质量问题、责任缺失、虚假宣传”等方面的符号认知和外国品牌“未必就好”的意义加工。可以说，中国媒体对自主品牌负面刻板印象的生成起到了推波助澜的作用。这可以从“5 自主品牌负面刻板印象生成的影响因素研究”中受众跟帖的代表性言论看出。如“1-1-1 IBM 笔记本上太空，被吹上了天”“7-35-1 中国人买日货，还不是你们资本家控制的媒体玩命宣传的”“7-69-1 外国企业出事了，中国媒体和很多人总讲这不过是这个企业的问题，甚至讲这不是这个企业的问题，只是某个部门或个人的问题”“7-69-2 国内企业出问题了，恨不能高音喇叭喊这是中国制造的问题”“7-118-1 宣传上的落后才是中国人爱买进口产品的主要原因”等。

虽然从主旋律角度讲，传统媒体对自主品牌形象宣传是鼓励和提倡的，但也会在报道“三鹿”这类品牌危机时，伤害到一群品牌或整个行业品牌；而新兴媒体由于很少甚至缺失监管，只要不触犯法律，报道尺度比较大，从而有意无意地伤害了自主品牌。因此，要提升自主品牌形象，就必须引导各类媒体坚持正确舆论导向，加强自主品牌形象宣传和媒介框架引导，增强自主品牌正面信息的易得性和代表性，这是提升自主品牌形象的重要驱动因素之一。具体内容包括：一是在正确舆论导向下，有意识地加强自主品牌宣传、政府形象宣传、社会规范引导、自主品牌情感与消费意识引导；二是本土企业在自主品牌塑造过程中所传递的各种正面信息。

10.4 消费者情感因素及其影响效应

自主品牌负面刻板印象是公众的一种主观感知，不仅与自主品牌整体的质量、技术、象征性等密切相关，而且受到公众主观态度、情感和情绪的调节或影响。通常，自主品牌情感越弱，人们对自主品牌形象宣传信息的接纳和主观体验越消极，对自主品牌的评价越低、自主品牌形象越差。因为自主品牌情感所产生的内群体偏私效应会显著影响其对相关信息的选择性注意、调节聚焦和认知加工，进而影响自主品牌属性评价和形象宣传效果。从“5 自主品牌负面刻板印象生成的影响因素研究”的原始语句、概念和范畴面向可知，自主品牌负面刻板印象的生成与受众认知偏差较大（A17）、爱国移情缺乏（A16）有关。这可以从受众跟帖的代表性言论看出。如“1-25-1 哪个合适买哪个”“1-32-4 管它什么国产不国产的”“4-37-3 只要好用，管他哪个国家的”“7-51-1 从不看制造国只看性价比”“4-11-1 一个产品热销自然有它的道理，没必要非要把所有人的消费理念与爱国结合起来的话”“4-22-1 好东西就是好东西，管他哪里出产的，这才是真正掌家人的心态”“7-14-1 钱是自己赚的，人家买哪国的东西有自己的自由”“7-82-2 关于爱国这问题，不要试图用爱国这顶帽子来阻止海外购这个问题”等。

有关研究表明，高国货意识消费者会强调本土品牌的优势和积极方面；突出外国品牌的缺点，贬低其优点等，从而做出高估本土产品质量和形象，低估外国产品质量的评价（Rawwas 等，1996；Yu 等，2002；张燚等，2018）。同时，在国产产品的价格高于外国产品价格时，高国货意识消费者会降低对国产产品的价格感知，即在购买国产产品时对价格不敏感（Olsen 等，1993）。此外，在国产产品的价格低于外国产品价格时，高国货意识消费者会强调国产产品的高性价比和实用性；高国货意识消费者还会提高对本土品牌质量、服务问题的容忍度，降低对外国品牌质量、服务问题的容忍度（刘进平等，2018）。因此，培养消费者自主品牌情感是提升自主品牌形象的关键驱动因素之一。

10.5 社会规范因素及其影响效应

社会规范或群体规范是指人们在长期社会化经验基础上形成的社会行为规矩或社会活动准则，是社会普遍接受的对各种群体或事物的态度或刻板印象。长期以来，面子观一直是影响中国消费者行为最重要的文化价值观之一。面子观使中国公众格外重视自身形象和社会地位，具体表现就是在消费过程中优先选择外国品牌，以此来显示自己是“有钱人”或属于某个有钱人的特定群体。这对人们的品牌态度和消费行为产生了较强的规范压力。有关研究表明，消费者面子观越强，其所购商品的价位水平越高；面子观会促使消费者更加关注和偏好商品的形象价值，更倾向于以建立关系为目的的象征性消费（王长征等，2011）。从前述原始语句、范畴和主范畴可知，自主品牌负面刻板印象的生成与其面子观较强（A18）、群体规范压力较大（A19）和文化自卑较强（A20）有关。这可以从“5 自主品牌负面刻板印象生成的影响因素研究”中的受众跟帖的代表性言论看出。在面子观方面，如“5-3-1 国人只是喜欢一个标志而已，说出去有面子”“5-12-1 的确，死要面子的人不少”“6-7-1 因为国人太要脸面了”“7-94-1 大多数人还是虚荣心在作怪，有的人买回来可以在别人面前炫耀”等。在群体规范方面，如“4-24-1 和质量没关系，就是跟风而已”“6-1-1 买自主品牌轿车的人普遍会感到压力，担心买了别人会鄙视”“6-17-1 四年前，我买东方之子也是那样，周围的人都说别买奇瑞的车”等。在文化自卑方面，如“1-20-1 西方的月亮比中国的圆”“1-23-1 外国的都是好的”“7-3-2 崇洋媚外的人太多”“1-17-1 外国的普通牌子，工薪阶层用的货，到国内都能成奢侈品”等。

可见，强大的群体规范压力、面子观和文化自卑对自主品牌负面刻板印象的生成产生了重要影响。中国社会已经形成了国货低档、使用国货丢面子、洋品牌质量更好、使用洋品牌有面子等社会规范。一个社会的成员普遍知道这个社会接受的对各种群体的态度和刻板印象，它们对人们的行为有很大的影响（贝斯里莱姆，1989）。因此，要从主观上提升自主品牌形象，就需要加强消费文化引导，倡导理性消费，增强消费自信，结合公众自主品牌情感培养，使优先购买国货成为一种时尚。

10.6 自主品牌形象提升的关键驱动因素影响效应模型

上述分析表明，五大关键驱动因素及其相关主体各自扮演和发挥了不同的角色和作用。其中，本土企业是提升自主品牌形象的核心和主体，提高本土企业的中高端品牌形象、技术创新形象、质量形象和社会责任形象，是实现自主品牌形象提升的落脚点和归宿。政府部门是提升自主品牌形象的发起者和重要推动力量，不仅政府的市场监管形象、采购示范形象、政策支持形象需要改善，而且提升自主品牌形象的舆论导向、企业行为、社会规范以及消费者自主品牌情感培养都需要政府部门的引导。同时，政府部门还是社会信息环境建构的重要参与者。因此，提高政府部门的认识是开展自主品牌形象提升的基本前提。消费者自主品牌情感培养、理性消费观引导将有助于增强消费者对自主品牌正面信息、政府正面形象、外国品牌负面信息的选择性注意倾向，产生自主品牌正面功能、体验、信心和象征的评价命题，从而在主观上提升消费者个体的自主品牌形象感知，增强自主品牌购买意愿和行为。对大众媒体而言，它不仅是政府及自主品牌形象宣传、消费者自主品牌情感培养以及社会规范引导的重要途径，而且可以通过调控受众注意资源，增强自主品牌有利信息的易得性和代表性，使之产生对本土/外国品牌评价提取的变化，以增强本土企业正面评价的可接近性水平，从而提升自主品牌形象。基于上述分析和认识，遵循“矫形/塑形→情感/认知→态度/行为”的效应关系，可以建构自主品牌形象提升的关键驱动因素影响效应模型（见图10-2）。

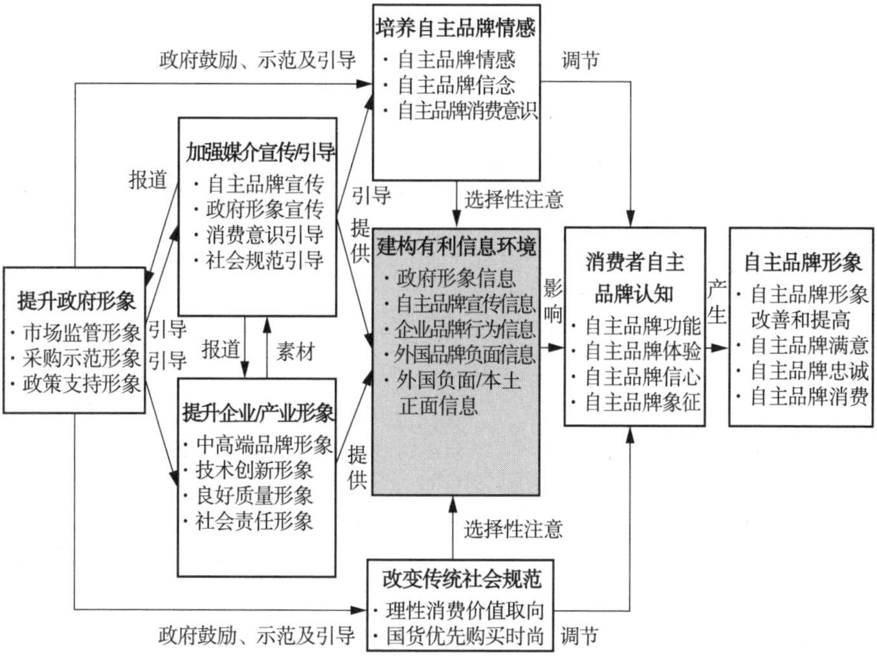

图 10-2 自主品牌形象提升的关键驱动因素影响效应模型

11 自主品牌形象提升的战略路径及矫形—塑形传播策略

目前，各类媒体明显加强了对自主品牌进行宣传的意识和行动，但有关行动尚需整合统一的行动框架或准则，如政府市场监管形象、国货采购形象和政策支持形象的矫形—塑形传播策略等。如果能根据五大关键驱动因素采取联动策略，无疑将使自主品牌宣传达到事半功倍的效果，缩短自主品牌负面刻板印象改变所需的时间。根据自主品牌负面刻板印象生成的影响因素和自主品牌形象提升的关键驱动因素，可以提炼出自主品牌形象提升的五条战略路径，即企业形象提升、政府形象提升、自主品牌情感培养、媒体宣传引导以及改变社会规范。自主品牌形象的提升需要遵循五大战略路径，以矫形—塑形内容为目标，充分发挥政府、媒体、企业、社会组织和公众的主体责任（见图 11-1）。

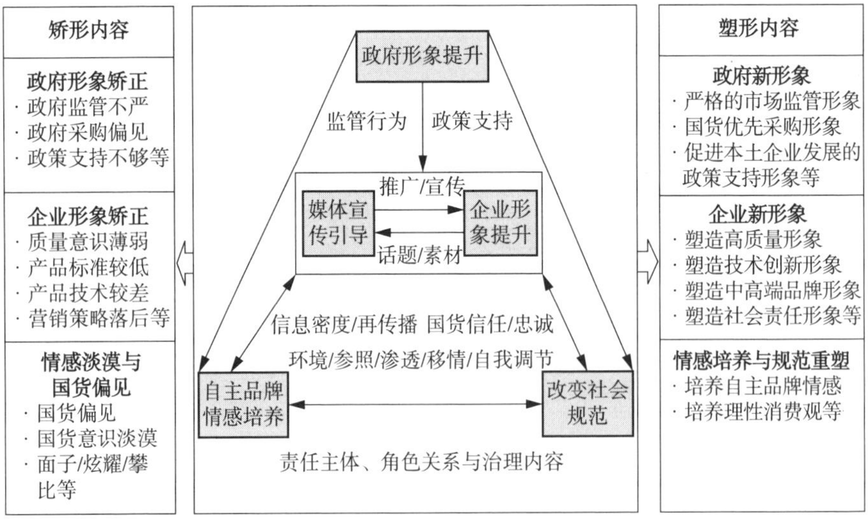

图 11-1 自主品牌形象提升的责任主体与角色关系模型

11.1　企业形象提升的矫形—塑形传播策略

11.1.1　企业形象提升的战略路径及实施策略

自主品牌形象的提升需要本土企业根据自主品牌负面刻板印象生成的影响因素，从矫形和塑形两个方面，纠正、改变和挽回负面形象，设计、塑造新形象。具体策略包括强化质量意识，做好质量控制，改善质量形象；加大科研投入，提高研发能力，提高产品创新形象；提高产品定位，积极塑造中高端品牌；强化品牌意识，提升品牌价值；消除质量、标准内外有别的国内歧视；诚信经营，增强社会责任，杜绝假冒伪劣，重塑消费者信任和消费信心。总之，本土企业必须从高品质和用户体验角度出发，做出比“洋货”品质更高、性价比更高的国货，用高品质、工匠精神，甚至更好的用户体验，去赢得消费者认可，逐步建立国货消费自信（雷军，2017）。

（1）自主品牌企业着眼于产品和服务

产品和服务是企业生存与发展的基本支撑点。自主品牌企业需要通过提供高质量、高标准和功能强的产品或服务，提高消费者对产品和品牌的安全感，提升顾客的感知价值，促使消费者认同企业品牌。同时，自主品牌企业可以根据产品和消费者改善营销策略，利用最新的互联网技术和移动信息技术了解消费者的潜在需求，通过网络向消费者传达质量高和标准高的自主品牌产品，使消费者认知自主品牌产品全面提升的情况，并且有针对性地制定个性化营销，引领品牌认知和品牌正面形象塑造。

（2）转变本土品牌刻板印象的企业应对策略

国务院办公厅发布的《关于发挥品牌引领作用　推动供需结构升级的意见》（国办发〔2016〕44 号）明确指出，“当前，我国品牌发展严重滞后于经济发展，产品质量不高、创新能力不强、企业诚信意识淡薄等问题比较突出”。本土企业要强化质量理念，加大研发和创新力度，提高产品质量，逐步赢回消费者信心。同时，要树立品牌意识，逐步向中高端发展，改变消费者心目中的负面刻板印象。具体策略包括：①企业要强化质量理念，从质量源头抓起，建立健全质量管理体系，做好质量控制工作。同时，要加大研发投入，不断提升自身的科研创新能力，把产品做好、做精，呈现给消费者高品质、高水准的国货。在对待出口与内销上，要摒弃以往内外有别的歧视性做法，做到出口、内销一视同仁，逐步赢回消费者对国货的信任。②积极发展本土中高端品牌。针对目前国货多处于低端的现状，本土企业要牢固树立品牌意识，不断增强品牌理念，用品牌吸引消费者，从而获取品牌收益。面对不同的细分市场，要采用差异化的定位策略，尤其是要大力发展中高端品牌，弥补当前本土品牌的劣势。同时，要不断推进品牌的国际化进程，通过全媒体整合传播，提高本土品牌的知名度和美誉度，改变本土品牌在消费者心目中的负面刻板印象。③企业宣传要采用合理的营销策略。由于低价格并不总能有效削弱本土品牌刻板印象，因此企业要慎用低价策略，要把主要精力放在产品和品牌上面，这样才能获取更高的收益。要强调品牌在近年来取得的成就，让更多消费者看到本土品牌的转变，从而削弱由于对本土品牌缺乏了解而产生的负面刻板印象。

11.1.2 基于企业主体的自主品牌塑形传播策略

（1）中国企业实施自主品牌塑形传播的原则

在传播学中，很多传播学家很早就意识到“反馈”在大众传播中的重要作用。例如，美国传播学家威尔伯·施拉姆提出的“大众传播过程模式”、美国传播学家梅尔文·德弗勒提出的“互动传播过程模式”、德国传播学家马莱茨克提出的“大众传播过程系统模式”等，都将反馈作为一个重要因素进行考量。由此，逐渐形成了研究大众传播反馈功能的“反馈理论”。该理论认为，改进和优化传播既是受众反馈信息的目的，也是传播者寻求和接受反馈信息后理应采取的行动；受众通过反馈向传播者表达自己的愿望、需求、态度和意见，希望传播者做出相应的调节和改变（方建移，2016）。消费者是企业产品（服务）的最终使用者，消费者需求的变动直接影响企业和所有营销渠道成员的收益，在一切以消费者为“上帝”的今天，消费者的意见（信息反馈）成为影响企业决策的重要依据（李宝库，2008）。新媒体传播是大众传播发展到 21 世纪以来新出现的传播类型，天然具有互动传播的特征，反馈成为其传播过程的重要组成部分。因此，对于自主品牌塑形传播来说，针对新媒体，中国企业要建立并运行高效的消费者信息反馈系统，尤其是对疑问信息和负面信息，企业需要予以高度重视并妥善解决。

疑问信息通常是指消费者在使用产品（服务）过程中提出的设计原理、使用方法等方面的问题，很多消费者会选择发布在企业官网上，企业要随时做出回应，解答或者解决消费者提出的各种各样的问题，并集纳共性问题，制作相关文件统一发布，以求消除消费者的疑虑。因此，此种举措是企业与消费者直接对话，会给消费者留下诚实、负责的印象，极有利于配合企业实施自主品牌塑形传播。反之，如果企业没有建立反馈渠道，消费者遇到问题咨询无门，长期积累的小问题可能在特定节点演变成大问题集中爆发，将引发自主品牌危机。另外，一手的消费者疑问信息反馈，未经研究人员的诱导，也不被传统的调查问卷框架所限制，包含了丰富的消费者洞察，如消费者使用偏好、习惯、需求、关注的性能和购买驱动因素等，它们能为企业产品（服务）创新提供极具价值的参考。目前，很多企业通过 CIC 消费者研究与产品（服务）反馈系统，深入挖掘消费者意见，为企业后续产品（服务）创新提供决策依据，为企业持续实施自主品牌塑形传播奠定了良好基础。

负面信息是指消费者在使用产品（服务）过程中发现质量等方面的问题。一般来说，一旦企业产品（服务）质量出现问题，消费者通常会通过两种渠道反馈：一是通过企业平台直接反馈。很多消费者比较理性，发现问题后选择通过官网等向企业反映问题。在这种情况下，企业要在最快时间内予以回应，通过售后系统处理好消费者所反映的问题，同时尽快检验相关批次产品（服务）质量，如果发现存在大面积质量问题，应该立即停止销售，整体召回和处理，将可能发生的自主品牌危机处置在萌芽状态。二是通过新媒体平台间接反馈。很多消费者觉得自己的利益受到损害，在非理性情绪的促动下，会直接将问题发布到论坛、微博、微信、QQ 等平台，引发其他消费者瞬间的大量转发。碎片化的信息使其他消费者了解不到整件事的状况，而只能了解局部或是一家之言，甚至有些消费者会选择给传统媒体“爆料”，传统媒体基于监督职责进行新闻报道，被更多消费者延伸转发到论坛、微博、微信、QQ 等新媒体平台。在这种情况下，企业要及时实施自主品牌矫形传播措施，以应对可能出现的自主品牌危机。

（2）中国企业实施自主品牌塑形传播的措施

“创新扩散理论”认为，大众传播过程分为两个方面：一是作为信息传递过程的“信息流”，二是作为效果或影响的产生和波及过程的“影响流”。前者可以是“一级”的，即信息由传媒直接“流”向一般受众，而后者则是多级的，要经过人际传播中许多环节的过滤（郭庆光，1999）。在传统媒体时代，报刊、广播、电视等单向传播特征明显，在企业自主品牌塑形传播中，在这些媒体上做广告是主要形式，企业将产品（服务）信息直接推向消费者，消费者处于“被动”接受状态，因此广告的质量至关重要。这在一定程度上，意味着自主品牌塑形传播的主动权掌握在企业受众手中。在新媒体时代，受众的人际关系内涵发生了重大改变，传统的“面对面”交流更多时候被基于电脑、手机、iPad 上的论坛、微博、微信、QQ 等“机连机”交流所取代，新媒体所产生的文本链接传播效应，远远超过了见面聊天式交流效应。自主品牌塑形传播也由传统媒体时代广告的“硬传播”为主转向“软传播”为主，侧重于在潜移默化中将信息传递给消费者，让消费者逐渐对企业产品（服务）产生认同（石章强等，2009）。因此，在新媒体时代，自主品牌塑形传播的主动权在企业与消费者的积极互动之中。依据“创新扩散理论”的基本原理和新媒体的基本特征，中国企业可以实施以下自主品牌塑形传播措施。

①自主品牌形象从无到有阶段。中国每天会产生成千上万家新企业，一家新企业诞生后，对于消费者来说，一般是“籍籍无名”的，不为消费者所知。在此情况下，如果企业选择新媒体作为塑形传播的渠道，首先需要企业自身运用系统的信息传播措施，将企业产品（服务）富有创新意味的信息在新媒体中发布出来。“议程设置理论”认为，那些得到大众媒体更多关注的对象，在某段时间内逐渐为受众所熟悉，其重要性也将为受众所知，而那些得到较少关注的对象则在这两个方面逐渐被受众遗忘，而且受到这种议程设置现象的影响，受众会依据大众媒体提供的观点来调整自己对这些对象的看法（麦奎尔，1987）。在传统媒体时代，大众传媒的时间和空间是有限的，只有部分财力雄厚的企业才有机会将自主品牌在报

刊、广播、电视以广告的形式进行推广。新媒体的海量信息特征为企业自主品牌塑形传播提供了广阔舞台，相当于企业跨过了媒体直接成为信息传播者。当下主流的社交媒体，如微信、微博、博客、QQ 等组成了当代新媒体传播群落，渗入社会结构的每个角落，移动媒体终端的发展最为迅猛，新媒体作为当下政治、民众文化的重要表征，已经成为社会公共领域的重要构成（李芹燕，2018）。因此，企业可以通过论坛、微博、微信、QQ 等直接将经过精心编辑的产品（服务）信息推送到消费者那里，不仅可以节约很多费用，还可以使自主品牌形象实现广泛传播。

②自主品牌形象从有到大阶段。“意见领袖理论”认为，活跃在人际网络中，经常为他人提供信息、观点或建议并对他人施加个人影响的人物，作为媒体信息和影响的中继和过滤环节，对大众传播效果产生着重要影响（郭庆光，1999）。在新媒体时代，意见领袖的影响力和覆盖面更大、更广，往往能形成地理上跨区域、人群属性上跨群体的多阶、多元影响力。在新媒体中，各个领域的名人、微博“大 V”、微信公众号主办人等通过发布图片、表明看法、转发新闻等活动，给受众提供信息。例如，微博的名人分类、个人标签方便了受众寻找自己的“同类”或“领袖”（方建移，2016）。企业通过努力，将产品（服务）信息在新媒体上大量传播的时候，在逐渐引起受众关注的同时，同样也会引起很多名人、微博“大 V”、微信公众号主办人等的关注，他们通过论坛、微博、微信、QQ 等转发企业产品（服务）相关信息，发表使用感言等，可以极大地影响普通受众的看法，进一步促成普通受众在论坛、微博、微信、QQ 上的大量转发，产生“病毒式传播”效应，“让大家告诉大家”，信息会以极快的速度流向消费者。在短时间内，使得企业自主品牌的名气从有逐渐变大，直至人所共知。新媒体时代的意见领袖对某个自主品牌的好感和支持可以带动成千上万的消费者购买该品牌的产品（服务）。因此，如果企业能赢得意见领袖的好感和支持，等于为企业聘请了一批免费而又可信的自主品牌推广者。

③自主品牌形象从大到美阶段。一般来说，经过“从有到大”这个阶段的自主品牌塑形传播活动，企业自主品牌在消费者心目中已经拥有一定的印象，可以达到知名效果。但是，新媒体时代的信息传播是海量的，如

果企业自主品牌塑形传播措施仅停留于此，随着时间的推移，消费者的注意力会逐渐发生转移，自主品牌形象在消费者心目中就会逐渐被淡化乃至消失。因此，企业要充分利用自主品牌已有知名度，不断推出强调措施，使得消费者对自主品牌的印象更加丰富，达到“固化”乃至“忠诚”的程度。“蝴蝶效应理论”认为，事物发展的结果，对初始条件具有极为敏感的依赖性，初始条件的极小偏差，将会引起结果的巨大差异。新媒体的技术特性和传播特征，决定了它是一个很不稳定的系统，任何一个变量在这个系统中都有可能成为引发蝴蝶效应的那对翅膀，继而引发社会风暴（刘京林，2009）。2015 年 11 月，国务院颁布的《关于积极发挥新消费引领作用 加快培育形成新供给新动力的指导意见》指出，随着居民收入水平不断提高，广大消费者特别是中等收入群体对消费质量提出了更高要求，更加安全实用、更为舒适美观、更有品位格调等要求。这意味着，新媒体时代的企业自主品牌塑形传播，必须不断以创新示人。例如，可以通过定期举行新产品（服务）、新技术发布会，企业参与公益活动等制造“爆点”，增加自主品牌在新媒体中的曝光率，以求在“源头”产生变化，在消费者中掀起更大传播热潮，逐步促使企业自主品牌达到美名程度。

（3）企业品牌危机事件的防范措施

如果说企业自主品牌塑形传播是常态，那么由于产品（服务）质量问题、仿冒、构陷等各种内外部原因所引起的自主品牌危机也是常态。在新媒体时代，企业自主品牌危机呈现新特点：一是破坏性大。新媒体信息传播迅速而复杂，传播过程往往会受多种因素影响，即使企业产品（服务）质量出现很小的问题，一旦被发布到论坛、微信、微博、QQ 等新媒体平台上，就可能引发严重的自主品牌危机。二是突发紧急。新媒体信息传播广泛且影响大，企业一旦发生自主品牌危机，就会在极短时间呈爆炸式传播，企业会被打得措手不及。三是控制较难。新媒体信息传播多元化，企业发生自主品牌危机后，会出现各种舆论声音，企业很难对舆论风向进行有效控制，倘若处理不当，很可能出现舆论失控的情况，造成自主品牌危机不断加重。近年来，由于自主品牌危机导致某些企业自主品牌衰落乃至消失的案例已有很多，有些甚至危及整个行业品牌。因此，中国企业实施自主品牌塑形传播时，需要随时做好防范各种品牌危机的准备。

①规避“自主品牌形象透支”。某些企业对自主品牌塑形传播缺乏理性认识，往往在短时间内集中资源在传统媒体、户外媒体以及新媒体中投放大量广告，试图在短时间内取得某种“轰动效应”，以期在短时间内获得消费者热捧，在短时间内取得不菲销售额。但是，随着广告热度的减弱，自主品牌形象又在短时间内被淡化，甚至在短时间内被消费者遗忘。更有甚者，在大规模投放广告以后，很多消费者发现产品（服务）质量与广告内容有较大差距或者完全不符，引发消费者认知不协调。在新媒体时代，一旦关于企业自主品牌的负面信息产生，就会以极快的速度在论坛、微博、微信、QQ 等中传播，会给自主品牌带来极大伤害，甚至导致自主品牌乃至企业“死亡”。在上述情况中，企业虽然利用自主品牌产生的短暂“名声”可能获取了高额回报，但同时也提前“透支”了自主品牌形象，出现得不偿失的后果。此外，某些企业在实施自主品牌塑形传播过程中，发现自主品牌已经有了很高的知名度，却以非理性“价格战”的方式盲目扩大市场占有率，由于产品（服务）价格远低于自主品牌形象在消费者心目中的预期，给很多消费者带来过于廉价、低端的印象，影响了消费者的品牌感知，导致消费者购买意愿下降，甚至拒绝购买。企业实施自主品牌塑形传播的根本目的是长远利益，企业要充分认识到自主品牌形象塑形传播是一个长期过程，理性实施自主品牌塑形传播策略。

②规避“自主品牌形象耗损”。企业在自主品牌塑形传播方面采取了切实有效的措施，自主品牌的知名度就会稳步提升，而消费者的消费期望也会不断提高。当达到一定程度时，如果企业的创新能力没有随之提高，产品（服务）质量原地踏步，消费者就会逐渐发现，企业自主品牌形象已经无法满足自己提高了的消费期望，就会导致后续购买意愿下降，造成自主品牌形象的无形损失。在传统媒体时代，很多企业为了取得很好的自主品牌塑形传播效果，更愿意邀请影视明星等知名人物担任形象代言人，但是一旦这些知名人物出现问题，甚至陷入某种“丑闻”，如果处置不当，将会给自主品牌形象带来很大影响。在新媒体时代，有部分企业依然选择知名影视明星等担任形象代言人，也有部分企业选择某些具有鲜明特点的管理者作为形象代言人。因此，消费者因为喜欢影视明星等知名人物而喜爱所代言的自主品牌现象依然存在，更有很多消费者因为喜欢某些企业管

理者，从而喜爱其所在企业的自主品牌。但是，由于新媒体受众广泛等特征，一旦这些知名人物、企业管理者由于自身问题陷入“丑闻”，如果处置不当，就会带来重大损失。因此可以说，企业自主品牌塑形传播是一个系统工程，意味着企业在实施塑形传播的过程中，同时要注重不断提高创新发展能力，不断研发适应消费者消费期望的产品，不断提高产品质量，满足消费者的消费需求；慎重选择自主品牌形象代言人，将代言风险降到最低。

③规避“自主品牌形象内爆”。在企业发展过程中，产品（服务）质量始终是自主品牌形象的“生命线”，也是防范自主品牌发生内外部危机的“定海神针”。只有产品（服务）质量过硬，再加上自主品牌塑形传播，才会促使自主品牌形象不断优化。在企业自主品牌塑形传播过程中，随着自主品牌知名度的提高，消费群体就会逐渐增大。一般来说，企业规模也会随之变大，业务流程变多，也更加复杂，对企业管理水平也提出了更高要求。但是，如果企业不能适应这种变化，导致产品（服务）质量下滑，或者企业自身太过逐利，出现“制假贩假”等情况，迟早会被消费者发现。在新媒体时代，一则很短的产品（服务）质量负面信息，可能瞬间传遍论坛、微博、微信、QQ等，引发“自主品牌形象内爆”。近年来，很多本来已经发展得很好且在消费者心目中已经拥有美名的企业自主品牌，由于突然爆发的产品（服务）质量问题，导致自主品牌形象在短时间内一落千丈，直接导致自主品牌乃至企业“死亡”。更有甚者，因为单个企业的产品（服务）质量问题，造成严重的自主品牌危机，引发消费者对整个行业的信任危机。因此，很多惨痛的教训表明，在任何时候和任何情况下，企业都要把严格控制产品（服务）质量作为首要任务，否则在众生喧嚣的新媒体时代，将会给自主品牌发展留下重大隐患。

综上所述，自主品牌塑形传播就是企业通过良好的媒体传播措施，使自主品牌形象逐渐在消费者心目中拥有美好感知（见图11-2）。企业自主品牌塑形传播是一个多维因素参与建构的复杂过程，从品牌传播角度来说，大众媒体无疑是其中重要一环，它可以通过不同途径导致社会需求发生变动，进而改变社会经济状况（韩永青，2015）。在互联网环境下，以新媒体为代表的大众媒体对企业自主品牌形象的影响越来越大。基于企业管理视角，中国企业实施自主品牌塑形传播是为了实现企业更好的生存与发展，因此中国企业应该高度重视新媒体在自主品牌塑形传播中的重要作用，结合自身实际情况实施卓有成效的传播措施。基于国家发展视角，中国企业实施自主品牌形象塑形传播是为了造就更多的本土品牌，引领更多的本土企业参与国际市场竞争，为国民经济发展提供不竭动力。2016 年 9 月，国务院办公厅印发的《消费品标准和质量提升规划（2016—2020 年）》指出，要推动中国产品向中国品牌转变，提高中国消费品知名度和美誉度，打造中国制造金字品牌。这个要求为中国企业自主品牌未来发展指明了方向。从这个意义上说，只有每个中国企业都能扎实开展自主品牌塑形传播工作，才会使中国本土品牌的不断发展拥有坚实的基础，促使越来越多的中国本土品牌持续做大做强。

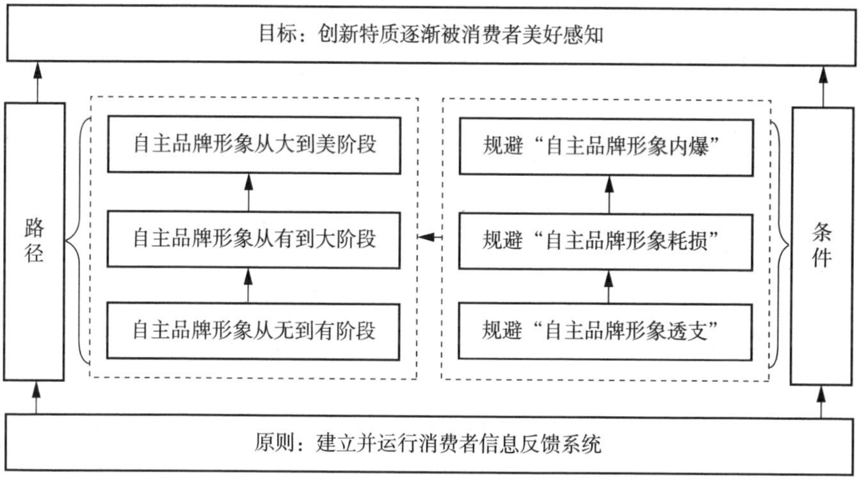

图 11-2 基于企业主体的自主品牌塑形传播模式

11.1.3 基于企业主体的自主品牌矫形传播策略

随着中国企业数量的极速增加，由于产品（服务）质量问题、仿冒、构陷等各种内外部原因引起自主品牌危机频发。如果这些问题演变为负面信息，出现在新媒体平台上，就会呈现“病毒式传播”的特征，再加上表述不明、流言渗透等因素，就会引发程度不同的自主品牌危机。企业一旦发生自主品牌危机，就会牵涉千千万万消费者的利益，短期内会给自主品牌形象以重大打击，严重者可以导致自主品牌乃至企业“死亡”。因此，当中国企业遭遇自主品牌危机时，着力实施自主品牌矫形传播成为事关企业生死的重大议题。

（1）企业品牌危机事件处理的矫形传播策略

在传统媒体时代，由于媒体单向传播的性质，“把关人效应”明显，媒体“放大”自主品牌危机影响的范围有限，自主品牌印象管理的主要任务是如何保持自主品牌形象在消费者心目中的美好感知。在新媒体时代，由于媒体互动传播的性质，“把关人效应”被弱化，媒体“放大”自主品牌危机影响的范围极大地增加，自主品牌印象管理的主要任务是如何防范、化解自主品牌危机和重塑自主品牌形象。因此，企业要善于使用逆向思维，从媒体传播层面着手，正确使用自主品牌矫形传播策略，化危机为契机，重构自主品牌形象，赢回失去的消费者和市场。依据印象管理理论的基本原理和新媒体的基本特征，中国企业可以实施以下自主品牌矫形传播措施。

①自主品牌危机快速处置阶段。企业自主品牌印象管理是一个系统工程，一般情况下，如果企业在产品（服务）质量等方面出现了一些小问题，企业能够及时有效地处置，就可以消除不良影响，将危机消灭在萌芽状态。但是，往往由于企业管理不善、疏忽大意等原因，很多小问题会逐渐累积演变成大问题，最终导致自主品牌危机。这个时候，基于印象管理需要，企业需要及时、果断地启动矫形传播措施。“认知不协调理论”认为，如果某事物和另一事物在人的心理上产生不一致，他（或她）将通过某种方式努力使得它们一致，所以人有使不协调状态降至最低程度并恢复稳定状态的动机，而消除认知不和谐的方法往往是调整原有的看法和态度（董璐，2016）。一般来说，一旦企业发生自主品牌危机，就会使消费者产生对自主品牌形象不同程度的心理落差感，这种落差感就是一种典型的认知不协调。因此，企业需要以最快的速度做好以下三件事情：一是调查了解危机状况，及时公布危机真相，并以诚恳的态度向消费者道歉；二是调查了解消费者受到损害的情况，如果涉及赔偿，需要按照约定及时兑现；三是调查了解管理者的责任，将处分结果及时向社会公布等。以上三种前后连续的措施，需要通过相关新媒体平台发布，促使消费者不断转发，可

以及时有效消除消费者的心理落差感，降低消费者出现的认知不协调，将自主品牌危机控制在初始阶段。

②自主品牌危机间接延缓阶段。“第三人效果理论”认为，人们在判断大众传播影响力之际存在一种普遍的感知定势，即倾向于认为大众媒体的信息对“我”或“你”未必有多大影响，然而会对“他”人产生不可估量的影响；由于这种感知定势的作用，大众传播的影响和效果通常不是在大众媒体指向的“表面受众”中直接发生的，而是通常在与他们相关的“第三人”的反映行为中实现的（郭庆光，1999）。在新媒体时代，自主品牌出现危机后，企业通过“快速处置”措施，可以暂时平息消费者的“焦躁”以及“愤怒”。但是，一般来说，很多议论还会在新媒体上出现，危机重新爆发的可能性依然存在。企业应该洞察媒体传播的“第三人效果”，在此阶段，需要邀请一些名人、微博“大V”、微信公众号主办人等，撰写“辩解”性文章，以他们的视角导向性地分析危机，澄清已经产生的谣言等，引导消费者理性认知危机，在巩固“快速处置”成果的基础上，扭转舆论风向，继续降低直至消除消费者的认知不协调，间接延缓危机。在此阶段，企业不便于再直接出面发布信息，以免继续吸引消费者的注意力，造成危机周期延长。在新媒体时代，每天涌现的各类信息层出不穷，随着时间的推移，消费者的大脑会逐渐被新的信息所填充，此前接收到的与自主品牌危机相关的信息会被逐渐遗忘，一场有可能导致严重后果的自主品牌危机就这样“有惊无险”地消除在形成阶段。

③自主品牌形象重新塑造阶段。从企业运行角度来说，发生自主品牌危机会干扰企业正常运行，因此极力避免危机的发生，是企业运行的正常逻辑。但是，任何事物都需要辩证地看待，在某些情况下，既然危机已经发生，就需要直接面对，看到危机中的“契机”。经过“间接延缓”阶段后，企业自主品牌危机会逐渐淡出消费者视野，这时企业管理者不能因此“一蹶不振”，而是要善于调整自主品牌形象管理策略，采取自主品牌矫形传播措施，重塑自主品牌形象，以“东山再起”的勇气，博取比自主品牌危机爆发前更好的消费者感知。“感化效应理论”认为，受众的态度由认知、情感和行为意向三个方面组成，其中情感往往起到主导作用，决定态度的基本取向和行为倾向。因此，打动受众的情感，便是影响受众态度的

最直接也最有效的手段（刘京林，2009）。经过“间接延缓”阶段后，消费者虽然会逐渐淡忘自主品牌危机，但是这种淡忘主要是在注意力层面，只要经过适当刺激，还会唤起他们的记忆。具体来说，企业只要认真汲取教训、重整旗鼓，着力加强经营管理和产品（服务）质量提升，在恰当的时间，当自主品牌以更高标准、更高质量的崭新面貌展现在消费者面前时，会让消费者形成与自主品牌危机发生时的强烈认知反差，让消费者对企业有一种“浪子回头”“重新崛起”“永不言败”等的情感认知，最终感化消费者，重新获得更好的自主品牌形象的美好感知。很多企业能在危机后主动调整发展方向而成功转型，抓住了商机，扭转了企业的命运（朱兆朋，2018）。

（2）建立企业品牌危机事件处理的矫形传播机制

在新媒体时代，无论是规模巨大的跨国公司还是实力较小的小微企业，发生自主品牌危机都是普遍现象，无论在什么时间、什么地点、什么环节，都有可能由于某件事情给企业带来自主品牌危机，而且每个新媒体受众都有可能是负面信息的制造者和传播者。当自主品牌危机发生后，如何尽快从危机中解脱出来，重返发展正轨，一方面与企业的历史积淀有关，另一方面与企业自主品牌矫形传播的能力有关。根据新媒体的特征，企业应该采取相应的管理措施，有效发挥新媒体的积极作用并抑制和消除新媒体的消极作用，维护企业的良好形象，实现企业自主品牌危机管理的目标（廖振明，2014）。从某种意义上讲，企业只要经历了自主品牌危机的考验，经过努力度过了危机、跨过了难关，就可以变得成熟起来，成就真正的品牌美誉度。从这个意义上说，企业发生自主品牌危机不可怕，真正可怕的是，一旦发生危机，企业不知道如何去应对，任由其发展，导致企业经营管理陷入一片混乱，最终伤害了自主品牌乃至企业本身。因此，中国企业实施自主品牌矫形传播的基本条件，就是企业要积极做好应对自主品牌危机的准备。

①达成自主品牌矫形传播共识。企业自主品牌与企业中的每个人是一种休戚相关、荣辱与共的关系。因此，企业要通过务实的工作方法，取得每个员工对自主品牌危机的深刻认识，将其植入企业文化。具体做法是对员工进行定期培训：一是培训自主品牌危机知识，让员工意识到自主品牌

是企业的重要无形资产，了解自主品牌危机的特征和危害、自主品牌危机发生时的处置常识等。二是培训媒介素养知识，对于企业而言，媒介素养水平较高的员工往往会传播关于企业的正面信息，媒介素养水平很差的员工若发表一些不当言论，影响力远超其他普通人发表的言论（赵玲川等，2016）。通过培训，要让员工理解媒体，尤其是新媒体的基本特征和传播规律、与自主品形象塑造之间的关系、与自主品牌危机之间的关系等。三是培训自主品牌矫形传播知识，企业发生自主品牌危机后，基于矫形传播的需要，会在物质、资金等方面做出程度不同的牺牲，会在一定程度上损害员工的利益。但是有“舍”才有“得”，通过培训让员工明白，只有共渡难关，才能赢回未来。只有这样，一旦危机发生，全体员工才能拥有应对品牌危机的精神准备，企业在实施品牌矫形策略时，不但可以减少很多内部阻力，赢得宝贵时间，而且可以为企业提供集体共识，提高成功消除危机的概率。

②组建自主品牌矫形传播团队。企业自主品牌危机是涉及企业生存与发展的大事，采用自主品牌矫形传播策略处理危机事务应该被纳入企业常规管理体系之中。2016 年 6 月，国务院办公厅印发的《关于发挥品牌引领作用　推动供需结构升级的意见》指出，要加强人才队伍建设，发挥企业家领军作用，培养引进品牌管理专业人才，造就一大批技艺精湛、技术高超的技能人才。自主品牌矫形传播是一种专业化企业管理活动，必须由专业人才实施，本着“专业的人做专业的事”的原则，企业需要组建自主品牌矫形传播团队。团队负责人应该由企业中职位较高的经理或其他职能部门责任人组成，成员应该具有全面素质和才能，要求视野开阔、处事冷静、决策果断、表达能力强（殷赣新，2008）。同时，一个工作高效的团队应该由来自不同专业领域的专业人士组成，如管理学、心理学、传播学、法学、信息工程学等，这样可以保证发挥人才的专业特长，为自主品牌矫形传播提供人力资源保证。有学者认为，在危机发生之时，许多突如其来的状况必须靠“沟通”而不是“管理”，许多冲突的情况有赖“协调”而不是“控制”，处置危机的成败关键在于第一时间的沟通而非整体的危机管理方案（吴宜蓁，2005）。因此，当企业自主品牌危机发生之后，团队可以在第一时间出面处置，拟定企业声明并通过官网发布，通过论

坛、微博、微信、QQ 等新媒体平台与消费者进行沟通，认真解答消费者关注的各种问题；与传统媒体保持联系，寻求他们的支持，帮助企业发声等。

③创设自主品牌矫形传播机制。企业自主品牌矫形传播机制是指发生自主品牌危机后，企业通过媒体传播措施及时与消费者顺畅沟通，取得消费者谅解以挽回自主品牌形象的制度安排。一是建立高灵敏度的信息搜集与反馈机制。2017 年 9 月，国务院印发的《关于完善进出口商品质量安全风险预警和快速反应监管体系切实保护消费者权益的意见》指出，企业要积极实施风险监测、预警前置和教育引导等措施，构建递进式、立体化预防体系，实现质量安全风险早发现、早研判、早预警、早处置，有效预防、系统应对。因此，企业要投入专门的人力、资金、设备，随时监控论坛、微博、微信、QQ 等新媒体平台中消费者对企业产品（服务）质量等各方面的反应，做到及时发现、及时回应，如果涉及的是重要问题，应及时汇报给企业管理层，及时决策、及时处理。二是建立危机案例研判机制，企业要定期收集其他企业发生过的自主品牌危机案例，分析发生自主品牌危机的原因及矫形传播措施的得失，不断总结经验教训。三是建立与新媒体平台的沟通机制，企业要与重要的论坛、微信、微博、QQ 站点保持密切沟通，一旦出现自主品牌危机苗头，可以通过它们引导有利于企业的舆论，帮助企业走出困境，重新赢得消费者的信赖（宋芬等，2014）。企业创设自主品牌矫形传播机制的目的，除了能将自主品牌危机苗头遏制在萌芽状态外，更为重要的是，一旦发生危机，就可以使企业快速进入应对状态，为企业处置危机赢得宝贵时间，做到有条不紊，始终掌握主动权。

综上所述，企业品牌危机事件的矫形传播就是企业在发生品牌危机后，通过良好的媒体传播措施，使自主品牌形象在消费者心目中由差变好的过程（见图 11-3）。随着中国经济社会转型发展力度的加深，风险社会的特征日益明显，除了自然灾害、群体性事件引发的“硬风险”外，还出现了社会认同、舆论多变等“软风险”。当下的中国舆论场，尤其是以新媒体为主要传播平台的网络舆论场，舆论燃点低，导致舆论事件频发，一个影响极小的事件经过新媒体的多元传播和舆论扩散，会通过受众的共情心理急速聚积放大，成为高热度危机事件（赵作为，2017）。品牌是沟通企业与消费者的重要媒介，从根本上说，品牌价值是否能够充分实现，取决于品牌作为媒介在企业和消费者之间的沟通效率。在当今新媒体大行其道的时代背景下，自主品牌危机是企业在发展中随时需要面对的风险，一旦爆发就会极大地降低自主品牌作为媒介的沟通效率。因此，在自主品牌危机发生后，实施切实有效的自主品牌矫形传播策略，是中国企业以自主品牌为媒介与消费者开展精准沟通的重要方式，可以将企业发展风险控制到最低程度。由此可见，在自主品牌危机发生后，善于实施自主品牌矫形传播策略是中国企业走向成功所必须具备的能力之一，可以促使中国企业自主品牌最终成长为成熟的中国本土品牌，从而不断提升中国本土企业参与国际市场竞争的水平。

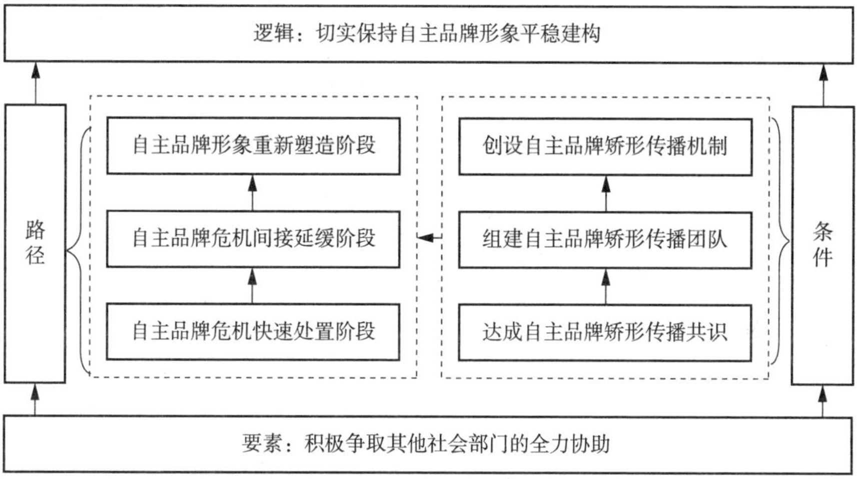

图 11-3　基于企业主体的自主品牌矫形传播模式

11.2　自主品牌形象提升的媒介框架建构与传播策略

11.2.1　自主品牌形象提升的媒介责任与框架建构策略

根据前文有关自主品牌形象提升的关键驱动因素及其影响效应的分析，可建构提升自主品牌形象的媒介框架模型（见图 11-4）。要形成有利于自主品牌形象提升的媒介拟态环境，需要大众传媒和新媒体大力宣传中国优势企业/产业或高端制造形象，塑造积极作为、消费者权益保障有力的政府政策和市场监管形象，同时加强对消费者自主品牌情感与消费意识的培养和引导。具体策略和对策建议如下：

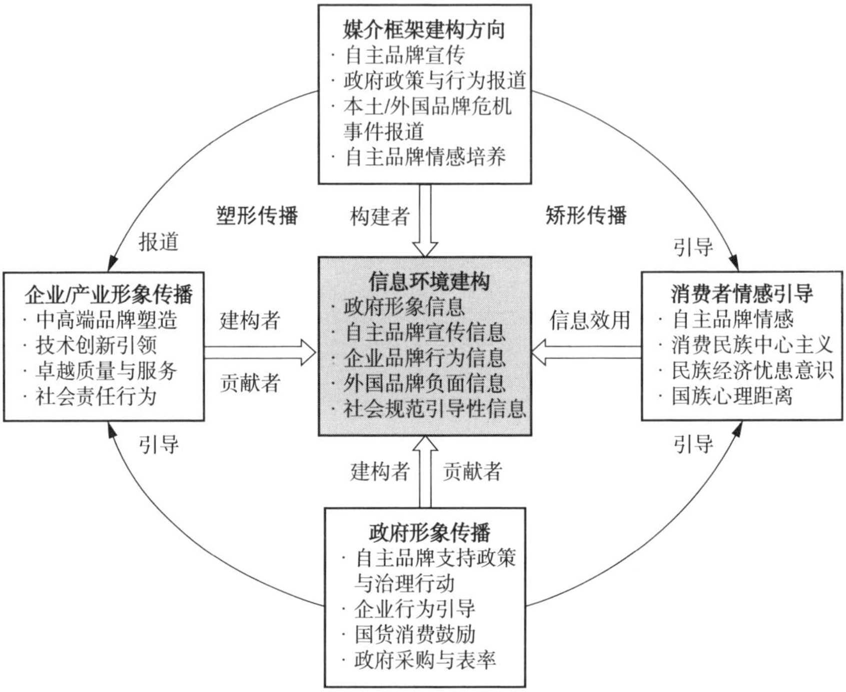

图 11-4　自主品牌形象提升的媒介传播“五种力量”模型

（1）提高媒体责任意识，加强媒介议程设置和媒介议题建构

媒体作为传播信息的媒介主体，应当充分发挥媒体作为工具导向对公众的积极引导作用，宣扬自主品牌的民族符号和民族文化，加强对自主品牌的正向报道和宣传。媒体在报道自主品牌危机事件时，应当合理阐述事情起因、经过和处理结果，避免媒体人由于自身对自主品牌的偏见而在报道中引发或加强公众对整体自主品牌的不满。具体策略如下：

首先，政府或新闻单位可以引导受众对中国制造报道进行思辨式解读，认清藏匿于新闻文本背后的政治、意识形态和文化差异等本质。一些新闻媒体并不只是对客观事实进行报道，而是对与品牌有关的各种事件或信息进行选择和加工，构建特定的“拟态环境”，从而在受众头脑中形成中国制造形象的图景，一些貌似客观公正的新闻报道实则隐含着不易察觉的意识形态意义。充分了解媒体的本质特征和西方媒体的话语语境，能帮助受众全面认识中国制造。

其次，中国媒体应积极建构有利于自主品牌形象提升的新闻议程设置和新闻议题建构。具体策略包括：①在报道内容上，要更多地报道本土品牌正面信息，充分宣传本土品牌近些年来取得的成就，如华为、小米、联想、格力等。中国媒体应加大对自主品牌的报道力度，增加“中国制造”的曝光度，增进国内外消费者对中国品牌质量和性价比等优势的了解和认同。在消费者高度敏感的质量、安全、技术和标准等方面，要让更多的消费者了解本土品牌的现状，避免由于缺乏了解而产生本土品牌刻板印象。同时要积极报道与本土品牌有关的正面事件，塑造良好的本土品牌形象，改变消费者原有的刻板化认知。②对外国品牌负面危机事件要及时设置负面形象议题，集中力量凸显时间构成和数量构成，提高外国品牌在产品质量、售后服务失诺等问题的报道比例，并以专题报道形式，系统回顾外国品牌出现问题的历史等，从而引导消费者正确对待本土品牌，逐步转变品牌来源国刻板印象。③在报道本土品牌负面信息的方式上，要避免以往在自主品牌“质量低劣、不负责任”等议题上的细致描述或负面评论，改变对自主品牌质量问题穷追不舍的报道风格；要避免过度报道引起消费者恐慌，从而产生对本土品牌的整体不信任，确认和强化本土品牌刻板印象。操作上，在报道本土品牌危机事件时，可以借鉴心理遗忘规律，采取三阶段报道策略，以防止对本土品牌问题的过度报道而导致本土品牌偏见的强化，即在报道的初期，基于人们遗忘速度快，应该减少报道的数量，避免过度报道；在第二个阶段，人们对事件已经有所遗忘，媒体此刻应该加强舆论监督和引导；在最后阶段，人们的关注度已经彻底转移至别处，这时媒体应加强正面报道，拯救相关行业（张卓倩，2009）。

最后，可以将西方媒体对话语的选择和使用技巧推广到中国媒体对自主品牌的话语建构中。中国自主品牌的形象塑造离不开语言，无论是词汇、修辞、语言标识符等语言形式，还是互文性、信息源、文本架构等话语方式，都对建构自主品牌形象起着重要的作用。中国媒体应该在新闻语篇的遣词造句上狠下功夫，在中国品牌身份的建构和关系的建立中发挥积极作用，讲好中国制造故事。

（2）改进新闻报道的叙事策略，提升框架建构水平

①注重拟态环境的建构，提高媒体对高端制造报道传播的广度与深度。媒体报道传播的广度与深度实际上就是一种非零和的博弈。一方面，对于传播主体来说，要满足受众需求，就必须做到速度快以及覆盖面广。提高媒体传播的广度，能够使报道的层次更为丰富，能全方位地为受众提供满足信息需求的方式。由此，扩展多种媒介与传播渠道，使高端制造和自主品牌宣传的相关报道、故事、内容成为大众媒体和新媒体环境下的易得性和代表性信息。另一方面，从受众对信息接收的有效性角度看，传播的深度尤为重要，要让受众能够理解和认同所接触到的信息（王崇圣，2010）。既要满足消费者接触高端制造、自主品牌形象提升等正面信息的广泛性，又要让受众对信息经历“了解—理解—认同”的累积深化过程。

②从小微处着眼，突出个体作用。公众认识到中国在诸多高端制造领域已经是全球先进甚至领先，但也有部分公众对此表示质疑。当前媒体对于高端制造的产品或者中国高端制造形象的报道多为“宏大叙事”手法，难免会让对本土品牌偏见较深的公众产生怀疑，因此要转变新闻报道的媒介框架与叙事策略，从小微处着眼，突出在高端制造领域中的具体创新技术、创新产品个案、创新个体作用、工匠精神等，这样不仅能让国内公众信服，还能缓解海外民众对“中国崛起”的心理威胁。

③广泛采用同题对比报道策略。前述研究表明，搜狐网转载的《中国人赴日“爆买”势头加剧》的新闻案例，虽然引起了心理距离近者（高国货意识受众）的反思，激发了国家集体自尊和民族经济忧患意识等爱国情感，但也对心理距离远者（国货偏见受众）的自主品牌形象认知偏差（如启动国货偏见、负面情绪化的攻击那些心理距离近者的批评言论等）起到了推波助澜的作用。也就是说，该报道为心理距离远者确认和巩固原有的国货偏见提供了代表性信息，这对改变中国自主品牌形象是不利的。从基于国族立场的框架理论来说，这则信息从标题到内容也是完全不合格的。因为该信息有暗示大家可以踊跃购买日货的意思；同时，以中国拥有实际购买能力的人口基数来说，去日本旅游购物的人毕竟还是少数，但媒介固

有的“光晕”现象使这一信息被放大了，好像很多中国人都去日本抢购一样。

在这则报道之后，《北京晨报》和《郑州晚报》先后在2016年5月2日和6月1日分别以《日无良免税店瞄准中国团 洗脑宣传制造爆买假象》《日本免税黑店专坑国人》为题对此进行了揭露。这两篇报道都站在受众角度，从消费品安全、消费权益保护以及日本店商的信誉缺失、不良动机等方面进行了议题和框架建构，因而引发多数中国受众的理解和共鸣，那些来自心理距离远者的反驳也大幅减少。这是典型的同题对比报道，这种报道方式正反对比鲜明、反差强烈、震撼力大、说服力强、能发人深省，是受众喜闻乐见的报道形式。同题对比报道不仅能够引发心理距离近者的反思，为其国货偏爱与忠诚的确认和巩固增加代表性信息，而且对部分心理距离远者也有一定的教育作用，使他们原有的国货偏见及其解释产生动摇。如果这类信息变多，成为易得性信息，将有助于提升受众自主品牌情感和自主品牌消费意识，抑制来源国刻板印象。

（3）建设强大的媒体集团，服务国家战略

在当今世界，不平衡和不平等的媒介传播权力普遍存在，以美国为首的西方主流媒体在话语体系中掌握着主导权，并在意识形态的操控下继续生产着对他国或他国群体的偏见性话语。如果想打破现有的国际传播格局，中国自主品牌要在媒体宣传、市场运作、消费者可接触终端等各方面努力营造品牌存在度。

首先，打造一批国际知名品牌媒体。缺乏在国际上有重要影响力的新闻媒体是当前制约中国制造传播能力的重要原因，因此应该努力提高国内主流媒体的国际化，进而打造一批在国际上有可信度、有权威性的知名媒体，打造具有国际竞争力的现代传媒集团，扩大中国制造传播度。

其次，建立多样化品牌传播渠道。除了传统的新闻媒体、产品广告等形式外，还可以利用官方外交、民间交流、文化输出、重大事件等机会，全方位传播中国品牌影响力。因地制宜地运用对外传播方式，用国外受众能理解和接受的话语、形式和手段，说服和感染他国受众，为中国制造正名。

最后，大力发展网络新媒体。大力发展网络报纸、社交媒体、微博微信、手机新闻客户端等网络新媒体，创新媒体传播方式，占领品牌传播制高点和品牌话语传播主动权，形成立体多样、创新融合的话语传播体系是提升“中国制造”国际品牌话语权的必由之路。

11.2.2 自主品牌形象宣传策略优化

基于前文有关高端制造形象宣传、“国家品牌计划”宣传和企业创新创业故事宣传的传播效果差异及其存在的主要问题，应对现有自主品牌形象宣传策略采取以下优化和改进措施。

（1）自主品牌形象宣传效果的提升策略

①尊重信息扩散规律，科学、高效管理。信息并不会无休止传播，会不断过渡，直至停止传播。要在科学的时间段内，实现高效管理，最大限度地提高信息的曝光度。

②控制关键节点，引导正确舆论导向。公众是传播环节的核心，在社交网络上，每一个人都不是孤立的，都依附于社交网络。品牌形象提升的宣传传播也依赖于每一个网络上的个体，因此要把握和控制住关键的节点，严厉打击虚假的信息，以免带来不必要的负面新闻，导致情绪曝光率或情绪互动率降低。

③开辟多种宣传渠道，增加与公众的互动。在自媒体的时代，网络平台的宣传也是多种多样的，由之前问题分析可知，与公众的互动使之变成活跃的品牌形象传播者是必不可少的，商家不仅可以选择微博、微信等转载评论的方式增加互动，更可以选择开直播等方式与公众面对面交谈，以增加互动率、活跃率和口碑率。

（2）新媒体视角下自主品牌形象宣传策略

新媒体的传播及时性、高度参与性、自媒体个性化与受众者分流化，为自主品牌形象的整合传播提供了机遇。自主品牌传播应充分利用新媒体传播特点，编辑和选择合适的宣传内容与表现形式，把握好舆论导向。具体可采取以下策略：

①转变观念，开放视野。当今是信息开放的时代，但很多国内品牌还未完全打开传播新视野，仍旧停留在内部宣传阶段，长此以往将不利于外界对品牌形成清晰印象，即使商品质量过硬，没有信息宣传和消费者消费，也会使得商品陷入尴尬境地。改变此种现象，便要求相关品牌开放视

野，改变宣传方式，利用合适的新媒体工具，让外界进一步了解自身品牌的特色和实力，提高知名度和影响力。

②不断突破创新、提高自身实力。在人们生活节奏不断加快的同时，信息的更迭速度也不断提升。为加大信息覆盖面，品牌自身应不断推陈出新、与时俱进。想要品牌持续保持信息传播热度和消费者持续消费的热情，其自身应该不断加强实力，提高在众多竞争者之间的竞争力，为成为知名品牌奋斗目标而进行品牌形象传播。

③建构传播导向的企业组织架构。整合传播需要跨越部门、联合协调，即企业内部应合理规划不利于整合传播的组织结构，明确传播部门的职能地位，使其在宣传方面具有较高的决策能力和控制能力。架构好内部组织后，应组织好管理流程，以消费者为主体，以市场为导向，在内部形成良好、顺畅的信息交流、传达机制，保证整合传播的顺利实施。

④传播内容新颖。由前述传染病模型分析可知，新闻传播效果的高低和“潜伏点”到“感染点”的转化效率成正比关系；转化率和人们的新鲜感以及信息价值和自身的相关程度有很大的关联。因此，自主品牌形象的传播内容必须给用户新鲜感，包括宣传方式的新颖性和宣传产品的新颖性。新鲜感对于用户来说，是按次数递减的。因此，在用户接收到新闻的同时，尽可能地利用最佳传播期进行宣传活动，不能在传播衰退期盲目地投入巨大宣传成本。在最佳传播期间，虽然要加强宣传，但宣传本身不能为了博取噱头而脱离实际。企业必须提供高质量的产品和服务，以增强国民对于中国品牌的信心。总之，在当今的自媒体时代，传播方式不能局限于电视、报纸等传统媒介，还需要微博、微信等新型媒介，后者的受众特别广，不仅可以达到很好的传播效果，而且有助于节约成本。

11.2.3 提升中国国际品牌评价话语权

国际品牌评价话语权属于经济话语权的范畴，其实质是指在国际品牌领域中，说话权利和说话权力的统一，话语资格和话语威力（影响力）的统一，包括主体在国际品牌中具有的话语自由和对国际品牌的多方面影响。它包含了对国际品牌的话题设置能力、对国际品牌舆论的主导控制能力与理论贡献能力，对各种国际品牌要素、标准和规范制定上的影响能力，以及对国际品牌评价的主导权、市场定价权与利益分配权等。国际品牌评价话语权是国家经济软实力的重要组成部分，是推动中国自主品牌成长和增强品牌国际竞争力的重要因素。在缺乏优秀民族品牌评价机构的情况下，中国社会普遍推崇和认可西方评价机构，以其评价结果作为重要乃至唯一的依据。这些机构不仅评价准则不科学，而且评价过程不透明、不客观，对中国企业品牌存在偏见。我们不仅难以从评价中获得有利于品牌价值提升的有效信息，而且有损于中国品牌形象。因此，中国自主品牌形象塑造离不开国际品牌评价话语权的提升。

（1）建构国家、企业、消费者的国际品牌话语角色

①塑造具有差异化的国家品牌形象。在品牌领域，中国还没有塑造出清晰的、差异化的国家品牌形象，而欧美发达国家对自己的国家品牌形象却有着准确的定位，如法国的追求时尚、德国的完美主义、日本的精益求精等。良好的国家品牌形象与企业品牌之间形成正面互动关系，如“Made in Germany”汽车与“Made in Malaysia”汽车相比，必然会影响到消费者的购买决策，这就是国家品牌资产差异化带来的结果。因此，要提升国际品牌评价话语权，首要任务是要重塑中国国家品牌形象，累积国家品牌资产，将中国作为经济大国与制造大国的正面形象以精确而稳定的定位展示给世界，为企业品牌提供来自国家品牌的价值支持。

②提高企业国际品牌评价话语质量。提升企业国际品牌评价话语质量包括提升品牌质量、品牌附加值质量两方面的内容。一方面，品牌质量是形成品牌话语权的核心要素，强势品牌评价话语权离不开高水平的品牌质量。“中国制造”要改变消费者心目中质量低劣、价格低廉的负面刻板印象（张燚等，2014），必须通过创新、差异化等方式打造拥有核心竞争力的自主品牌。中国高铁由于过硬的集成技术、施工技术，在该产业链占据主导地位，中国高铁技术标准适用于世界绝大部分地区，这是优质的自主品牌质量提升企业国际品牌评价话语权质量的成功案例。另一方面，寻求品牌定位，挖掘品牌文化，实现产品高溢价是提升品牌话语权的加分项。和西方企业长达百年的品牌建设相比，中国企业的品牌意识刚形成不久，对自己品牌的定位还不够清晰和准确，对包括传统、功能、风格等在内的品牌内涵理解不深。企业应该在品牌定位、品牌服务、品牌体验、品牌文

化等方面大力推广和长期渗透，提升品牌的溢价能力。例如，海尔就是依靠对品牌的准确定位成为美国市场最大的小冰箱厂商，扩大了品牌的国际知名度，提升了该品牌在冰箱市场的话语地位。

③转变消费者品牌话语内容。提升中国国际品牌评价话语权要赢得本土和海外两个市场消费者的品牌认可，增强民众对中国品牌的信任与支持。首先，中国品牌要在本土做大做强，谋求良好的国内市场品牌评价话语权。从 Nike、CocaCola 等国际品牌的成功范例可见，90%的品牌都是在本土市场非常成功之后才走向国际市场的。中国品牌应该培养国内民众的自主品牌意识、巩固自主品牌情感、树立自主品牌信念，在国内市场谋求高口碑的品牌评价话语权。其次，中国品牌需要制定长远的国际化品牌战略，在海外市场谋求国际品牌评价话语权。2013 年《中国国家形象全球调查报告》发现，发达国家海外消费者对中国品牌的平均熟悉度为 9%，发展中国家海外消费者对中国品牌的平均熟悉度为 24%（何高平，2016），这个数据不利于中国品牌在国际品牌评价话语体系中占据一席之地，不利于中国国际品牌评价话语被海外民众接受和承认。中国品牌要积极参与海外市场话语体系，使企业品牌和产品/服务品牌获得国际用户顾客认同，建立品牌认知度、认可度、偏好度和忠诚度。

（2）建立中国特色的国际品牌话语评价机制

①发展本土的国际品牌评价机构。首先，加强品牌话语人才培养。培育一支具有品牌专业知识、品牌先进理念、品牌创意点子、品牌传播手段、品牌传播技术的品牌队伍，聘请北京大学、中国人民大学等著名学府在品牌研究领域有极高知名度的教授学者组成专家顾问团队，邀请中国知名企业和金融界高管兼职实训导师，汇聚各方人才形成能引领中国及世界品牌评价话语的专业队伍。其次，由中央和各级地方政府牵头，集合国家商务、财税、科技、质检及司法等相关部门，调动科技、国防、财政、税收、市场等各方面资源组建高质高效的本土国际品牌评价机构。同时，“胡萝卜”和“大棒”政策同时使用，对品牌评价机构进行有效管理和监管。最后，对本土国际品牌评价机构进行软件和硬件两方面的有力扶持。例如，建立健全相关法律法规体系，研发打造权威品牌数据库和智库，架设品牌机构、企业、金融机构、专业人才等之间的沟通合作桥梁，在资金

投入、税收减免、市场拓展等方面制定具体细化的优待政策。

②建立自主的国际品牌评价标准。目前，全球尚未形成统一的品牌评价方法、规则和标准，中国应该抓住作为国际标准化组织品牌评价标准化技术委员会提案国和秘书国的有利时机，研究品牌评价的关键技术，主导建立一套全球公认、科学、公正的品牌评价标准体系（刘平均，2015）。该评价标准体系应该以现有国际品牌标准和国家标准为基础，以当前国际企业、产业、品牌现状为依据，体现中国以及广大发展中国家利益诉求，兼顾公平公正原则。其评价范围需涵盖世界企业、产业、品牌、技术等，评价方法和评价要求需完全公开透明，评价信息需接受国际社会、各国企业、世界消费者的监督，从而保证评价结果得到国际公认。

（3）打造全方位国际品牌传播平台

强大的国际传播能力是获取品牌国际话语权的重要保障，在媒体宣传、市场运作、消费者可接触终端等各方面，中国品牌要努力营造品牌存在度。

①中国媒体应该在国内传播中塑造中国品牌正面形象。中国媒体应该有选择性地报道本土品牌正面信息、外国品牌负面信息，改变以往对本土品牌质量问题穷追不舍，以及在本土品牌“质量低劣、不负责任”等议题上的细致描述或负面评论；国内媒体应积极争取在外国品牌质量问题上的话语权，积极构建外国品牌风险图景。

②打造一批国际知名品牌评价媒体。缺乏在国际上有重要影响力的新闻媒体是当前限制中国国际品牌评价话语传播能力的重要原因，因此应该努力提高国内主流媒体的国际化，进而打造一批在国际上有可信度、有权威性的知名媒体。

③建立多样化品牌传播渠道。除了传统的新闻媒体、产品广告等形式，还可以利用官方外交、民间交流、文化输出、重大事件等机会，时时传播中国品牌影响力。李克强总理每次出访都推销中国装备，推销中国高铁，这样的品牌传播更具有公信力和权威性。在民间交流和文化输出时，可对中国茶叶、中国丝绸等具有中国传统特色的品牌进行推广。奥运会、世博会、博鳌论坛等全球重大盛会也为中国品牌高端营销和推广提供了良好契机和重要平台。

④大力发展网络新媒体。大力发展网络报纸、社交媒体、微博微信、

手机新闻客户端等网络新媒体，创新媒体传播方式，占领品牌传播制高点和品牌评价话语传播主动权，形成立体多样、创新融合的话语传播体系是提升中国国际品牌评价话语权的必由之路。

11.3 自主品牌情感培养与社会规范引导策略

11.3.1 自主品牌情感培养

由态度改变理论和“大我—小我—国货”平衡理论（张燚等，2018）可知，消费者自主品牌情感的形成既以爱国情感为基础（产生支持国货必要的“大我”需要），又需要认知的合理化（产生支持国货可行的证据）。借鉴态度理论中的“认知—情感—行为”框架理论和品牌资产驱动模型理论可知，消费者自主品牌情感的形成包括认知过程、情感过程和行为过程，是认知变量（自主品牌功能、自主品牌体验、自主品牌象征）、情感变量（自主品牌信任、自主品牌依恋）和行为变量（自主品牌忠诚）三个层级要素相互影响、彼此驱动的结果。根据自主品牌认知偏差的根源、影响因素以及自主品牌消费意识形成的线索来源，消费者自主品牌情感培养需要从环境机制（如政策、文化、市场、舆论和教育引导等）、参照机制（如参照群体、政府部门和官员等）、情感机制（如爱国情感、责任感、移情等）、渗透机制（如内化为理性消费价值取向、文化自信与文化自觉；外化为高度的国货信念与国货忠诚等）等方面，实施自主品牌情感和消费意识培养（张燚等，2018）。

11.3.2 社会规范引导策略

（1）加强对公众自主品牌消费意识的引导

两类受众自主品牌形象认知的相关线索除了为本土企业的营销战略提供借鉴外，还重点蕴含了政府、媒体和社会组织对受众注意资源进行调控的战略借鉴。具体表现在：心理距离近者主张支持国货的解释原因，实际上是从支持国货的必要性和可行性进行了相应的命题评价，同时指出了心理距离远者自主品牌形象认知偏差的根源，这为受众自主品牌情感与消费意识培养的理论灌输提供了重点和方向。一个重要策略就是加强自主品牌正面信息的报道力度，为强化和确认国货意识提供更多具有代表性和易得性信息；同时，根据心理距离远者自主品牌形象认知偏差的线索来源，通过反向、说服性议题建构进行理论灌输，指出其认知偏差的错误和问题所在。另外，心理距离远者都对支持或优先购买国货存在错误认识，其根源在于他们对国货意识的基本内涵和常识缺乏了解。因此，要开展民众国货意识的引导，就必须详细介绍国货意识的含义以及中国人为什么缺乏国货意识、为什么需要国货意识以及怎样才能形成国货意识等基本问题，以提高对国货意识的正确理解，消除错误观念。

（2）加强高端制造与大众消费品的联结强度

受众作为新闻传播活动的起点与归宿，对新闻传播的成败得失起着客观性制约，因此在撰写高端制造宣传报道时，要注意新闻接近性的运用，就是指地理、心理、利益、年龄及利害关系等方面的接近（胡正强，2005）。高端制造形象与自主品牌形象为彼此联结的信息节点，但对受众来说，二者联结强度会不一样。不少公众会认为，高端制造集中在航空航天、国防军事、生物科技等领域，距离日常生活比较远。因此，高端制造等宣传报道对于该部分的受众会存在地理、心理、利益的距离感，高端制造与大众消费类自主品牌的联结强度较弱。其实不然，在日常生活中有大量的高端制造产品，由此在高端制造的报道策略上应注意与受众贴近，加强公众对高端制造形象与大众消费类自主品牌之间的联结强度，以激活其头脑中储存的关于中国高端制造的技术先进性、质量保证等正面认知活动、知觉经验与自主品牌形象相联系，经过联想、判断、推理和思维等认知活动，逐渐形成将高端制造迁移到自主品牌形象的正面认识上。

（3）提升自主品牌功能和体验感知，增强自主品牌象征性知觉

由前述研究结论可知，自主品牌情感（包括信任、依恋）和自主品牌行为（忠诚）是以良好的自主品牌功能和体验感知、积极的自主品牌象征性知觉为基础。因此，增强公众自主品牌功能和体验感知、提升自主品牌象征性知觉就成为公众自主品牌消费意识培养的重要途径。前者属于态度改变的“认知合理化”因素，需要从高品质和用户体验角度出发，做出比“洋货”品质更高、性价比更高的国货，用高品质、工匠精神，甚至更好

的用户体验，去赢得消费者认可；后者属于态度改变的“情感”因素，需要从培养爱国情感、文化自信出发，激发和引导内群体偏爱，产生支持自主品牌的移情效应。具体操作策略如下：

①通过自主品牌功能品质升级，增强公众自主品牌功能和体验感知。主要包括：A. 对于自主品牌企业，应当以提升自主品牌产品的功能价值、优化自主品牌服务的感官体验为目标，在强化质量管理意识的前提下，加紧构建质量管理体系，建立可视化安全监管，提升公众对自主品牌产品的功能评价与质量安全的信任程度。同时，自主品牌企业应逐步摒弃以中、低端定位扩展市场的营销策略，转而树立起高端品牌意识，并协调功能研发与营销推广间的资源分配，以提升产品功能价值为基础，采取高质量，高定位的营销策略。不仅如此，部分企业在推动自主品牌国际化进程中，还可以凭借对国际市场的影响反向吸引本土消费者对自主品牌的关注，激发消费者对于中国品牌的自豪感与消费意愿。B. 对于政府监管部门，首先应当完善安全标准体系与监管系统，以便预防并监管偶发性质量安全事故。其次，政府应督促自主品牌企业构建高效的产品追溯机制，严防不合格产品流入消费市场。对于部分不法企业，政府还应当制定及时的追责制度，并采取相应政策杜绝隐患再次发生。在此基础上，政府与企业还应积极调动社会力量（如行业组织、消费者协会等），形成对自主品牌企业监管、投诉，追责与维权的完整机制。C. 对于中央和地方各级政府部门，应积极推动国家品牌、区域品牌与产业集群的形成与发展，以塑造“中国制造”的正面形象为主要目标。这不仅可以为自主品牌发展提供原动力，还可借助部分优势品牌的溢出效应，从整体上改善消费者对自主品牌的认知态度。

②通过爱国情感和文化自信培养，增强公众自主品牌象征性知觉。爱国情感的激发需要政府部门、行业组织、本土企业、媒体及消费者等多主体协作，建立统一的认知与行为传播机制。主要包括：A. 对于政府部门，应当应营造务实的社会风气，积极发挥垂范作用，有效引导理性购买行为。对于社会环境中普遍存在的文化自卑与崇洋心理，政府部门要加大对正面国家形象与民族文化的传播力度，增强消费者的民族文化自信与对中国制造的信任。B. 对于行业组织或社会团体，应积极开展相关优势产业崛起的宣传活动，并展现自主品牌对比外国品牌的功能或质量优势，引导消

费者正确认知自主品牌的发展态势，加强消费者对民族品牌发展的认可程度。C. 对于本土企业，不仅需要提升自主品牌产品的功能价值，还需要凸显自主品牌的民族象征意义，并通过宣传使自主品牌产品成为社会关注热点，吸引消费者对民族品牌的关注。同时，本土企业还需借鉴国际成熟品牌的发展案例，逐步摆脱以性价比为号召的营销思路，转向以高品质、高定位的策略吸引高档消费回流。D. 对于媒体及宣传部门，首先需要深刻意识到自主品牌偏见、来源国属性与消费行为间的作用关系，然后选取有利于自主品牌发展的报道方式。如选择性报道自主品牌正面新闻，增加消费者对自主品牌发展信息的易得性；或者彰显自主品牌的民族特性与民族经济发展重要性，激活消费者的民族自尊与民族经济忧患意识，使之在爱国情感驱动下自发降低对于自主品牌产品的“小我”需求，转向对“大我”需求的满足。相关媒体报道还可以选取相关案例，为公众剖析“自主品牌偏见或自主品牌消费意识不足”对国家经济安全造成的威胁作用，引发消费者对自身公民义务的思考，使消费者愿意承担起消费自主品牌的责任意识。

（4）加强公众爱国主义教育，增强爱国情感和民族忧患意识

前文有关00后群体的自主品牌认知唤醒与消费态度改变研究表明，00后大学生群体之所以能形成较强的自主品牌偏爱态度，主要源于他们形成了较强的国家自豪感与外来民族威胁感，以及较高的自主品牌情感与消费意识。这些认知唤醒与自主品牌态度改变的刺激信息主要来源于爱国主义教育与文化自信培养、外部民族冲突信息、自主品牌形象宣传、国货意识引导以及自身积极的自主品牌功能与体验感知。可见，增强爱国主义教育与文化自信培养，加大外来的民族威胁信息披露，加强国货意识引导和自主品牌形象宣传，提高自主品牌功能与体验感知是培养自主品牌情感与消费意识的重要途径。其中，爱国主义教育与文化自信培养、外部民族冲突信息有助于提高公众的国家自豪感、外来民族威胁感及内群体偏爱，从而产生支持国货所必要的移情；国货意识引导、自主品牌形象宣传、积极的自主品牌功能与体验感知则有助于公众产生支持国货可行的认知合理化加工。

因此，政府、媒体、学校应加强公众（学生）爱国主义教育，增强国家自豪感和民族忧患意识。具体策略有：A. 对于政府，应加大对国家形象的宣传，增加公众国家自豪感；对外部民族冲突及时做出回应，增强公众

的国家集体自尊；突出宣传好国家历史与民族文化，增强公众文化自信。B. 对于媒体，要站在政府和社会责任立场，在提升政府形象方面狠下功夫；同时，加强对外来的外交挑衅、安全威胁、主权和内部事务干涉、经济制裁、企业发展阻挠、贸易保护、辱华事件等信息的新闻报道和披露力度，增加公众的理性思考，激发公众的国家自豪感、国家集体自尊、民族忧患意识及其爱国主义情感。C. 对于学校，要积极向政府靠拢，向学生积极传达政府部门对教育、科研、民生等问题的文件精神，增强学生的国家认同感和信任。学校要以丰富的形式开展爱国主义教育及传统文化教育的活动，调动学生参与活动的积极性，激发学生的爱国情感及文化认同感。

（5）改变社会规范的战略路径及实施策略

改变过分注重面子、炫耀攀比的消费异化文化，培养理性消费价值取向，形成支持国货的消费时尚，将有助于增强消费者的自主品牌满意感和认同度。社会规范的改变与形成是一个长期过程，重点需要发挥政府部门的行为导向作用。党的十八大以来，党中央针对群众反映突出的问题，开展了富有成效的“四风”专项整治行动。随着政府部门轻车从简和节俭之风，政府行为的上行下效作用开始显现，人们的理性消费价值取向有所增强，越来越注重消费的适用性。除了政府部门及其官员的以身作则外，还要与媒体合作积极开展公众理性消费价值取向的教育、鼓励和引导，在全社会形成反对奢靡、浪费之风，扭转消费异化文化，形成健康的社风和民风（张燚等，2014）。

11.4 政府形象提升的矫形—塑形传播策略

如前所述，影响自主品牌形象提升的政府形象包括市场监管形象、本土企业政策支持形象和政府采购形象。具体的矫形—塑形传播策略包括：

（1）提升政府监管形象

近年来，频频爆出的质量危机事件，增加了国货消费挫折感，极大地打击了消费者对本土品牌的信心。对此，要从根本上提高本土品牌质量。除了本土企业自身要加强自律外，政府相关部门要加大质量监管和执法力度，杜绝假冒伪劣、商业欺诈和信用缺失行为；建立溯源机制和惩罚制度，从源头上遏制伪劣产品，并出台相关法规政策严厉打击假冒伪劣产品，保护自主品牌正面形象。同时，加大消费者权益保护力度，降低消费者维权难度；提高产品技术标准、环保标准，杜绝内外有别的市场歧视；对假冒伪劣实施零容忍（尤其是食品、药品），坚决查处，重典惩治，在全社会形成高压态势，塑造严格的市场监管形象，增强国货消费信心。此外，还要充分发挥社会力量（如行业或消费者协会等），形成对产品质量的全方位、多渠道监管。

（2）提升本土企业政策支持形象

当前，面对经济下行和转型升级的巨大压力，党中央、国务院高瞻远瞩地提出了“制造强国”战略和供给侧结构性改革等重大举措。在此基础上，政府部门应加大对政策解读、政策实施效果的报道力度，矫正以前政策过分强调开放和引进外资、不重视本土企业的负面印象，重塑政府高度重视和积极支持本土企业或自主品牌发展的政策形象，增强消费者支持国货的理由。

（3）提升国货优先采购形象

政府部门陆续出台了国货优先采购规定。2012 年，财政部出台了要求中央单位带头采购本国产品的政府采购政策；2014 年，财政部和中国民用航空局联合发布关于公务人员因公出差优先购买国内民航机票的规定等。政府部门和公务人员不仅要在采购和使用国货上作出表率，而且要鼓励各级政府及公务人员利用公共外交、政府平台和个人公信力，主动充当本土品牌的代言人，充分发挥政府部门在消费中的示范引领作用。

（4）合理引导面子观，增强文化自信，积极倡导理性消费观

对于当前消费领域存在的面子消费，一方面要认识到其存在一定的历史原因，无法在短时间内迅速消除；另一方面，要通过对公众的正确宣传和积极引导，努力弱化其对本土品牌消费的不利影响。政府部门要从自身做起，有效遏制公款吃喝、公款消费等奢靡之风，树立良好的党风、政风，为民众做好示范作用。同时，要积极推进社会主义核心价值体系建设，营造勤俭、务实的社风、民风，有效引导消费购买行为。针对社会中存在的文化自卑或崇洋心理，相关部门要加大对传统文化的宣传和扶持力度，激发消费者的文化认同感和国家自豪感，扭转“购买本国产品低人一等”的社会规范。

12 研究结论与不足之处

12.1 主要研究结论

12.1.1 根源探索的研究结论

（1）自主品牌负面刻板印象生成的动机根源

本研究首先对受众跟帖进行扎根理论研究，明确了自主品牌负面刻板印象生成的四种主要动机，建构了自主品牌刻板印象生成的动机整合模型。其中，自我防御动机包括质量防御、安全防御、技术防御、标准防御和假冒防御；工具导向动机包括尊崇群体规范、效仿政府行为和适应媒介框架；价值表达动机包括炫耀攀比、崇洋心理、高档消费和独立自我；认知理解动机包括认知成本和认知框架。这四种动机不是同时作用于消费者所有产品的购买决策过程。在不同产品领域，由于消费者的属性要求不同，因此其启动自主品牌负面刻板印象的动机类型及其作用大小存在差异。其次，通过实证分析，验证了四种动机对消费者自主品牌负面刻板印象生成的显著正向影响。

（2）自主品牌负面刻板印象生成的心理认知根源

本研究以“中国人赴日‘爆买’势头加剧”的受众跟帖为例，通过心理距离框架效应分析表明，受众自主品牌认知框架受到心理距离“远/近”的影响。具体而言，心理距离近的受众采取了防御聚焦型认知框架，对赴日“爆买”者及其行为提出批评，主张支持国货，表现出较强的国货偏爱、正面社会情绪和渐变论特质；心理距离远的受众采取了促进聚焦型认知框架，通过赞赏日货、抨击国货问题，反对支持国货、理解赴日“爆买”行为，表现出较强的国货偏见、负面社会情绪和实体论特质。受众对该新闻报道的信息加工存在“心理距离（情感）→动机倾向（或自我调控目标，即原有态度、认知及行为）→信息加工的调节聚焦策略→信息加工的受众框架面向”的加工过程与效应关系；受众心理距离认知框架与其社会情绪、内隐人格和自我概念等个体特质存在显著的正相关关系。

（3）自主品牌负面刻板印象生成的影响因素研究

本研究首先以受众跟帖为例，运用扎根理论研究方法，厘清了导致自主品牌负面刻板印象生成的影响因素，包括不利的认知合理化因素（负面本土企业形象、负面政府形象和负面国货形象）和不利的情感/环境因素（国货意识淡漠、社会规范压力和媒体渲染）。前者是自主品牌负面刻板印象生成的客观因素和根本原因，后者是自主品牌负面刻板印象生成的主观因素，会放大受众或消费者对负面的本土企业形象、政府形象和国货形象的选择性注意、可接近—可诊断性，从而进一步强化或确认其自主品牌负面刻板印象。其次，将范畴作为测量问项，将主范畴作为潜变量，通过问卷调查和实证分析证实，六个主范畴均对自主品牌负面刻板印象存在显著的正向影响。

12.1.2 传播效果分析的研究结论

（1）自主品牌形象提升的媒介宣传现状与效果分析

分析表明，在高端制造宣传中，受众评论的积极态度显著高于消极态度，总体对中国高端制造领域发展持支持意见；对入选“国家品牌计划”的碧桂园的宣传效果分析表明，在房地产行业总体关注热度呈下降趋势的情况下，碧桂园的受众关注度较高，依然取得了很好的业绩；对优秀企业创新创业故事的宣传效果分析表明，受众的认知、态度和行为效果较为积极和正面。从问题上看，高端制造的媒介宣传质量及覆盖范围欠缺，未能给予公众更大的评论空间；“国家品牌计划”宣传过于注重吸引大额广告投放的企业，导致向公众传递的品牌与实际情况有严重偏差和误导，并且相关广告违反了广告法的有关规定；对优秀中国企业创新创业故事的宣传，权威性强的媒体宣传相比之下具有更好的受众影响，并且创新创业故事宣传片对我国自主品牌提升具有显著的促进作用。

（2）自主品牌形象宣传的传播过程建模与传播效果分析

本研究主要运用SI传染病模型、MATLAB仿真软件以及传播效果评价指标体系进行分析。为了比较全面地分析自主品牌形象宣传的传播效果及存在问题，本部分组织了4个研究小组，每组按照以下问题独立选取分析案例，独立开展传播过程与传播效果分析，期望通过多元分析能够为现有宣传策略的优化和改进提供更可靠的依据。其中，问题1：选取有关高端制造的新闻报道，探讨其传播过程模型和传播效果；问题2：选取“国家品牌计划”宣传中的典型品牌，探讨其传播过程和传播效果；问题3：从《大国工匠》《超级工程》或企业创新创业故事宣传中选取一个案例，探讨其传播过程和传播效果；问题4：对问题1、2、3的案例宣传效果差异性进行定量测评和比较分析。研究表明，问题1、2、3对应的案例宣传效果存在较大差异；通常，越贴近人们生活、人们越能理解和享用的产品，其宣传的接受度和关注度越高，传播效果越好（见表12-1）。

表12-1 自主品牌形象宣传的传播效果分析结论

分析对象	传播效果
问题1：以“西成高铁12月6日正式开通”为例	新闻传播效果的排序结果是：“西成高铁12月6日正式开通”第1、“C919大型客机第二架首飞成功”第2、“中国一箭三星发射成功”第3，即“西成高铁12月6日正式开通”的新闻传播效果最好，人们对该新闻的接收度最高。因为高铁与人们的日常生活贴近，便利了人们的外出旅行、出差等，相对于其他高端制造类新闻，人们的关注度会更高
问题2：以“茅台”“华为”和“京东”为例	品牌宣传效果的排序结果是：“华为”第1、“茅台”第2、“京东”第3，即“华为”的宣传报道效果好于“茅台”，接受度和关注度最高。这是因为“茅台”属于高档酒品，不是普通白酒爱好者能消费的；而“华为”属于手机品牌，人人都离不开手机，因此人们对手机品牌的宣传报道更有兴趣
问题3：以《大国工匠》《超级工程》和“阿里巴巴创新创业故事”为例	新闻传播效果的排序结果：“阿里巴巴创新创业故事”第1、《超级工程》第2、《大国工匠》第3。这表明，“阿里巴巴创新创业故事”的宣传报道效果比较好，而《大国工匠》的宣传报道效果居于最后一位。这可能是因为“阿里巴巴创新创业故事”更符合现代经济人的金钱观念，而与《大国工匠》相关的宣传报道对人们的吸引力在逐渐减弱，因为工匠往往涉及高科技专业知识，人们有时候难以理解。因此，对于创新创业故事类的新闻报道，人们有更高的关注度，其传播效果也就越好
问题4：以上信息的传播效果比较	在新闻产生和爆发阶段，“茅台”和《大国工匠》的热度明显高于“西成高铁的正式开通”；而在新闻衰退阶段，不同类型的新闻报道热度均在波动下降，但“西成高铁的正式开通”的新闻热度在大部分时间都高于其他两类新闻。 新闻传播效果的排序结果是：“西成高铁12月6日正式开通”的新闻传播效果最好；其次是“茅台”；最后是《大国工匠》。这是因为高铁的开通与人们的日常生活十分贴近，代表着人类出行方式的进步，人们出行将更加便利快捷，因此受到人们更高的关注，故该新闻的传播效果最好

（3）高端制造的形象宣传效果及其对提升自主品牌形象的溢出效应

研究表明，有关宣传报道显著提高了受众对中国高端制造崛起的积极认知、态度和行为，产生了显著的认知改变度、态度改变度和行为改变度；同时，有关宣传报道对提升自主品牌形象具有显著的溢出效应。研究还表明，有关高端制造的宣传报道效果和溢出效应受心理距离的调节，即心理距离越近，被试对高端制造和自主品牌形象的认知、态度和行为就越正面、积极。这表明，持续加强对我国高端制造形象宣传报道，将有助于提升自主品牌形象，改变负面刻板印象。

（4）自主品牌形象提升的实践效果：基于00后的认知唤醒与态度改变视角

研究表明，00后大学生具有较强的国家自豪感与外来民族威胁感，以及较高的自主品牌情感与消费意识；自主品牌认知唤醒与消费态度改变的刺激信息来源于爱国主义教育与文化自信培养、外部民族冲突信息、自主品牌形象宣传、国货意识引导以及自身积极的自主品牌功能与体验感知；爱国主义教育与文化自信培养以及外部的民族冲突信息对00后的国家自豪感与外来民族威胁感具有显著的正向影响；国家自豪感与外来民族威胁感、国货意识引导、自主品牌形象宣传、自主品牌功能与体验感知对00后的自主品牌情感与消费意识具有显著的正向影响。

12.1.3 对策研究的主要结论

（1）自主品牌形象提升的关键驱动因素及其影响效应

本研究遵循矫形和塑形传播思路，依据自主品牌负面刻板印象生成的动机根源、影响因素、心理距离和媒介责任意识分析，提炼出自主品牌形象提升的五大关键驱动因素，即企业形象驱动因素、政府形象驱动因素、媒介框架驱动因素、消费者情感驱动因素和社会规范驱动因素。其中，本土企业是提升自主品牌形象的核心和主体，提高本土企业的中高端品牌形象、技术创新形象、质量形象和社会责任形象，是实现自主品牌形象提升的落脚点和归宿；而政府部门是提升自主品牌形象的发起者和重要推动力量。不仅政府的市场监管形象、采购示范形象、政策支持形象需要改善，而且提升自主品牌形象的舆论导向、企业行为、社会规范以及消费者自主品牌情感培养都需要政府部门的引导。同时，政府部门还是社会信息环境建构的重要参与者。因此，提高政府部门的认知是开展自主品牌形象提升的基本前提。消费者自主品牌情感培养、理性消费观引导将有助于增强消费者对自主品牌正面信息、政府正面形象、外国品牌负面信息的选择性注意倾向，产生自主品牌正面功能、体验、信心和象征的评价命题，从而在主观上提升消费者个体的自主品牌形象感知，增强自主品牌购买意愿和行为。对大众媒体而言，它不仅是政府及自主品牌形象宣传、消费者自主品牌情感培养以及社会规范引导的重要途径，而且可以通过调控受众注意资源，增强自主品牌有利信息的易得性和代表性，使之产生对本土/外国品牌评价提取的变化，以增强本土企业正面评价的可接近性水平，从而提升自主品牌形象。

（2）自主品牌形象提升的战略路径及矫形—塑形传播策略

根据自主品牌形象提升的关键驱动因素，本研究提炼出自主品牌形象提升的五大战略路径，即企业形象提升、政府形象提升、自主品牌情感培养、媒体宣传引导以及改变社会规范等，并将其整合为四种策略。具体表现在：A. 企业形象提升的矫形—塑形传播策略，包括企业形象提升的战略路径及实施策略；基于企业主体的自主品牌塑形传播策略和矫形传播策略。B. 自主品牌形象提升的媒介框架建构与传播策略，包括自主品牌形象提升的媒介责任与框架建构策略；自主品牌形象宣传策略优化；提升中国国际品牌评价话语权。C. 自主品牌情感培养与社会规范引导策略，包括加强对公众自主品牌消费意识的引导；加强高端制造与大众消费品的联结强度；提升自主品牌功能和体验感知，增强自主品牌象征性知觉；加强公众爱国主义教育，增强爱国情感和民族忧患意识；改变社会规范的战略路径及实施策略。D. 政府形象提升的矫形—塑形传播策略，包括提升政府监管形象；提升本土企业政策支持形象；提升国货优先采购形象；合理引导面子观，增强文化自信，积极倡导理性消费观。

12.2 主要创新点

本研究通过根源探索、传播效果分析以及对策研究，主要在以下几个方面有所创新：

一是建构了自主品牌负面刻板印象生成的动机整合模型。

自主品牌负面刻板印象的生成是自我防御动机、工具导向动机、价值表达动机和认知理解动机相互作用的结果。四种动机并非同时作用于消费者的所有产品购买决策过程。在不同产品领域，由于消费者对产品或服务的属性要求和认知理解不同，其启动本土品牌刻板印象的动机类型及作用大小存在差异。本研究在系统分析自我防御动机、工具导向动机、价值表达动机和认知理解动机对本土品牌刻板印象的影响机制基础上，建构了自主品牌负面刻板印象生成的动机整合模型。该模型系统阐释了本土品牌刻板印象生成的动机，从而为正确理解本土品牌刻板印象生成的根源、有效扭转本土品牌刻板印象明确了重点和方向。

二是建构了自主品牌负面刻板认知的心理距离框架效应模型。

本研究首先提出了国族心理距离的概念，用以反映受众在情感或心理上对国家、民族的心理距离“远/近”。这是对心理距离理论的应用扩展。其次，揭示了国族心理距离对受众框架的影响，建构了受众心理距离框架理论及效应模型，使受众框架的分析视角和内在心理机制研究更加深入。这是对框架理论、调节聚焦理论和心理距离理论的发展。最后，厘清了国族心理距离近者和国族心理距离远者自主品牌形象认知偏好的差异及其根源，揭示了心理距离远者自主品牌形象认知偏差的表现形式，为自主品牌情感与消费意识培养的说服教育明确了方向。

三是建构了自主品牌负面刻板印象生成的影响因素整合模型。

借助“环境→认知/意识→形象结果”的故事线逻辑，建构了一个由负面企业形象、负面国货形象、负面政府形象、媒体渲染、国货意识淡漠和社会规范压力构成的自主品牌负面刻板印象生成影响因素整合模型。在这些因素中，负面企业形象和负面国货形象是自主品牌负面刻板印象生成的根本原因，负面国货形象（国货的宏观形象认知）是大量负面企业形象问题（本土企业的微观形象认知和消费体验）长期累积形成的；负面政府形象（包括政府监管不严、政府采购偏见、政府扶持不够）是导致负面企业形象和负面国货形象的重要原因之一；国货意识淡漠、社会规范压力会促使消费者宽泛概括化负面企业形象、负面国货形象和负面政府形象。由于媒体可以通过框架建构和议题设置，突出信息的易得性和代表性，从而为公众建构一个影响自主品牌形象认知的拟态环境，因此媒体渲染不仅对消费者的负面企业形象、负面国货形象、负面政府形象认知产生了推波助澜的作用，而且媒体的舆论导向还会对国货意识淡漠和社会规范的形成产生影响。本研究为明确自主品牌形象提升的矫形—塑形内容以及整合传播策略方向奠定了理论基础。

四是揭示了00后群体自主品牌认知唤醒与消费态度改变的根源。

本研究提出了00后群体自主品牌认知唤醒与消费态度改变的“刺激信息—认知唤醒—态度改变”模型。通过对00后群体的实证研究表明，社会信息环境（包括爱国主义教育与文化自信培养、外部民族冲突信息、自主品牌形象宣传和国货意识引导）和积极、正面的自主品牌功能及体验感知，对00后群体的情感激活以及认知合理化加工具有显著的促进作用，是自主品牌认知唤醒与消费态度改变的根本原因。本研究不仅揭示了00后群体自主品牌情感与消费意识形成的心理机制，而且也是对自主品牌消费意识形成的“认知—情感—行为”驱动模型的扩展。

五是建构了自主品牌形象提升的关键驱动因素影响效应模型。

本研究根据自主品牌负面刻板印象生成的影响因素，从矫形与塑形视角提炼出自主品牌形象提升的五大关键驱动因素，即企业形象因素、政府形象因素、媒介框架因素、消费者情感因素和社会规范因素。在分析关键驱动因素的影响效应基础上，遵循“矫形/塑形→情感/认知→形象/行为”逻辑，建构了“自主品牌形象提升的关键驱动因素影响效应模型”。这不仅明确了自主品牌形象提升的多主体责任和角色关系，而且为自主品牌形象提升的整合传播策略明确了重点和方向。

12.3 研究局限及展望

本研究在根源探索、传播效果分析以及对策研究等方面开展了大量研究，但在具体问题和对策研究等方面尚存在诸多不足之处，主要表现在以下几个方面。

（1）在“自主品牌负面刻板印象生成的动机研究”中，利用问卷调查与实证分析，初步证实了自主品牌负面刻板印象的生成动机。但是，受到群体规范压力的影响，在许多有关价值表达动机的问项中，被试者难免会通过选择性加工掩盖内心的真实想法，使问卷不能真实地反映出价值表达动机的影响程度。因此，在今后的研究中，会加强对具体问项的措辞和修饰，同时增加调查样本的规模，提升研究结论的可信度。除了针对本研究提出的缺陷以外，更重要的是为深化研究结论，仍有许多命题可以在本研究的基础上进行拓展和研究。比如，自主品牌负面刻板印象的影响因素是什么？可以总结提出哪些影响因素并构建模型？在影响的过程中，是否具有调节变量或者中间变量进行干扰？影响因素和动机是否存在着交互作用？这些都需要在未来研究中进行更加深入的实证探索。

（2）在“自主品牌负面刻板印象生成的影响因素研究”中，主要对相关驱动因素进行了探索和实证研究，未来还需要开展有关关键驱动因素对自主品牌形象提升的影响效应研究。具体包括：①消费者情感驱动效应。需要探讨消费者自主品牌情感及其内群体偏私效应是如何影响信息的选择性注意、调节聚焦与认知加工的，进而影响自主品牌的宣传效果。②政府形象驱动效应。需要探讨政府政策治理形象以及采购行为对消费者自主品牌信心、行为表率及企业行为引导的影响；同时，企业行为又会对受众的自主品牌认知和信心产生重要影响。因此，需要厘清三者之间的交互关系。③媒介框架驱动效应。需要探讨近年来传统媒体和网络媒体的自主品牌宣传对消费者自主品牌正面形象认知的影响。④企业形象驱动效应。重点考察部分行业（如家用电器、手机等）自主品牌的崛起对提升自主品牌形象的影响效应等。

（3）在“自主品牌负面刻板认知的心理距离框架效应研究”中，未来除了对本研究所提出的自主品牌形象认知心理距离框架理论进行更多的案例验证和解释外，还有一些问题需要进一步探讨：①本研究将新闻跟帖所反映的受众国族心理距离划分为“远”和“近”两种（对应高国货意识受众和国货偏见受众），但在现实生活中，人们的国族心理距离可能还存在中间状态。处于这种状态的受众在面对这类新闻报道时，对国家、民族没有情感或心理上的反应，即国族心理距离没有变化，进而对该新闻报道的认知加工可能没有特别明确的态度、倾向性，甚至不太关注。尽管如此，如果能够通过实验或访谈研究，厘清心理距离中间状态者的自主品牌形象认知特点和框架效应，将是对本研究结论的有益补充。②本研究在框架分析的基础上，对心理距离“远/近”两类受众的自我调控目标、调节聚焦策略、认知框架以及个体特质进行了初步分析，未来不仅需要对这些变量进行更细致的刻画，而且在研究方法上也需要通过实证研究，检验受众心理距离“远/近”与自我调控目标、调节聚焦策略、认知框架倾向的相关关系，以及社会情绪和内隐人格等个体特质变量的调节效应。

（4）在“高端制造形象宣传效果及其对提升自主品牌形象的溢出效应”中，主要探讨了高端制造形象宣传的累积效果（认知—态度—行为效果的深化累积过程）以及高端制造形象宣传对提升自主品牌形象的溢出效应。尚存在以下局限性：一是样本量不够大，覆盖的群体不够全面。因此，本研究未将群体差异作为调节变量，分析不同年龄群体对高端制造形象传播的信息处理方式、态度转变程度进行比较，对哪一类群体的传播效果更明显。二是在心理距离测项中，对爱国情感、国家自豪感的测量难以规避被试的“应有之情”。未来可以探究正面例子与反面例子在影响受众观点形成的相对作用，以及信息的传播与态度形成的滞后性，哪一种类型的信息能够缩短这种滞后性，从而有助于强化态度的形成；人们对于矛盾性观点信息的处理方式如何等。

除上述具体研究问题上的局限性外，在对策研究上，未来还需要重点开展自主品牌形象提升的符号建构规则与传播策略研究；在消费信心修复视角下，消费环境治理与政府形象提升的传播沟通机制研究，基于自主品牌形象提升关键驱动因素的矫形—塑形传播策略研究等。

参 考 文 献

[1] WILSON T D, LINDSEY S, SCHOOLER T Y. A model of dual attitudes [J]. Psychological Review, 2000, 107 (1): 101-126.

[2] 庄贵军，周南，周连喜．品牌原产地困惑对于消费者喜爱与购买本土品牌和境外品牌的影响 [J]. 财贸经济，2007 (2): 98-104.

[3] 易牧农，郭季林．品牌来源国对国内汽车购买者品牌态度的影响 [J]. 经济管理，2009 (12): 94-102.

[4] 宋永高，水常青．国内消费者对本国品牌的态度及其改变的可能性研究 [J]. 南开管理评论，2004, 7 (2): 41-45.

[5] 王海忠，赵平．品牌原产地效应及其市场策略建议：基于欧、美、日、中四地品牌形象调查分析 [J]. 中国工业经济，2004 (1): 78-86.

[6] 郭锦华．品牌来源国形象与购买意愿的实证研究 [J]. 湖南财政经济学院学报，2007, 23 (4): 93-94.

[7] HU K Q, DICKSERSON K G. Country-of-origin Effect on Chinese Consumers' Apparent Perceptions of Foreign-brand and Chinese-brand Apparel: An Experimental Study [J]. Journal of the Textile Institute, 1997, 88 (2): 104-114.

[8] 付春江，袁登华，罗嗣明．品牌来源国刻板印象的双重表现及其改变 [J]. 心理科学，2013, 36 (3): 606-611.

[9] 安敏德，许介，许静婷，等．洞察中国消费者的选择：本土品牌还是外国品牌 [J]. 财富，2008 (6): 1-10.

[10] 严超，姜蕾，章碧．服装品牌来源国效应对消费者认知的影响 [J]. 纺织学报，2010, 31 (7): 102-106.

[11] 张辉，汪涛，刘洪深．服务产品也存在来源国效应吗：服务来源

国及其对消费者服务评价的影响研究［J］. 财贸经济，2011（12）：127-133.

［12］高晓倩. 奢侈品来源国效应对消费者购买意愿的影响：以中国消费者为例［J］. 辽宁工程技术大学学报（社会科学版），2014，16（3）：265-267.

［13］杨扬子，黄韫慧，施俊琦. 中国消费者对本国/日本品牌的外显和内隐态度：内隐联想测验在来源国效应研究中的应用［J］. 营销科学学报，2008（2）：130-140.

［14］乐为，宋浩林，戴珅懿，等. 内隐品牌来源国刻板印象反应时差异测量［J］. 中国计量学院学报，2014，25（4）：355-359.

［15］金鑫. 消费者对电视机品牌质量内隐刻板印象的实验研究［D］. 长春：东北师范大学，2008.

［16］张超. 服务接触对品牌来源国刻板印象的影响［J］. 企业经济，2015（5）：11-16.

［17］周延风，范起凤. 品牌名称对原产国效应影响的实证研究［J］. 现代管理科学，2007（8）：103-105.

［18］吴佳，周颖. 品牌对"中国制造"来源国效应的影响［J］. 陕西农业科学，2012，58（2）：191-195.

［19］张琴，汪涛，龚艳萍. 价格和品牌能否削弱来源国效应：产品属性赋权对来源国效应的影响［J］. 心理学报，2013，45（12）：1381-1392.

［20］吴坚，符国群，丁嘉莉. 基于属性水平的品牌来源国作用机制研究：信息处理的视角［J］. 管理评论，2010，22（3）：69-77.

［21］邱睿. 品牌形象、来源国形象与市场份额的实证研究［J］. 企业技术开发，2006，25（1）：69-70.

［22］ERDENER K，CAVUSGIL S T. Consumer Attitudes Toward Products of Foreign Origin：Do They Vary Across Product Classes［J］. International Journal of Advertising，1983（2）：147-157.

［23］赵志霞，唐娟. 来源国效应对大学生品牌态度的影响［J］. 社会心理科学，2011，26（2）：57-64.

［24］徐双良. 来源国效应研究：产品类别的调节作用［J］. 科技创业

月刊，2015（10）：22-23.

[25] 石舒娅，徐剑力. 基于TRA模型的品牌来源国形象对汽车购买影响的实证研究 [J]. 上海汽车，2009（10）：25-28.

[26] 朱凌，王盛，陆雄文. 中国城市消费者的中外品牌偏好研究 [J]. 管理世界，2003（9）：122-128.

[27] CUI G，QIMING L. Emerging Market Segments in a Transitional Economy：A Study of Urban Consumers in China [J]. Journal of International Marketing，2001，9（1）：84-106.

[28] 黄合水. 产品评价的来源国效应 [J]. 心理科学进展，2003，11（6）：692-699.

[29] 李东，张耘堂，唐桂. 消费者知识、从众心理与来源国效应的关系研究 [J]. 哈尔滨工业大学学报（社会科学版），2015，17（1）：128-134.

[30] LIN L Y，CHUN SHUO C. The influence of the country-of-origin image，product knowledge and product involvement on consumer purchase decisions：An empirical study of insurance and catering services in Taiwan [J]. Journal of Consumer Marketing，2006，23（5）：248-265.

[31] 王海忠. 国际市场产品来源地形象及其规避策略 [J]. 中国工业经济，2002（5）：91-96.

[32] 杨健. 品牌来源国对消费者购买意愿的影响 [J]. 对外经贸，2014（1）：116-118.

[33] ZEITHAML V. Consumer perceptions of price，quality and value：A means-end model and synthesis of evidence [J]. Journal of Marketing，1988，52（3）：2-22.

[34] HAN C M，TERPSTRA V. Country-of-Origin Effects for Uni-National and Bi-National Products [J]. Journal of International Business Studies，1988，19（2）：235-255.

[35] BATRA R，RAMASWAMY V，ALDEN D L，et al. Effects of brand local and nonlocal origin on consumer attitudes in developing countries [J]. Journal of Consumer Psychology，2000，9（2）：83-95.

[36] MAHESWARAN D. Country of Origin as a Stereotype: Effects of Consumer Expertise and Attribute Strength on Product Evaluation [J]. Journal of Consumer Research, 1994, 21 (2): 354-365.

[37] 宁昌会，薛哲. 来源国效应对联合品牌产品评价的影响 [J]. 中南财经政法大学学报，2009 (1): 129-134.

[38] 张珣，徐彪，彭纪生. 来源国形象、企业形象对消费者购买意愿的影响研究 [J]. 财贸研究，2013 (6): 123-132.

[39] 江红艳，王海忠，陈增祥. 心理加工模式对品牌原产国刻板印象逆转的影响：如何看待新兴国家的“新线索” [J]. 中山大学学报（社会科学版），2013，53 (4): 189-200.

[40] 杨扬子，黄韫慧，施俊琦. 自我激活状态对本国/外国品牌评价的影响 [J]. 北京大学学报（自然科学版），2008，44 (6): 977-982.

[41] LEE C W, SUH Y G, MOON B J. Product Country Images: the Roles of Country-of-origin and Country-of-target in Consumers' Prototype Product Evaluations [J]. Journal of International Consumer Marketing, 2001, 13 (3): 47-62.

[42] CHAO P. Impact of Country-of-Origin Dimensions on Product Quality and Design Quality Perceptions [J]. Journal of Business Research, 1998, 42 (1): 1-6.

[43] 庄贵军，周南，周连喜. 国货意识、品牌特性与消费者本土品牌偏好：一个跨行业产品的实证检验 [J]. 管理世界，2006 (7): 85-94.

[44] 杨杰，曾学慧，辜应康. 品牌来源国（地区）形象与产品属性对品牌态度及购买意愿的影响 [J]. 企业经济，2011 (9): 51-53.

[45] 高杰，彭红霞. 成分品牌来源国形象、品牌资产及消费者购买意愿 [J]. 审计与经济研究，2009，24 (5): 106-112.

[46] 孙琦，郑钢. 中学生消费价值观的特点及其与价值观的关系 [J]. 中国临床心理学杂志，2007，15 (6): 619-621.

[47] 蒋达勇. 消费主义的侵入与大学生理性消费价值观的构建 [J]. 吉林省经济管理干部学院学报，2008，22 (3): 102-104.

[48] 袁胜军，宋亮. 消费者敌意对品牌来源国选择的影响 [J]. 商业

研究，2013，55（8）：83-90.

［49］潘煜．中国传统价值观与顾客感知价值对中国消费者消费行为的影响［J］．上海交通大学学报（哲学社会科学版），2009，17（3）：53-61.

［50］王长征，崔楠．个性消费，还是地位消费：中国人的“面子”如何影响象征型的消费者-品牌关系［J］．经济管理，2011（6）：84-90.

［51］姜彩芬．面子与消费［M］．北京：社会科学文献出版社，2009.

［52］王鹏，庄贵军，彭茜．三聚氰胺事件对中国消费者国货意识及国产品牌态度的影响［J］．华东经济管理，2010，24（1）：22-27.

［53］刘武俊．政府采购必须消除对国货的偏见［N］．经济参考报，2011-03-17.

［54］张卓倩．食品行业危机的媒体应对：以三鹿奶粉事件为例［J］．新闻传播，2009（3）：30.

［55］汪涛，张琴，张辉，等．如何削弱产品来源国效应：产品信息呈现方式的影响研究［J］．心理学报，2012，44（6）：841-852.

［56］刘洪深，王宁，徐岚．产品评价的来源国分解效应：欠发达国家视角［J］．商业经济与管理，2012（4）：56-63.

［57］王海忠．消费行为中的民族中心与民族淡漠倾向［J］．南开管理评论，2006，9（5）：107-112.

［58］NEWELL A，SIMON H A. Human Problem Solving［M］. Englewood Cliffs，NJ：Prentice Hall，1972：45-56.

［59］季欣蕾，范乐佳，罗兴伟，等．大学生对中外品牌认可程度的内隐态度偏差［J］．中国临床心理学杂志，2017，25（5）：832-834+872.

［60］施卓敏，郑婉怡．面子文化中消费者生态产品偏好的眼动研究［J］．管理世界，2017（9）：129-140+169.

［61］巫文平．消费者文化价值观、动机与购买意向的因子结构分析［D］．成都：西南财经大学，2011.

［62］万艳敏，高融，李秋锦．假日经济下少女装消费者研究［J］．北京服装学院学报（自然科学版），2012，32（3）：42-46.

［63］BARNIER V D，FALCY S，VALETTE FLORENCE P. Do consumers perceive three levels of luxury? A comparison of accessible，intermediate and inaccessible luxury brands [J]. Journal of Brand Management, 2012, 19 (7): 623-636.

[64] LU J, XU Y. Chinese young consumers' brand loyalty toward sportswear products: A perspective of self-congruity [J]. Journal of Product & Brand Management, 2015, 24 (4): 365-376.

[65] LISJAK M, LEE A Y, GARDNER W L. When a threat to the brand is a threat to the self: The importance of brand identification and implicit self-esteem in predicting defensiveness [J]. Personality and Social Psychology Bulletin, 2012, 38 (9): 1120-1132.

[66] TERRY D J, HOGG M A, WHITE K M. The theory of planned behaviour: Self-identity, social identity and group norms [J]. British Journal of Social Psychology, 2011, 38 (3): 225-244.

[67] TONG Y, WANG X, TEO H H. Understanding the intention of information contribution to online feedback systems from social exchange and motivation crowding perspectives [C]. IEEE Computer Society, 2007.

[68] MONKHOUSE L L, BARNES B R, STEPHAN U. The influence of face and group orientation on the perception of luxury goods: A four market study of East Asian consumers [J]. International Marketing Review, 2012, 29 (6): 647-672.

[69] 郭姵君，苏勇．中国奢侈品消费行为实证研究［J］．管理评论，2007（9）：8-15+63.

[70] 戢芳，周庭锐，尹训国．负面网络口碑特征对消费者品牌态度变化的影响：信息易获得性与诊断力理论视角［J］．财经论丛，2013（5）：95-99.

[71] 雷伶俐．高端路线提升自主品牌形象［N］．政府采购信息报，2008-05-28.

[72] 王颖．靠什么支撑“中国制造”的形象［J］．经营与管理，2010（5）：23-24.

[73] 兰庆强．产品来源国形象与价格折扣对消费者评价产品的影响机理研究［D］．长春：吉林大学，2008.

[74] 顾媛媛，陈新华．企业品牌的视觉塑造与品牌形象感知：从国际品牌形象探析我国企业自主品牌创新中的形象设计途径 [J]．包装世界，2008（6）：46-47.

[75] 姚金莹．中国元素在自主品牌形象塑造中的运用 [J]．现代装饰（理论），2016（1）：236-237.

[76] 王秀丽，韩纲．“中国制造”与国家形象传播：美国主流媒体报道 30 年内容分析 [J]．国际新闻界，2010（9）：49-55.

[77] 谢颖骏．提升中国品牌来源国形象策略分析 [J]．市场周刊（理论研究），2015（2）：48-49.

[78] 韩永青．中国媒体建构本土品牌形象的传播学思考 [J]．电视研究，2015（8）：63-65.

[79] 吕艳丹，张亚萍．国家形象建构中的自主品牌顶层传播战略研究：以国家领导人为载体的品牌传播模型与机制 [J]．现代传播，2015（4）：53-58.

[80] 王晓娟．发挥公益广告作用 建树本土品牌形象 [J]．内蒙古科技与经济，2003（9）：94-95.

[81] 左璐，周颖．销售国形象和商店形象对来源国形象效应影响的实证研究 [J]．西南民族大学学报（自然科学版），2013（4）：624-629.

[82] 袁卓君．影响“中国制造”原产地形象的因素及对策分析 [J]．产业与科技论坛，2012（10）：40-42.

[83] 刘小燕．优化政府形象传播 [J]．当代传播，2005（1）：16-17.

[84] YU J H，ALBAUM G. Sovereignty Change Influences on Consumer Ethnocentrism and Product Preferences：Hong Kong Revisited One Year Later [J]．Journal of Business Research，2002，55（11）：891-899.

[85] 薛可，梁海．基于刻板思维的国家形象符号认知：以纽约时报的西藏事件报道为例 [J]．新闻与传播研究，2009（1）：13-18.

[86] 何俊涛，文炳森，房淑文．报纸媒介框架与受众认知：以南方都市报和华西都市报的农民工报道为例 [C]．深圳：2006 中国传播学论坛论文选辑，2006.

[87] SCHEUFELE D A. Framing as a Theory of Media Effects [J]．Journal

of Communication, 1999 (49): 103-122.

[88] ENTMAN R M. Framing: Towards clarification of a fractured paradigm [J]. Journal of Communication, 1993 (43): 51-58.

[89] HIGGINS E T. Beyond Pleasure and Pain [J]. American Psychologist, 1997, 52 (12): 1280-1300.

[90] 朱丽叶，卢泰宏．调节聚焦原理：动机理论的重大突破［J］．广东外语外贸大学学报，2010，21（1）：36-40.

[91] 张景云．大众传播心理距离及其成因［J］．今传媒，2009（5）：20-21.

[92] 张景云，庞毅．品牌跨文化传播中的空间关系处理：传播心理距离视角［J］．国际新闻界，2013（9）：92-101.

[93] 中国人赴日“爆买”势头加剧：珍珠、铁壶供不应求．［EB/OL］．［2016-04-10］．http://www.cankaoxiaoxi.com/finance/20160409/1122626.shtml.

[94] RAWWAS MYA, RAJENDRAN K N, WUEHRER G A. The influence of worldmindedness and nationalism on consumer evaluation of domestic and foreign products [J]. International Marketing Review, 1996, 13 (2): 20-38.

[95] OLSEN J E, BISWAS A, GRANZIN K L. Influencing consumers' selection of domestic versus imported products: Implications for marketing based on a model of helping behavior [J]. Journal of the Academy of Marketing Science, 1993, 21 (4): 307-321.

[96] DAWAR N, PILLUTLA M M. Impact of Product-Harm Crises on Brand Equity: The moderating role of consumer expectations [J]. Journal of Marketing Research, 2000, 37 (2): 215-226.

[97] 北京晨报．日本无良免税店瞄准中国团 洗脑宣传制造爆买假象［N］．北京晨报，2016-05-02.

[98] 日本免税“黑店”专坑国人 多次曝光受害者不减反增［N］．郑州晚报，2016-06-01.

[99] 林永年．怎样采写对比报道［J］．采写编，2012（2）：52-53.

[100] 苏振华．理解社会公平感：媒体建构与公众感知［J］．新闻与传播研究．2018（1）：21-40.

[101] KENT A, JIAO J Y. China in the US Imaginary: Tibet, the Olympics and the 2008 Earthquake [J]. Communication and Critical/Cultural Studies, 2008, 5 (4): 406-410.

[102] PENG Z J. Representation of China: An across time analysis of coverage in the New York Times and Los Angeles Times [J]. Asian Journal of Communication, 2004, 14 (1): 53-67.

[103] WU M. Framing AIDS in China: A Comparative Analysis of US and Chinese Wire News Coverage of HIV/AIDS in China [J]. Asian Journal of Communication, 2006, 16 (3): 251-272.

[104] BABUJI H, PAUL W B. Toy Recall-is China Really the Problem [J]. Canada Asia Commentary, 2007, 45 (3): 211-228.

[105] 钟馨．文类特征与中国形象：《泰晤士报》英中贸易报道话语分析 [J]．南昌大学学报（人文社会科学版），2017 (6): 89-96.

[106] 马嫣．从态度系统看美国主流媒体对中国经济形象的构建：一项基于语料库的批评话语研究 [J]．浙江师范大学学报（社会科学版），2015 (3): 101-107.

[107] 刘佳，于洋．基于语料库的媒介批评话语分析：奥运后英媒对中国国家形象的建构 [J]．大连海事大学学报（社会科学版），2014 (6): 111-115.

[108] 杨奇光．国家形象的话语实践：《纽约时报》十年涉华报道的批判话语分析 [J]．新闻春秋，2017 (1): 61-73.

[109] 朱强，王兴元．产品创新性感知对消费者购买意愿影响机制研究：品牌来源国形象和价格敏感性的调节作用 [J]．经济管理，2016 (7): 107-118.

[110] 陈勇，冯智强．英国《卫报》关于钓鱼岛争端系列报道的批评话语分析 [J]．话语研究论丛，2016 (2): 102-118.

[111] 洪亚星，董小玉．被仰视的中国：从文本建构到形象塑造：基于纪录片《超级中国》的批评话语分析 [J]．新闻界，2015 (13): 24-29.

[112] 郭小平．西方媒体对中国的环境形象建构：以《纽约时报》“气候变化”风险报道（2000—2009）为例 [J]．新闻与传播研究，2010

(4)：18-30.

[113] 孙有中．解码中国形象：《纽约时报》和《泰晤士报》中国报道比较（1993—2002）[M]．北京：世界知识出版社，2009.

[114] 胡春阳．话语分析：传播研究的新路径 [M]．上海：上海人民出版社，2007.

[115] 潘霁，刘晖．归罪政府与商家：美国主流报纸“中国制造”产品质量问题的报道 [J]．新闻与传播研究，2013（6）：65-78.

[116] 闫隽，石静远．“中国制造”的西方媒介形象 [J]．河南社会科学，2010（1）：183-186.

[117] 李彩霞．美国媒体对“中国制造”的建构与风险应对 [D]．上海：复旦大学，2010.

[118] 王秀丽，韩纲．“中国制造”与国家形象传播：美国主流媒体报道30年内容分析 [J]．国际新闻界，2010（9）：49-55.

[119] FAIRCLOUGH N. Critical Discourse Analysis：The Critical Study of Language [M]. London & New York：Longman，1995：98.

[120] 辛斌．后现代的文化、知识和语言批评 [J]．外语研究，2016（3）：1-6.

[121] 塔奇曼．做新闻 [M]．麻争旗，刘笑盈，徐扬，译．北京：华夏出版社，2008.

[122] 辛斌．批评语言学：理论与应用 [M]．上海：上海外语教育出版社，2005.

[123] 何高平．中国国家形象变化及启示：基于《中国国家形象全球调查报告》(2012—2015年) [J]．文化软实力研究，2016（4）：63-67.

[124] 张敏，宣长春，林升栋．中国制造在海外社交媒体上的形象研究：基于Twitter上的数据 [J]．现代传播，2016（5）：121-126.

[125] FOWLER R. Language and Control [M]. London，Boston and Henley：Routledge & Kegan Paul，1979.

[126] 杨国萍，向明友，李潇辰．话语标记语的语法—语用研究 [J]．外语学刊，2016（4）：50-53.

[127] VAN D T. New (s) Racism：A Discourse Analytical Approach [M].

In S. Cottle (Ed.), Ethnic Minorities and the Media: Changing Cultural Boundaries. Buckingham: Open University Press, 2000.

[128] HOLLIDAY A, KULLMAN J, HYDE M. Intercultural Communication: An Advanced Resource Book for Students [M]. London: Routledge, 2004.

[129] FOWLER R. Language in the News: Discourse and Ideology in the Press [M]. London: Routledge, 1991.

[130] 何英. 美国媒体与中国形象: 1995—2005 [M]. 广州: 广州南方日报出版社, 2005.

[131] 王丽红. 从大国崛起到强国霸权: 美国话语权的国际传播与影响研究 [D]. 武汉: 武汉大学, 2014.

[132] 郑保卫. 马克思主义新闻观中国化的历史进程及其理论贡献 [J]. 新闻与传播研究, 2018 (2): 5-19.

[133] 大疆创新综合分析报告 [EB/OL]. [2017-06-02]. https://wenku.baidu.com/view/ace38234b42acfc789eb172ded63 0b1c59ee9b09.html?from=search.

[134] 大疆无人机: 创业成功的核心思维模型 [EB/OL]. [2017-10-03]. https://baijiahao.baidu.com/s?id=1580107317347973760&wfr=spider&for=pchttp://mp.weixin.qq.com/s/6-3Vb08G3yoCqSrx3m85qw.

[135] 如何评价 DJI 大疆创新的小型无人机 [EB/OL]. [2017-05-27]. https://www.zhihu.com/question/57835306/answer/174110295.

[136] 腾讯科技. 闯完白宫 大疆无人机又现身汪峰求婚现场 [EB/OL]. [2015-02-08]. http://www.chinaz.com/news/2015/0208/383504.shtml.

[137] 新闻联播. 大疆无人机: 从创客到全球行业领跑者 [EB/OL]. [2015-05-02]. https://weibo.com/2656274875/Cg0XF1p8U?refer_flag=1001030106_&type=comment#_rnd1511534.

[138] 汪滔. 成功留给有梦想的人 [EB/OL]. [2015-05-25]. https://weibo.com/3775048831/CjwaXdvGi?refer_flag=1001030106_&type=comment#_rnd151170.

[139] 仅仅十年, 大疆无人机如何让世界瞩目 [EB/OL]. [2017-09-23]. https://www.bilibili.com/video/av14691510.

[140] 欧阳宏生，胡畔．媒介面具与受众认知 [J]．四川大学学报（哲学社会科学版），2017，(2)：74-80.

[141] 赵朝阳．基于消费者感知的网络视频广告效果实证分析 [D]．大连：东北财经大学，2010.

[142] 赵晓岑．企业网站品牌形象传播效果的研究 [D]．长沙：中南大学，2011.

[143] 黄宏程，蒋艾玲，胡敏．基于社交网络的信息传播模型分析 [J]．计算机应用研究，2016，33 (9)：2738-2742.

[144] 谢新洲，刘京雷，王强．社会化媒体中品牌传播效果评价研究 [J]．图书情报工作，2014，58 (14)：6-11.

[145] 李可嘉，王义康．改进 SIR 模型在社交网络信息传播中的应用 [J]．电子科技，2013，26 (8)：168-171.

[146] 谢丹，任金州．基于社会网络理论的纪录片传播新模式：以《失去的山谷》为例 [J]．现代传播（中国传媒大学学报），2015，37 (7)：111-114.

[147] 徐姗．微信公众平台的信息传播机制 [J]．合作经济与科技，2014 (16)：78.

[148] 栾萌飞，薛可．基于 5W 模式的短视频新闻传播特征研究：以梨视频为例 [J]．新闻研究导刊，2016，7 (24)：40.

[149] 吕辛福．微博客的新闻传播特征分析：以新浪微博为例 [J]．今传媒，2010 (8)：71-72.

[150] 何功璞．网络背景下新闻传播效果评估模型研究 [EB/OL]．[2018-02-11]．http：//media. people. com. cn/n1/2018/0211/c416780-29818959-2. html. 2018. 02. 11.

[151] 刘润峰．新媒体环境下整合传播的机遇与策略 [J]．现代商业，2013 (8)：84-85.

[152] 陈皋，吴广潮．基于 PageRank 的在线社交网络消息传播模型 [J]．计算机与现代化，2017 (1)：101-105.

[153] 陆静，余小清，万旺根．微博网络消息传播的 ISSR 模型 [J]．应用科学学报，2015，33 (2)：194-202.

[154] 郭显光. 改进的熵值法及其在经济效益评价中的应用 [J]. 系统工程理论与实践, 1998 (12): 98-102.

[155] 宁昌会. 品牌传播效果的衡量指标及测定 [J]. 统计与决策, 2001 (7): 15-16.

[156] 杜智涛, 付宏, 任晓刚. 社会化媒体的特征与趋向 [J]. 新闻战线, 2013 (9) 91-92.

[157] 王梦莹. 基于微博空间的品牌影响力指标体系研究 [D]. 南京: 南京大学, 2013.

[158] 金永生, 王睿, 陈祥兵. 企业微博营销效果和粉丝数量的短期互动模型 [J]. 管理科学, 2011, 24 (4): 71-82.

[159] 张十嘉. 一类 SIR 传染病模型 [D]. 成都: 四川师范大学, 2010.

[160] 朱海涛. 移动社交网络信息传播模型研究 [D]. 西安: 西安电子科技大学, 2014.

[161] 姜启源, 谢金星, 叶俊. 数学模型（第四版） [M]. 北京: 高等教育出版社, 2011.

[162] 苏喻, 郑诚, 马中杰. 基于语义的 VSM 模型改进 [J]. 计算机应用与软件, 2011, 28 (8): 158-161.

[163] 李昕. MATLAB 数学建模 [M]. 北京: 清华大学出版社, 2017.

[164] 郭庆光, 滕乐. 跨越文化 寻求共识: 从文化与认知的视角重新审视向世界传播中国文化的方式 [J]. 国际新闻界, 2011, 33 (4): 30-36.

[165] GAMSON W A. News as Framing: Comment on Graber [J]. American Behavioral Scientist. 1989 (33): 157-161.

[166] 臧国仁. 新闻媒体与消息来源 [M]. 台北: 三民书局股份有限公司, 1999.

[167] 胥琳佳, 刘佳莹. 论《纽约时报》中国国庆报道的框架建构 [J]. 国际新闻界, 2009 (10): 54-60.

[168] ENTMAN R M. Framing U. S. Coverage of International News: Contrasts in Narratives of the KAL and Iran Air Incidents [J]. Journal of Communication, 1991 (41): 6-27.

[169] 雷鸣. 央视“幸福调查”的传播效果、问题及对策 [J]. 新闻

世界，2013（5）：77-78.

[170] 罗坤瑾，丁怡．框架理论下“贵州屯堡”议题的媒介呈现［J］．新闻界，2012（5）：26-30.

[171] 梅尔文·德弗勒，桑德拉·鲍尔．大众传播学诸论［M］．杜力平，译．北京：新华出版社，1990.

[172] 李永健．大众传播心理通论［M］．北京：中国传媒大学出版社，2008.

[173] 宋玉书，徐佳．品牌传播：重建中国制造的新时代形象［J］．中国地质大学学报（社会科学版），2018（3）：117-125.

[174] 当代中国与世界研究院等．中国国家形象全球调查报告 2016—2017［EB/OL］．［2018-01-06］．http：//www.gov.cn/xinwen/2018-01/06content_5253734.htm.

[175] 舒咏平，赵荣水．自主品牌故事中的中国形象［J］．现代传播，2015，37（3）：106-111.

[176] 李琳．中国市场上汽车广告价值观的诉求研究［D］．上海：上海大学，2013.

[177] AHLUWALIA R，BURNKRANT E，UNNAVA R. Consumer Response to Negative Publicity：The Moderating Role of Commitment［J］．Journal of Marketing Research，2000，37（2）：203-214.

[178] ANDERSON J R. A Spreading Activation Theory of Memory［J］．Journal of Verbal Learning and Verbal Behavior，1983，22（3）：261-295.

[179] 江红艳，吉峰，孙配贞，等．企业形象对国家形象的溢出效应：基于有调节的中介模型［J］．软科学，2015，29（7）：94-97.

[180] 姚曦，王佳．国际品牌跨文化传播的影响因素模型与提升路径：一项基于扎根理论的探索性研究［J］．新闻与传播研究，2014，21（3）：34-51+126-127.

[181] 王鹏，庄贵军．北京奥运会对中国消费者国货意识的影响［J］．软科学，2010，24（4）：130-134+140.

[182] YUE M L. THWAITES D，KISHORE G P. Effectiveness of olympic sponsorship by foreign and domestic companies：The influential role of consumer

ethnocentrism [J]. International Journal of Sports Marketing & Sponsorship, 2014, 15 (2): 30-46.

[183] KELLER K L, PARAMESWARAN M G, JACOB I. Strategic brand management: Building, measuring and managing brand equity [M]. London: Pearson Education Inc, 2011.

[184] 章立东."中国制造2025"背景下制造业转型升级的路径研究 [J]. 江西社会科学, 2016, 36 (4): 43-47.

[185] 高歌. 新工业革命中智能制造与能源转型的互动 [J]. 科学管理研究, 2017, 35 (5): 45-48.

[186] BULLOUGH E. "Psychical Distance" as a Factor in Art and as an Aesthetic Principle [J]. British Journal of Psychology, 1912, 5 (2): 87-118.

[187] LIBERMAN N, SAGRISTANO M D, TROPE Y. The Effect of Temporal Distance on Level of Mental Construal [J]. Journal of Experimental Social Psychology, 2002, 38 (6): 523-534.

[188] 张晓君, 黄微, 宋先智. 基于心理距离的网络舆情传播倾向性研究 [J]. 情报资料工作, 2017 (6): 19-24.

[189] 邱新有, 金若晗. 传播距离与村民接受选举信息效果关系初探 [J]. 求实, 2010 (9): 85-88.

[190] SWAMINATHAN V, PAGE K L, GURHAN C Z. "My" Brand or "Our" Brand: The Effects of Brand Relationship Dimensions and Self-Construal on Brand Evaluations [J]. Journal of Consumer Research, 2007, 34 (2): 248-259.

[191] 王鹏, 庄贵军, 周英超. 爱国主义和民族主义对中国消费者国货意识影响的研究 [J]. 管理学报, 2012, 9 (4): 548-554.

[192] 邓恩. 互联网金融品牌形象传播效果评价模型构建与实证研究: 以支付宝和积木盒子品牌为例 [J]. 新闻与传播研究, 2015, 22 (10): 50-70+127.

[193] AJZEN I. Residual Effects of Past on Later Behavior: Habituation and Reasoned Action Perspectives [J]. Personality and Social Psychology Review, 2002, 6 (2): 107-122.

[194] BAGOZZI R P, LEE K H, VAN L M F. Decisions to Donate Bone

Marrow: The Role of Attitudes and Subjective Norms Across Cultures [J]. Psychology & Health, 2001, 16 (1): 29-56.

[195] KELLER K L. Conceptualizing, Measuring and Managing Customer Based Equity [J]. Journal of Marketing, 1993, 57 (1): 1-22.

[196] KOSTERMAN R, SEYMOUR F. Toward a Measure of Patriotic and Nationalistic Attitudes [J]. Political Psychology, 1989, 10 (2): 257-274.

[197] FORNELL C, LARCKER D F. Evaluating Structural Equation Models with Unobservable Variables and Measurement Error [J]. Journal of Marketing Research, 1981, 18 (1): 39-50.

[198] 王崇圣. 广度与深度: 新媒传播两只眼 [J]. 市场观察, 2010 (6): 129.

[199] 胡正强. 正确理解新闻接近性的内涵 [J]. 当代传播, 2005 (5): 9-11.

[200] 腾讯.00后研究报告 [EB/OL]. [2018-05-28]. http://www.199it.com/archives/728677.html.

[201] 徐露霖. 探讨泛00后的经济行为偏好 [J]. 现代经济信息, 2017 (18): 95.

[202] 张梦如, 孙虹. 基于00后消费心理诉求的潮牌营销策略研究 [J]. 现代装饰 (理论), 2016, 1 (5): 290-291.

[203] 高剑. 90、00后渐成主角 商业中心须重布局 [N]. 东莞: 东莞日报, 2018-06-12 (A02).

[204] 百度百科. 移动互联网发展趋势报告 [EB/OL]. [2015-02-10]. https://ziyuan.baidu.com/college/articleinfo?id=264.

[205] 红杉资本.00后泛娱乐消费研究报告 [EB/OL]. [2018-08-20]. http://www.199it.com/archives/761519.html.

[206] 零点调查. 千禧一代: 中国00后群体研究报告 [EB/OL]. [2018-03-29]. http://www.199it.com/archives/336667.html.

[207] 魏霞. "00后"可以让世界更大 [J]. 小康, 2018 (19): 79.

[208] 奥美.00后人群研究报告 [EB/OL]. [2016-03-11]. https://www.useit.com.cn/thread-11587-1-1.html.

［209］GAGE E. It's time to prepare for the post－millennial Asia［J］. Campaign Asia-Pacific，2015（10）.

［210］张旭东，孙宏艳，赵霞．从“90后”到“00后”：中国少年儿童发展状况调查报告［J］．中国青年研究，2017（2）：98-107.

［211］汪静．00后，没有定义，不被定义［J］．商学院，2018（8）：2.

［212］宫敏燕．当代青年群体价值观的代际特征及培育路径研究：以80后、90后及00后为例［J］．兰州教育学院学报，2017，33（4）：27-28.

［213］章正．“精致理性”的00后背后就是中国［N］．北京：中国青年报，2016-11-09（7）.

［214］小迅．2018年化妆品市场，00后蓄势待发［J］．中国化妆品，2018（Z1）：18-22.

［215］菲利普·津巴多，迈克尔·利佩．态度改变与社会影响［M］．邓羽，肖莉，唐小艳，译．北京：人民邮电出版社，2007.

［216］赵华珺．以互联网思维加强青年爱国主义教育［J］．人民论坛，2018（24）：122-123.

［217］企鹅智库．00后 & 05后研究报告［EB/OL］．［2018-09-22］. http://www.199it.com/archives/775248.html. 2018-09-22.

［218］MIHALYI L J. Ethnocentrism vs. Nationalism：Origin and Fundamental Aspects of a Major Problem for the Future［J］. Humboldt Journal of Social Relations，1984，12（1）：95-113.

［219］李海峰．青少年爱国主义教育实效性的研究［D］．北京：首都师范大学，2011.

［220］王丽．大学生爱国主义教育研究［D］．北京：首都师范大学，2014.

［221］胡春湘．文化自信视域下的大学生爱国主义教育研究［J］．黑龙江教育（高教研究与评估版），2018（5）：71-74.

［222］周志民，贺和平，刘雁妮．中国人国货意识的形成机理：基于国家品牌社群视角［J］．中国软科学，2010（5）：45-56.

［223］HERCHE L R，HARTMANN H C. Estimation of Grcat Lakes Water Level Statistics：Conditioning Via “The Bootstrap”［J］. Journal of Great Lakes

Research，1992，18（1）：218-228.

[224] 万君，秦宇，赵宏霞．网络视频广告对情感反应和产品购买意愿影响因素研究［J］．消费经济，2014（2）：59-65.

[225] 薛缤勇．品牌形象宣传与塑造的四道黄金法则［J］．中华商标，2014（2）：57-59.

[226] 郑伯嘉．品牌宣传对消费者日常生活的影响［J］．产权导刊，2013（9）：60-62.

[227] 马克态．品牌体验、信任与满意［J］．中大管理研究，2011（3）：15-29.

[228] 于春玲，王海忠，赵平，等．品牌忠诚驱动因素的区域差异分析［J］．中国工业经济，2005（12）：115-121.

[229] 蒋廉雄，吴水龙，冯睿．重新理解品牌功能评价过程：基于产品意义建构模型［J］．品牌研究，2016（5）：7-20.

[230] 闫幸，常亚平．企业微博互动策略对消费者品牌关系的影响：基于新浪微博的扎根分析［J］．营销科学学报，2013（1）：62-78.

[231] 陈洁，王一，王方华．品牌态度对不同产品类别消费者购买意愿影响的差异研究［J］．现代管理科学，2014（2）：12-14.

[232] 缔元信．大数据解读“00 后”［EB/OL］．［2015-09-19］．http://www.199it.com/archives/386604.html.

[233] SWEENEY J C，SOUTAR G N. Consumer Perceived Value：The Development of a Multiple Item Scale［J］. Journal of Retailing，2001，77（2）：203-220.

[234] MORHART F，MALÄR L，GUÈVREMONT A，et al. Brand Authenticity：An Integrative Framework and Measurement scale［J］. Journal of Consumer Psychology，2015，25（2）：200-218.

[235] 雷军．新国货为中国带来消费自信［N］．北京：经济日报，2017-07-18（9）.

[236] 方建移．传播心理学［M］．杭州：浙江教育出版社，2016.

[237] 吴宜蓁．危机传播：公共关系与语艺观点的理论与实证［M］.

苏州：苏州大学出版社，2005.

［238］董璐．传播学核心理论与概念［M］．北京：北京大学出版社，2016.

［239］郭庆光．传播学概论［M］．北京：中国人民大学出版社，1999.

［240］刘京林．传播中的心理效应解析［M］．北京：中国传媒大学出版社，2009.

［241］朱兆朋．品牌危机管理的重要作用［J］．商场现代化，2018（2）：16.

［242］廖振明．浅谈企业品牌危机管理［J］．人力资源管理，2014（7）：149.

［243］赵玲川，刘梦霞．新媒体环境下的企业品牌危机管理［J］．新媒体研究，2016（6）：108.

［244］殷赣新．浅析品牌危机预警系统的构建［J］．中国科技信息，2008（12）：296.

［245］宋芬，王明宪．品牌危机预警机制的构建路径［J］．企业改革与管理，2014（7）：2.

［246］韩永青．中国媒体建构本土品牌形象的实践路径［J］．传媒，2015（3）：65.

［247］赵作为．风险社会理论视阈下网络舆论风险探析［J］．新媒体研究，2017（8）：18.

［248］石章强，周攀峰．软传播：打造品牌强寿力［M］．北京：中国经济出版社，2009.

［249］丹尼斯·麦奎尔．大众传播模式论［M］．祝建华，译．上海：上海译文出版社，1987.

［250］李芹燕．影响的剖析：社会化媒体与当代中国的生活方式［M］．成都：西南交通大学出版社，2018.

［251］李宝库．基于消费者反馈信息的渠道管理效率分析［C］．第三届（2008）中国管理学年会——市场营销分会场论文集，2008（11）：3433.

附录 1

自主品牌负面刻板印象生成动机调查问卷

亲爱的朋友：

您好！非常感谢您能接受我们的问卷调查！大量理论研究和现实生活中比比皆是的“假洋货”现象，以及近年来中国游客海外“抢购”“血拼”“爆买”现象都表明，“自主品牌偏见（或国货偏见）”已经成为中国社会情境下的一种典型社会认知偏差，即认为自主品牌的质量、技术、象征性较差，外国品牌更好。为了探讨自主品牌形象提升的矫形—塑形传播策略，需要首先厘清导致自主品牌负面刻板印象生成的根源。因此，希望得到您对这一问题的真实看法。

本问卷采取匿名制，所有数据仅用于学术研究，不会给您造成任何负面影响。请根据您的真实想法，对每个问项选择您认为合适的答案（在对应的方框内打“√”），答案没有对错之分。再次向您表达最诚挚的谢意！

课题组

2018 年 9 月 20 日

1. 您认为，导致自主品牌偏见的自我防御动机是什么？

	非常不同意	不同意	不确定	同意	非常同意
很多人之所以倾向于优先选择外国品牌，主要是为了防止买到功能差的自主品牌产品	□	□	□	□	□
很多人之所以倾向于优先选择外国品牌，主要是对自主品牌产品的安全性不放心	□	□	□	□	□
很多人之所以倾向于优先选择外国品牌，主要是对自主品牌产品的技术水平不放心	□	□	□	□	□

续表

	非常不同意	不同意	不确定	同意	非常同意
很多人之所以倾向于优先选择外国品牌，主要是不愿买到质量标准更低的自主品牌产品	□	□	□	□	□
很多人之所以倾向于优先选择外国品牌，主要是担心自主品牌产品的质量不过关	□	□	□	□	□
如果您还有其他看法，请补充					

2. 您认为，导致自主品牌偏见的工具导向动机是什么？

	非常不同意	不同意	不确定	同意	非常同意
很多人总是参照自己所处群体的消费标准、他人评价来决定自己的品牌偏好和行为	□	□	□	□	□
由于政府采购偏向于外国品牌，无形中引导公众认为外国品牌比自主品牌好	□	□	□	□	□
国内媒体对外国品牌的积极报道无形中引导公众认为外国品牌产品比国内品牌产品好	□	□	□	□	□
如果您还有其他看法，请补充					

3. 您认为，导致自主品牌偏见的价值表达动机是什么？

	非常不同意	不同意	不确定	同意	非常同意
很多人认为购买进口产品有面子，能彰显自身社会地位，满足自己的炫耀攀比心理	□	□	□	□	□
很多人崇洋心理较重，认为外国品牌就是比国内品牌好	□	□	□	□	□
外国品牌的产品价格普遍较贵，能满足公众消费高档产品的心理需求	□	□	□	□	□
很多人认为购买产品是自身的事情，与是否支持国货无关，他们只关注产品本身	□	□	□	□	□
如果您还有其他看法，请补充					

4. 您认为，导致自主品牌偏见的认知理解动机是什么？

	非常不同意	不同意	不确定	同意	非常同意
很多人不愿意花时间和精力去了解产品，于是以偏概全地认为自主品牌没有外国品牌好	□	□	□	□	□
很多人由于自身购买经历和外界影响，形成国货不好的认知，并且这种认知随着时间的推移不断强化	□	□	□	□	□
如果您还有其他看法，请补充					

5. 您的性别：□男 □女

6. 您的年龄：□18 岁及以下 □19～29 岁 □30～45 岁 □46～60 岁 □60 岁以上

7. 教育程度：□高中及以下 □大专 □大学本科 □硕士研究生及以上

8. 您目前所从事的职业：

□公务员 □教师 □全日制学生 □企业普通职员 □企业中高层管理或技术人员 □个体户/私营业主 □其他

9. 月收入（月生活费）：

□3000 元以下 □3000～5999 元 □6000～8999 元 □9000～11999 元 □12000 元及以上

问卷到此结束，感谢您的参与和支持！

附录2

自主品牌负面刻板印象生成的影响因素调查问卷

亲爱的朋友:

您好！非常感谢您能接受我们的问卷调查！大量理论研究和现实生活中比比皆是的“假洋货”现象，以及近年来中国游客海外“抢购”“血拼”“爆买”现象都表明，“自主品牌偏见（或国货偏见）”已经成为中国社会情境下的一种典型社会认知偏差，即认为自主品牌的质量、技术、象征性较差，外国品牌更好。为了探讨自主品牌形象提升的矫形—塑形传播策略，需要厘清导致自主品牌负面刻板印象生成的影响因素。因此，希望得到您对这一问题的真实看法。

本问卷采取匿名制，所有数据仅用于学术研究，不会给您造成任何负面影响。请根据您的真实想法，对每个问项选择您认为合适的答案（在对应的方框内打“√”），答案没有对错之分。再次向您表达最诚挚的谢意！

课题组

2018年9月20日

1. 您认为，导致自主品牌偏见的企业形象因素是什么？

	非常不同意	不同意	不确定	同意	非常同意
本土企业质量意识比较薄弱	□	□	□	□	□
出口/内销标准不一样，好的出口，差的内销	□	□	□	□	□
本土企业普遍缺乏核心技术	□	□	□	□	□
本土企业缺乏品牌思维，营销策略比较落后	□	□	□	□	□
如果您还有其他看法，请补充					

2. 您认为，导致自主品牌偏见的国货形象因素是什么？

	非常不同意	不同意	不确定	同意	非常同意
国货质量较差	□	□	□	□	□
国货质量危机事件频发	□	□	□	□	□
国货山寨现象较多	□	□	□	□	□
国货产品普遍处于低端	□	□	□	□	□
如果您还有其他看法，请补充					

3. 您认为，导致自主品牌偏见的政府形象因素是什么？

	非常不同意	不同意	不确定	同意	非常同意
政府市场监管不严、执法不力	□	□	□	□	□
政府采购普遍存在国货偏见	□	□	□	□	□
政府对本土企业政策扶持不够	□	□	□	□	□
如果您还有其他看法，请补充					

4. 您认为，导致自主品牌偏见的媒介环境因素是什么？

	非常不同意	不同意	不确定	同意	非常同意
国内媒体对外国品牌正面报道过多，对其负面信息披露不够	□	□	□	□	□
国内媒体对自主品牌负面事件报道过度	□	□	□	□	□
国内媒体对自主品牌形象宣传不够	□	□	□	□	□
如果您还有其他看法，请补充					

5. 您认为，导致自主品牌偏见的国货意识因素是什么？

	非常不同意	不同意	不确定	同意	非常同意
公众对自主品牌产品的质量、性能了解不全面	□	□	□	□	□
公众对自主品牌的情感与消费意识普遍比较淡薄	□	□	□	□	□
公众普遍存在将部分国货质量问题放大、概括化	□	□	□	□	□
如果您还有其他看法，请补充					

6. 您认为，导致自主品牌偏见的社会规范因素是什么？

	非常不同意	不同意	不确定	同意	非常同意
很多人认为使用外国品牌更体面	□	□	□	□	□
很多国人的崇洋心理较重	□	□	□	□	□
多数国人爱面子、好攀比	□	□	□	□	□
如果您还有其他看法，请补充					

7. 您的性别：□男 □女

8. 您的年龄：□18 岁及以下 □19~29 岁 □30~45 岁 □46~60 岁 □60 岁以上

9. 教育程度：□高中及以下 □大专 □大学本科 □硕士研究生及以上

10. 您目前所从事的职业：

□公务员 □教师 □全日制学生 □企业普通职员 □企业中高层管理或技术人员 □个体户/私营业主 □其他

11. 月收入（月生活费）：

□3000 元以下 □3000~5999 元 □6000~8999 元 □9000~11999 元 □12000 元及以上

问卷到此结束，感谢您的参与和支持！

附录 3

高端制造形象宣传效果及其溢出效应调查问卷

亲爱的朋友：

您好！非常感谢您能接受我们的问卷调查！我们正在开展一项课题研究，需要了解中国高端制造形象宣传效果及其对提升自主品牌形象的溢出效应。近年来，在国家战略和科技投入的强力支持下，加之国家意志和举国体制的优势，中国在若干高端制造领域（如高铁、核电、航空航天、载人深潜、北斗卫星、航空母舰、量子通信、大型装备制造、大型基建工程等）强势崛起。对此，各类媒体围绕中国高端制造发展成就、功勋专家、大国工匠等开展了常态化、高密度的宣传报道。究竟这些宣传报道是否改变了您对中国高端制造以及自主品牌“落后”的固有印象，需要得到您的真实想法。

本问卷采取匿名制，所有数据仅用于学术研究，不会给您造成任何负面影响。请根据您的真实想法和真实行为，对每个问项选择您认为合适的答案（在对应的方框内打“√”），答案没有对错之分。再次向您表达最诚挚的谢意！

课题组

2018 年 6 月 26 日

1. 您在电视或网络上看过有关高端制造的宣传报道吗？

□看过　　　　□ 没有看过

2. 您对中国高端制造的技术/质量水平有何看法？

	非常不同意	不同意	不确定	同意	非常同意
我认为，中国高端制造产品的技术已显著提升	□	□	□	□	□
我认为，中国高端制造产品的质量已显著提高	□	□	□	□	□

续表

	非常不同意	不同意	不确定	同意	非常同意
我认为，中国高端制造产品的安全性已显著提升	□	□	□	□	□
我认为，中国高端制造的发展速度较快	□	□	□	□	□

3. 您对中国高端制造的态度如何？

	非常不同意	不同意	不确定	同意	非常同意
看到有关高端制造发展成就的大量宣传报道，使我对中国高端制造的态度由“不太看好”转变为“看好”	□	□	□	□	□
看到有关高端制造发展成就的大量宣传报道，显著增强了我对中国高端制造发展的乐观态度	□	□	□	□	□
看到有关高端制造发展成就的大量宣传报道，使我对中国高端制造的态度从“否定”转变为“肯定”	□	□	□	□	□

4. 您对有关中国高端制造发展成就的新闻报道有何看法？

	非常不同意	不同意	不确定	同意	非常同意
我喜欢看中国高端制造发展成就的新闻报道	□	□	□	□	□
我有时会转发中国高端制造发展成就的相关信息	□	□	□	□	□
我特别关注高端制造发展的成就	□	□	□	□	□
我有时会和身边亲朋同事谈论高端制造发展成就	□	□	□	□	□
我有时会将中国高端制造发展成就的宣传报道信息推荐给别人阅读	□	□	□	□	□

5. 看到中国高端制造发展成就的宣传报道后，您对自主品牌的态度有变化吗？

	非常不同意	不同意	不确定	同意	非常同意
我认为自主品牌的产品品质正在逐步提升	□	□	□	□	□
我认为自主品牌的服务质量正在逐步提高	□	□	□	□	□
我认为自主品牌的产品安全性正在逐步提升	□	□	□	□	□

续表

	非常不同意	不同意	不确定	同意	非常同意
我认为自主品牌的表现正逐渐符合我的期望	□	□	□	□	□
我认为多数自主品牌能够满足我的消费需要	□	□	□	□	□

6. 看到中国高端制造发展成就的宣传报道后，您对自主品牌的情感有变化吗？

	非常不同意	不同意	不确定	同意	非常同意
我更加喜欢中国自主品牌	□	□	□	□	□
我更加信赖中国自主品牌	□	□	□	□	□
在同类产品中，我对中国自主品牌更感兴趣	□	□	□	□	□

7. 看到中国高端制造发展成就的宣传报道后，您对自主品牌的行为有变化吗？

	非常不同意	不同意	不确定	同意	非常同意
在崛起的多数产品领域中，我会支持中国品牌产品	□	□	□	□	□
在崛起的多数产品领域中，我会优先购买中国品牌产品	□	□	□	□	□
在崛起的多数产品领域中，我会主动向他人推荐中国品牌产品	□	□	□	□	□

8. 请根据您的真实想法，选择最符合的项。

	非常不同意	不同意	不确定	同意	非常同意
中国在维护国家安全、捍卫国家利益的能力显著提升	□	□	□	□	□
我很幸运自己是一个中国人	□	□	□	□	□
中国的国家安危会牵动我对国家的情感	□	□	□	□	□
看到有关中国高端制造发展成就的宣传报道，会引发我的爱国情感	□	□	□	□	□
在我心目中，中国的位置不可以被其他国家替代	□	□	□	□	□

9. 请根据您的真实想法，选择最符合的项。

	非常不同意	不同意	不确定	同意	非常同意
我对中国当前在政治、经济、军事、社会发展等领域取得的进步感到自豪	□	□	□	□	□
我对中国在国际上获得的好评、尊重和应有的地位感到自豪	□	□	□	□	□
对于中国高端制造的崛起，我有自豪感	□	□	□	□	□
我认为高端制造的崛起意味着中国在捍卫国家利益和保卫国家安全能力上显著提高	□	□	□	□	□

10. 您的性别：□男 □女

11. 您的年龄：□18 岁以下 □18~29 岁 □30~45 岁 □46~60 岁 □60 岁以上

12. 教育程度：□高中及以下 □大专 □大学本科 □硕士研究生及以上

13. 您目前所从事的职业：

□公务员 □教师 □全日制学生 □企业普通职员 □企业中高层管理或技术人员 □个体户/私营业主 □其他

14. 月收入（月生活费）：

□3000 元以下 □3000~5999 元 □6000~8999 元 □9000~11999 元 □12000 元及以上

问卷到此结束，感谢您的参与和支持！

附录 4

自主品牌认知唤醒与消费态度改变调查问卷

亲爱的同学：

您好！非常感谢您能接受我们的问卷调查！我们正在开展一项课题研究，需要了解您所接受的自主品牌信息情况及对自主品牌的看法。在问卷中，自主品牌（国货或本土品牌）是指中国企业拥有商标专用权的品牌。填写问卷前，请您仔细回想日常接触到的自主品牌及其相关信息，然后如实填写答案。

本问卷采取匿名制，所有数据仅用于学术研究，不会给您造成任何负面影响。请根据您的真实想法和消费行为，对每个问项选择您认为合适的答案，答案没有对错之分。再次向您表达最诚挚的谢意！

课题组

2018 年 10 月 12 日

一、您在学校接受爱国主义教育的情况

1. 在校期间，学校开展了大量有关中国发展成就的爱国主义教育。

   ○非常不同意　○不同意　○不确定　○同意　○非常同意

2. 学校经常以开展政治课、主题班会、征文比赛、主题演讲、参观纪念馆、网上主题团课学习等形式进行爱国主义教育。

   ○非常不同意　○不同意　○不确定　○同意　○非常同意

3. 学校对我们进行大量的关于文化自信和文化认同的教育。

   ○非常不同意　○不同意　○不确定　○同意　○ 非常同意

4. 从媒体上经常能看到关于中国高端制造发展成就（如高铁技术、量子通信、港珠澳大桥、铺前大桥、隐形战机歼-20 等）的宣传报道。

○非常不同意　○不同意　○不确定　○同意　○非常同意

5. 从媒体上经常能看到关于《大国工匠》的宣传报道。

○非常不同意　○不同意　○不确定　○同意　○ 非常同意

二、您对外部干涉与冲突信息的了解情况

6. 从媒体上经常能看到西方国家粗暴干涉中国内部事务的新闻报道（如香港事务、台湾问题等）。

○非常不同意　○不同意　○不确定　○同意　○ 非常同意

7. 从媒体上经常能看到西方国家粗暴干涉中国领土主权的新闻报道（如南海问题、钓鱼岛问题、台湾问题、西藏问题等）。

○非常不同意　○不同意　○不确定　○同意　○非常同意

8. 从媒体上经常能看到西方国家限制中国企业发展的新闻报道（如美国及其盟友禁止使用华为5G技术等）。

○非常不同意　○不同意　○不确定　○同意　○非常同意

三、您对政府、媒体推崇国货的了解情况

9. 近年来，政府部门在优先采购国货上作出了表率。

○非常不同意　○不同意　○不确定　○同意　○非常同意

10. 从媒体上经常能看到关于支持国货的报道、论坛和跟帖等信息。

○非常不同意　○不同意　○不确定　○同意　○非常同意

11. 经常能从网络上看到有关国货认知偏差及根源的跟帖。

○非常不同意　○不同意　○不确定　○同意　○非常同意

四、您对自主品牌宣传报道的了解情况

12. 从媒体上经常能看到关于自主品牌创新创业故事的宣传报道。

○非常不同意　○不同意　○不确定　○同意　○非常同意

13. 从媒体上经常能看到关于自主品牌企业文化内涵的宣传报道。

○非常不同意　○不同意　○不确定　○同意　○非常同意

14. 从媒体上经常能看到关于自主品牌责任担当的宣传报道。

○非常不同意　○不同意　○不确定　○同意　○非常同意

15. 从媒体上经常能看到关于自主品牌发展成功经验的宣传报道。

○非常不同意　○不同意　○不确定　○同意　○非常同意

16. 从媒体上经常能看到关于自主品牌产品高质量形象的宣传报道。

○非常不同意　○不同意　○不确定　○同意　○非常同意

17. 从媒体上经常能看到关于自主品牌产品高科技形象的宣传报道。

○非常不同意　○不同意　○不确定　○同意　○非常同意

五、您对自主品牌功能与消费体验的看法

18. 我对多数自主品牌的使用效果比较满意。

○非常不同意　○不同意　○不确定　○同意　○非常同意

19. 多数自主品牌的服务过程让我感到比较舒适。

○非常不同意　○不同意　○不确定　○同意　○非常同意

20. 多数自主品牌产品的售后服务比较完善。

○非常不同意　○不同意　○不确定　○同意　○非常同意

21. 使用自主品牌产品会让我感到比较亲切。

○非常不同意　○不同意　○不确定　○同意　○非常同意

22. 多数自主品牌产品值得信赖。

○非常不同意　○不同意　○不确定　○同意　○非常同意

23. 我认为多数自主品牌产品的品质有保障。

○非常不同意　○不同意　○不确定　○同意　○非常同意

24. 我认为多数自主品牌产品的性价比很高。

○非常不同意　○不同意　○不确定　○同意　○非常同意

25. 我认为多数自主品牌产品的安全性可靠。

○非常不同意　○不同意　○不确定　○同意　○非常同意

六、请根据您的国家自豪感与外来民族威胁感，选择最符合的项

26. 我厌恶西方国家对中国企业进行贸易制裁、技术封锁、市场准入限制。

○非常不同意　○不同意　○不确定　○同意　○非常同意

27. 我厌恶西方国家限制中国企业的经济和技术发展。

○非常不同意　○不同意　○不确定　○同意　○非常同意

28. 我厌恶外国政府粗暴干涉中国领土主权和内部事务（如南海主权、钓鱼岛主权、台湾问题、香港事务等）。

○非常不同意　○不同意　○不确定　○同意　○非常同意

29. 我对中国在国际上获得好评、尊重和应有的地位感到自豪。

○非常不同意　○不同意　○不确定　○同意　○非常同意

30. 我对中国当前在政治、经济、军事、社会发展等领域取得的进步感到骄傲。

○非常不同意　○不同意　○不确定　○同意　○非常同意

七、请根据您的自主品牌情感与消费意识，选择最符合的项

31. 消费自主品牌产品有助于体现我的爱国形象。

○非常不同意　○不同意　○不确定　○同意　○非常同意

32. 消费自主品牌产品可以体现我的爱国情怀。

○非常不同意　○不同意　○不确定　○同意　○非常同意

33. 消费自主品牌产品可以提升我的民族自尊。

○非常不同意　○不同意　○不确定　○同意　○非常同意

34. 我对多数自主品牌产品怀有较深的感情。

○非常不同意　○不同意　○不确定　○同意　○非常同意

35. 在多数产品领域，我会优先购买自主品牌产品。

○非常不同意　○不同意　○不确定　○同意　○非常同意

36. 我会主动向他人介绍使用自主品牌产品的高质量和好的体验。

○非常不同意　○不同意　○不确定　○同意　○非常同意

37. 我会主动向他人推荐自主品牌产品。

○非常不同意　○不同意　○不确定　○同意　○非常同意

38. 我会持续性地购买自主品牌产品。

○非常不同意　○不同意　○不确定　○同意　○非常同意

39. 消费自主品牌产品可以体现我的国货偏爱。

○非常不同意　○不同意　○不确定　○同意　○非常同意

八、请根据您的真实情况，选择最符合的项

40. 您的性别：

○男　○女

41. 您的出生年份：

○1998 年及以前　○1999 年　○2000 年　○2001 年

○2002 年

问卷到此结束，感谢您的参与和支持！